— 교사 . 학부모를 위한 —

알기쉬운 독서논술지도

신 경 희 저

도서출판 두남

ll 머리말

— 독서논술지도를 하려는 분들께

'독서'란 글에 담긴 단어 또는 문장을 읽고 이해하는 것이다. 또한 글 전체의 의미를 파악하고 내용을 종합적으로 이해함은 물론 글 속에 숨겨진 글쓴이의 의도까지 파악하여 해석, 감상하는 역동적인 의미 재구성 과정을 일컫는다.

학년이 높아질수록 어휘력이 부족해서 학교공부에 부담을 느끼는 학생들이 많아진다. 그런데 텔레비전, 인터넷, 휴대전화 등이 독서를 방해하고 있다. 텔레비전 앞에서 떠날 줄 모르는 아이는 스스로 생각하는 힘과 판단할 기회를 잃기 쉽다. 반면에 독서는 아이의 주체적인 사고력을 향상시킬 뿐만 아니라 비판적, 창의적 , 대안적 사고를 갖게 된다. 그래서 전문가들이 사고력 및 창의력을 키울 수 있는 가장 좋은 방법으로 독서를 추천하는 것이다.

한 때 논술 바람이 일더니 최근 영어교육에 대한 정책이 바뀌면서 갑자기 영어 바람이 불고 있다. 그러면서 논술시험이 사라지지 않을까 우려하는 분위기도 있다. 그동안 상위권 대학에서 필수적으로 보는 논술시험은 독서량이 부족하고 논리적 글쓰기에 익숙하지 않은 학생에게는 심적인 부담을 주었다. 또한 논제 자체가 석사학위를 가진 사람이나, 고등학교 교사도 풀 수 없는 난이도가 높은 문제가 대부분이어서 많은 문제점이 야기되기도 했다. 독서량이 적고, 논리적 글쓰기에 익숙하지 않은 학생들이 입시가 가까워지면 과외나 학원가를 배회한다. 그러니 창의적 답안을 기대하기는 어려운 노릇이 되었다. 고등학생이 되어 갑자기 논술준비를 하기 위해 이 학원 저 학원 전전한다고 논술을 잘 쓸 수는 없다. 논술쓰기의 바탕이 되는 것이 배경지식이고 그것들은 대부분의 오랜 독서의 축적을 통해 얻어진다.

수시모집에서는 논술과목이 있는데 반해, 정시모집에서는 논술과목이 빠지고 있는 추세다. 그러나 논술시험이 폐지된다고 해도 독서와 논술 공부는 절대로 게을리 하면 안 되는 중요한 것이다. 독서 및 논술은 교과 전반에 영향을 주고 있는 범교과적인 과목이기 때문이다. 논술을 하지 못한다면 수많은 보고서를 써 내야 하는 대학교육을 어찌 제대로 받을 수 있겠는가? 일상생활을 영위하는 데는 물론이요, 상급학교에 진학하거나, 회사에 다닐 때, 업무보고서를 쓰거나 연구논문을 쓸 때 논술은 꼭 필요한 것이다.

그러므로 독서 및 논술공부는 어릴 때부터 차근차근 축적해야 나가야 할 중요한 일인 것이다. 책은 무조건 많이 읽으면 된다고 생각하는 사람들이 있다. 그러나 다독이 능사는 아니다. 책을 어떻게 읽어야 하느냐 하는 방법론도 매우 중요하다. 이것이 바로 독서 지도가 요구되는 이유이다.

대학입시에서 논술시험이 큰 비중을 차지하게 되면서 초등학생들의 독서 및 논술지도에 관심을 갖는 사람들이 부쩍 늘어났다. 고무적인 현상이다. 아이들의 독서와 논술을 지도하면서 얻는 장점은 좋은 대학에 입학을 하느냐 못하느냐보다 아이들이 독서를 통해 삶을 아름답게 가꿔주는 힘을 얻는다는 것이다. 일반적으로 사람들은 본래 갖고 있는 독서의 힘을 무시하고 논술쓰기를 하나의 수단으로만 보는 데 그것은 잘못된 생각이다. 인생을 가꾸는데 독서보다 더 좋은 방법은 없다. 책은 그 넓이를 잴 수 없는 지식과 기쁨의 창고와 같다. 그것은 생활에 필요한 힘을 기르고 인생의 긴 여정에서 때마다 다가오는 문제를 슬기롭고 지혜롭게 헤쳐갈 수 있는 힘, 문제해결능력을 기르게 해준다. 삶을 아름답게 가꿔주는 힘, 그것이 바로 독서의 힘이다.

논술 또한 인생의 긴 여정에서 때마다 마주치는 문제를 슬기롭고 지혜롭게 헤쳐 나갈 수 있는 힘을 길러 준다. 또한 대학을 비롯해 직장에서도 우리는 일상생활에서 늘 논술과 구술을 해야 하는 상황에 있다. 대화 및 커뮤니케이션 이론의 바탕을 이루는 것이 논·구술인 것이다.

이렇게 독서 및 논술지도에 다수 국민들이 관심을 갖게 되면서 각 대학교의 평생교육원, 도서관 및 여성회관, 주민자치센터 등에는 독서논술과정이 많이 생겼다. 만삭의 배를 하고 오는 임산부부터 시작해서, 독서 및 논술을 어떻게 지도할 것인가를 구체적으로 배우고 싶어 오는 여러분들을 보면서 참 반가운 마음이 든다. 그러나 독서 교육의 중요성을 알고 있긴 하지만 구체적으로 어떻게 가르쳐야 하는지는 막막했었다.

본서는 이러한 분들의 요구에 맞추어 '아이들의 독서 및 논술지도를 어떻게 하면 쉽게 할 수 있을까?'에 대한 자세한 내용이 담겨져 있다.

이 책은 모두 2부로 되어 있다. 독서와 논술은 따로 분리해서 지도하는 것은 바람직하지 않다. 그래서 1부에서는 독서지도, 2부에서는 논술지도 및 글쓰기지도로 나누어 다루려고 한다.

이 책에서는 아이들을 지도하기에 앞서 먼저 알아야 할 것을 다룬다. 그 아이의 수준과 단계에 맞는 책을 선정하고 구체적으로 독서지도와 실제 수업을 할 수 있도록 했다. 또한 갈래별 글쓰기를 통하여 문학적 글쓰기 훈련을 하도록 하였고, 논술에 대해서는 기본 이해와 논술 잘 쓰기 방법에 대해 구체적인 방법론을 제시했다. 또한 이 책에서는 지면상 주로 초등학생을 대상으로 독서 및 논술지도를 어떻게 할 것인가에 대해 썼다.

필자는 수년간 현장에서 성인 및 아이들을 지도하며 독서논술지도를 하는 사람에게 꼭 필요한 것들, 요긴한 것들을 간추려 보려 하였는데 쓰고 보니 아쉬움이 많이 남는다. 무엇보다 학년보다는 아이의 독서능력 및 수준을 감안해서 지도하면 본서를 활용하는데 큰 어려움이 없을 것이다.

이 책은 필자가 평생교육원에서 독서논술강의를 목적으로 쓴 책이다. 미래의 독서 논술 전문지도사를 위한 강의용 교재로 쓰는데 도움이 되었으면 한다. 그리고 참고로 아이들이 쓴 글을 실었다. 잘 쓴 글을 골라 실은 것은 아니며 각 글을 읽으며 독자들이 직접 첨삭해 볼 기회를 가졌으면 한다.

가정 및 학교, 학원에서 독서논술을 지도하고자 하는 학부모 및 독서 논술 지도사 선생님들께 조금이나마 도움이 되길 바라는 마음이다.

2008년 3월

신경희 씀

∥ 차 례

제2부 갈래별 글쓰기 및 논술쓰기 / 123

제1부

독서지도

제1강

독서교육론

들어가는 말

독서는 훌륭한 인격을 갖추고 성숙한 삶을 살아가는 바람직한 인간성을 형성하도록 큰 역할을 한다. 인생을 가꾸는데 책읽기보다 더 좋은 방법은 없다. 책은 그 넓이를 잴 수 없는 지식과 기쁨의 창고이다. 책읽기를 통해 생활에 필요한 힘을 기르고 인생의 긴 여정에서 때마다 다가오는 문제를 슬기롭고 지혜롭게 헤쳐갈 수 있는 힘을 갖게 된다. 책은 우리에게 지식을 주는 것뿐만 아니라 힘들고 어려울 때 기쁨과 새 힘을 준다. 인생을 가꾸는 가장 좋은 방법은 책읽기인 것이다. 삶을 아름답게 가꿔주고, 풍요롭게 해 준다.

한 때는 책 읽는 것이 상류계층의 전유물이었던 적이 있었다. 그래서 '독서계급'을 그 사회의 정치, 경제, 문화적으로 선도하는 일부 집단의 대명사로 인식하기도 했다. 독서문화는 특권계층에만 있는 것이어서 대중화되지 못했다. 과거 속의 이 집단은 독서를 통해 선대의 '도'를 익히고 지도자로서의 품성을 닦았으며, 고급문화를 창도하는 엘리트로서의 구실을 했다. 또한 과거제도가 생기면서부터는 높은 지위를 확보하는 필수적인 수단이 되기도 했다. 독서는 이들 특권층의 권위를 유지시키는 엄숙한 행위요, 그들로 하여금 정신적 자긍심을 갖게 하는 유일한 수단이었다.

그러나 민권사상이 싹트기 시작한 근대 이후부터 독서의 개념은 변화하기 시작했다. 민주주의 사회에서 나라의 주권이 소수에 의해 독점될 수 없듯이, 문화유산을 계승하고 지식과 정보를 익힐 수 있는 책을 읽는 일도 그 사회를 구성하는 모든 사람들의 것이 되어야 한다는 것으로 생각이 바뀌었다. 이렇게 독서관이 바뀌게 된 배경에는 우선 인쇄술의 발달과 함께 책의 대량보급이 가능해졌다는 것을 들 수 있다. 또한 사회가 복잡해지면서 사회 구성원 간에 책을 통한 정보의 공유와 원활한 의사소통의 필요성이 점차 증대될 수밖에 없었다는 사실이 주요원인으로 보인다.

1. 독서의 모범이 된 사람

국내 대표적 정보보안기업인 안철수 연구소 안철수(42) 사장은 평소 책을 많이 읽는 독서광으로 유명하다. 그는 초등학교 시절부터 글을 깨우치자마자 책에 파묻혀 살았다고 한다. 독서를 위해 따로 시간을 내기 힘들 정도로 바빠진 지금, 그는 일하는 중간 중간이나 이동 중 틈틈이 책을 읽는다. 안 사장은 예전에 사무실이 있던 건물이 엘리베이터를 다소 오래 기다려야 했는데, 그때 틈틈이 책을 읽어보니 그 시간만으로 한 달에 한 권은 거뜬히 읽었다고 말한다. 책으로 쌓은 지혜와 견문은 오랜 시간 내재된 후에야 빛을 발하기 때문에 너무 조급하게 생각하지 말고 꾸준히 책을 읽어야 한다고 충고한다.

문화예술계의 대표적인 독서광으로 이어령(70) 전 문화부 장관을 빼놓을 수 없다.

이어령 선생은 동서고금에 막히는 게 없을 정도로 박학다식하다. 이는 어린 시절부터 습관이 된 그의 독서 덕분이다. 이 선생은 서울대 국문과 시절 아침부터 저녁까지 도서관에서 책을 읽었다고 한다. 이어령 선생은 특히 주부들이 독서하는 모습을 보여줘야 한다고 강조한다. 이어령 선생의 집에서는 일요일마다 모든 식구가 드러누워서 책을 읽는 진풍경이 연출되었다고 한다. 그는 외국에서는 자녀들이 자기 전에 동화책을 읽어주는 게 상식이라며 자녀들에게 활자와 가까워지는 습관을 들이면 자녀들은 저절로 책을 좋아하게 된다고 말한다.

동서고금을 통해 위인은 책에서 길을 찾고, 책에 길을 남겼다. '컴퓨터의 황제'라는 빌 게이츠조차 "컴퓨터가 책을 대체하리라고는 생각하지 않는다"고 했다. 나폴레옹은 전쟁 중에도 책으로 가득 채운 마차를 대동했을 정도로 독서광이었다. 그의 탁월한 전술과 사람을 다루는 기술도 독서의 산물이었다.

2. 독서(讀書)의 뜻

(1) 독서를 단순히 '문자에서 의미를 도출하는 문자의 해독과정'으로 보는 견해

(2) '문자의 해독은 물론 필자의 사상과 감정의 의미까지를 해독하는 과정'으로 보는 견해

(3) '글의 이해는 물론, 독자가 자신의 지식과 경험을 바탕으로 글을 분석, 종합, 추론, 판단하는 주체적이고 능동적인 사고 과정'으로 보는 견해인데 필자와 독자의 의사소통을 강조하는 개념이다. 이 독서의 개념은 인지심리학의 발달과 더불어 독서행위의 주체인 독자의 측면을 중시하면서 독자의 능동적인 사고과정이란 의미를 덧붙이게 되었다.

3. 독서의 기능

(1) 단어의 개념들이 담고 있는 지식을 풍부하고 깊게 알게 되며 언어의 발달을 가져온다.

(2) 미지의 세계, 공간과 시간의 확대와 대리경험을 함으로 경험을 확대시킨다.

(3) 조용하고 내면적인 사고, 저자와의 대화를 통해 사고력을 신장시킨다.

(4) 실용적인 가치, 활자매체를 통한 지식의 전승으로 활용되며 복합적이고 고차원적인 정보정보와 지식을 획득하게 한다.

(5) 깨달음의 즐거움과 지적인 즐거움을 준다.

(6) 문학적 감동과 카타르시스로 정서를 함양시킨다.

(7) 청소년들의 성격 형성에 영향을 준다. 사람의 성격은 환경에 의해 영향을 받게 되는데 육체적, 정신적 성장의 시기에 있는 청소년들에게 독서는 지대한 영향을 미친다.

(8) 독서를 통하여 지식을 얻도록 정서를 함양하며 진정한 삶의 가치를 인식 - 훌륭한 인격을 갖추고 성숙한 삶을 살아가는 바람직한 인간성을 형성하는데 크게 이바지한다.

(9) 치료의 효과가 있다. 독서는 책 속의 인물이나 사건에 대해 독자자신을 동일시하고, 그를 통해 자신의 억압된 감정이나 부정적인 기억을 없애주는 경험을 통해 개인적 통찰을 이루도록 한다. 이러한 원리를 이용한 상담심리 분야가 독서치료이다.

4. 독서교육의 의의

"독서는 인간을 인간으로 만드는 가장 중요한 역할을 합니다." 중학교 2학년 국어책에 있는 '어떻게 읽을까?'라는 제목의 글의 필자인 노명환 교수의 말이다.

독서는 훌륭한 인격을 갖추고 성숙한 삶을 살아가는 바람직한 인간성을 형성하도록 큰 역할을 한다. 책을 통해 지식을 얻어내는 것 뿐 아니라 힘들고 어려울 때 친구나 부모님처럼 가장 가까운 곳에서 힘이 되는 평생친구로서의 독서가 바람직하다.

(1) 독서교육의 필요성

독서는 책을 가리지 않고 아무것이나 많이 읽는다고 좋은 것은 아니다. 읽는 사람에게 꼭 필요한 내용의 책을 선택해서 읽어야 효과 있는 독서가 된다.

그렇다면 독서교육은 왜 필요한가?

1) 책 읽는 습관을 몸에 붙여 주기 위하여
2) 독서자료 선택의 잘못으로 일어나기 쉬운 독서 흥미의 편향을 막기 위하여
3) 독서한 내용을 실생활에 응용하도록 돕기 위하여
4) 독서문제아를 예방하고 치료하기 위하여

(2) 독서교육의 궁극적인 목표 : 인간형성

1) 넓은 뜻 : 독서를 통해 인간을 교육하는 것이다. (가치관 형성)
2) 좁은 뜻 : 독서교육의 방법론, 실천 방안들 (독서능력, 독서기술, 독서태도, 독서흥미, 독서습관 등을 개발하는 지도)

(3) 독서교육과 독서지도

아이의 독서를 어떻게 지도해야 할까? 구체적인 방법을 알고 싶을 때 우선은 아이의 수준이 어떤지 파악해야 한다. 의사가 진찰을 하듯 교사는 아이의 나이, 지적 수준, 어휘력, 정서 상태 등을 살펴야 한다. 독서교육이 독서를 하도록 독서행동을 가르치는 뜻이라면 독서행동이 원만하게 이루어지도록 방법이나 기술을 가르치는 개념이 독서지도이다.

· 독서교육 : 독서행동을 하도록 가르치는 개념

· 독서지도 : 독서행동이 원만하게 이루어지도록 방법이나 기술을 가르치는 개념. 구체적이고 전문적이다. 교육적 관점에서의 독서지도는 올바른 인격을 형성할 수 있도록 지도함과 동시에 생활적 관점에서의 독서지도는 바른 자아를 정립하고 사회적으로 잘 적응하도록 생활에서 독서를 하도록 돕는 것이다. 독서지도를 책을 읽고 좋은 결과물을 내는 것에 치우치거나 평가에 치중하는 것 보다는 일상생활 전반에서 독서를 하는 것이 중요하다.

(4) 독서교육의 실천적 목표 : 올바른 독서생활을 할 수 있도록 하는 것

1) 모든 어린이에게 정보를 얻고 답을 찾는 커뮤니케이션 기본 기술을 개발하게 하고

2) 책과 독서의 즐거움을 맛보게 하고

3) 문학의 유산과 현재, 미래를 소개함으로써

4) 미래에 대비하는 어린이에게 정보력, 학습력, 창조력, 잠재적 인간성을 기르는 데 있다.

5. 독서교육자의 자질

(1) 전인으로서의 자질 : 인간으로서의 조화를 갖춘 교사, 사회인식, 탐구심, 커뮤니케이션 기술을 갖춘다.

(2) 독서인의 자질 : 고도의 독서능력, 독서의 역할 이해, 수준 높은 도서를 선택하는 기술이 있어야 한다.

(3) **학자의 자질** : 풍부한 일반교양, 고도의 전문교양, 조사·연구능력을 갖춘다.

(4) **교사의 자질** : 교육원리, 성장 발달이론 숙지, 교육방법 숙지, 독서과학에 대한 전문적 이해를 해야 한다.

(5) **교육상담자의 자질** : 교육상담의 기초지식, 다양한 심리요법윤리와 방법을 숙지한다.

6. 독서교육전문가의 역할

독서 지도는 종합적 성격을 띠고 있는 영역이다. 여러 학문의 이론이 융합되어 있고 전인교육에 힘써야 하므로 독서지도를 하는 사람은 인격자, 독서인, 전문가, 상담가로서의 기본적 조건을 갖추어야 한다.

1) 독서 지도 교사는 인간적이어야 한다. - 학생의 독서 생활을 진단하고 부족한 부분을 지도하고, 스스로 독서 활동을 원만하게 수행하도록 도와주고, 독서 문제까지도 해결하도록 지도해야한다. 그러려면 학생의 능력이나 사고방식을 이해하고 존중하는 태도가 필요하다.

2) 독서 지도 교사 자신이 독서인이어야 한다. - 풍부한 독서량과 책에 대한 포괄적인 독서지식을 갖추고 있어야 학생의 독서생활을 도와 줄 수 있다.

3) 독서 지도 교사는 독서에 안목이 있어야 한다. - 어떤 독서 자료가 가치 있는 내용을 담고 있는지 선별하는 것과 그 선별한 독서 자료의 내용을 올바로 이해하고 효율적으로 수용하도록 지도한다.

4) 독서 지도 교사는 방법론에 숙달된 전문가여야 한다. - 깊고 넓은 사고의 세계 경험, 지적인 성장과 정서적 인격적 변화에 도움이 되도록 재미있으면서도 유익한 독서 토의활동을 이끌어야 한다. 또한 독후감 쓰기능력을 길러 깊이 있는 사고력과 논리적 진술 능력 배양에 도움을 준다.

5) 독서 자료의 선택방법을 알아야 한다. : 수없이 많은 정보가 생산되는 현대에서 개개인에게 적합한 독서 활동과 독서 자료의 선택방법을 알아 장기간으로 접근해야 한다.

6) 독서 지도 교사는 상담가로서의 역할을 해야 한다. - 개인차 파악, 관찰, 상담 등을 통해 독서습관을 바로 잡아주고 독서 흥미의 편향성도 적절히 조정해 주어 균형을 잡아 주는 역할을 해야 한다.

7) 독서의 생활화, 습관화를 이끌어주어야 한다.

(1) 독서지도의 유형

1) 도입적 지도 : 독서경험을 쌓게 해 주는 지도이다.

독서 입문기가 지났는데도 스스로 독서하지 못하는 아이들에게 독서경험을 쌓게 해주는 지도방법이다. 독서경험이 없거나 부족한 부류의 학생을 위한 독서지도인데 읽기 기초기술과 독해 기술을 지도한다. 독서에 흥미를 가지도록 동기를 부여하는 것과 독서를 통해 얻을 수 있는 유익하고 효과적인 점을 강조한다.

2) 전개적 지도 : 독서 경험을 더욱 숙련시키는 지도이다.

독서 생활을 꾸준히 하고 있고 나름대로의 독서생활을 잘 하고 있지만 평균적 수준의 유지가 소홀해질 수 있다. 학생의 생활전반을 독서와 관련지어 계획에 따라 지도하는 것이 필요하다. 구체적으로 읽고 이해하고 기록하는 방법, 독서 자료 검색, 선택하는 기술을 지도한다.

3) 치료적 지도 : 여러 독서 문제를 해결해 주는 지도이다.

독서 경험이 부족해서 독서 생활을 하는 자체에 문제가 있는 부류와 독서 경험을 어느 정도 있지만 독서 능력이나 행동에 문제가 생긴 부류에게 독서를 매개로 정서적 결함을 치료해야 하는 경우의 지도방법이다. 독서 문제의 원인을 발견하여 제거하고 정상적으로 독서생활을 할 수 있도록 치료하는 것이다. 독서 치료는 심리적 기술이 필요한데 의학적, 심리적 지식을 갖추어야 한다.

제2강

어린이 발달단계 및 수준에 맞는 독서교육

독서지도를 하려면 먼저 아이의 수준을 알아야 한다. 독서수준을 객관화시켜 구별하기는 어렵다. 그래서 아이의 독해능력, 흥미단계 등을 파악하여 수준에 맞는 독서지도를 해야 한다.

1. 독서의 단계별 수준

(1) 발달, 성장, 성숙의 개념

심리학적으로 발달(development)이란 '전 생애를 통해서 나타나는 긍정적, 부정적인 변화의 양상과 과정' 혹은 '체계적인 과정에 따라 이루어지는 일련의 변화'를 의미한다. 인간의 발달은 유전과 환경의 상호작용에 의해 이루어진다.

성장(growth)이란 신체의 크기나 근육의 세기 등의 양적 증가를 말하며 성숙(maturation)은 내적 유전적 메커니즘에 의해 출현되는 신체적, 심리적 변화를 말한다.

2. 발달의 의미

(1) 발달의 원리

1) 발달에는 순서가 있으며 이 순서는 일정하다

2) 발달은 계속적인 과정이나 발달의 속도는 일정하지 않다.
3) 발달은 성숙과 학습에 의존 한다
4) 인간의 발달에는 개인차가 있다.
5) 발달의 초기단계가 일생에서 가장 중요한 시기이다.
6) 발달의 각 측면은 서로 밀접히 상호 관련되어 있다.

① 어린이들은 어떻게 말하는 기술을 습득하는가?	⇨ 언어 발달
② 어린이들은 어떻게 생각하며 배우는가?	⇨ 인지 발달
③ 어린이들은 어떻게 느끼고 생각하는가?	⇨ 인성 발달
④ 어린이들은 어떻게 다른 사람과 어울리는가?	⇨ 사회성 발달
⑤ 어린이들은 어떻게 옳고 그름을 판단하는가?	⇨ 도덕성 발달

(2) 아동의 언어 발달

1) 언어 이전 단계 : 출생 후 1년까지. 아기가 아직 말을 시작하지 못하고 소리의 산출로 의사 전달. 언어 이전 단계의 언어 행동으로 울음, 옹알이, 음성모방, 몸짓 등이 있다.

2) 과도 단계 : 생후 9~15개월 단계. 언어 이전 단계에서 언어 획득 단계로 옮겨가는 과도기. 한 단어 말을 하기 시작하여 점차 두 단어를 조합하여 의사전달을 해보려고 하는 시도가 나타나는 무렵까지의 단계.

3) 언어 습득 단계 : 생후 15개월~3세 사이. 성인의 문장을 그대로 반복하거나 또는 스스로 문장을 만들어내지만 대개 명사, 동사, 형용사의 내용은 그대로 보유한 채 조동사, 관사, 전치사들을 생략하고 말하는 경향을 보인다. 이런 문장은 마치 전보처럼 중요한 단어만으로 나열되므로 '전보식 언어'라고 한다.

4) 문법의 발달 : 어린이가 세 단어 이상의 문장을 구사하게 되면서부터 어린이가 사용하는 언어는 서서히 문장의 체계가 나타나기 시작한다.

5) 어휘의 발달 : 이해 어휘가 사용 어휘보다 빨리 발달하며 이해어휘가 사용어휘의 약 2배이다. 유아의 어휘 발달은 두 살 정도에서 급격하게

도약한다. 세 살에는 보다 복잡한 어휘 능력을 갖게 되며 구사하는 형용사가 많아진다. 또한 부사, 대명사, 전치사를 구사할 줄 안다. 네 살에는 문법적으로 맞는 문장을 말 할 줄 알게 되고 말에 대해 어떻게 쓰느냐, 왜 그러냐 하는 등의 질문을 한다. 반복 구절이 있는 동화를 많이 읽어주고, 이야기를 들려줄 때 손짓, 몸짓을 통해 시늉을 하도록 하면 효과적이다.

학령기에 들어와서 점차 문법을 사람들이 쓰는 표준에 맞추게 되고 매우 급속하게 어린이가 살고 있는 집단의 언어로 틀을 잡아간다.

(3) 언어 발달과 독서

1) 어휘력이 발달한다.
2) 이야기 감각이 발달한다.
3) 글쓰기의 모델이 된다.
4) 모국어에 대한 이해를 촉진시킨다.

(4) 인지 발달과 독서

1) 인지발달은 시간이 흐르면서 어린이들의 정신적 기능에 일어나는 변화를 말한다. 아동들의 인지발달에 대해서 많은 사람들이 연구를 해왔다. 피아제는 아동의 사고가 성숙해 가는 순서는 모든 어린이들에게 동일하다고 주장했다. 그러나 발달속도는 어린이에 따라서 다르다.
   - 내부 환경과 외부 세계에서 들어오는 정보를 지각하고 찾아내고 조직하고 해석하는 것.
   - 기억 지각된 정보를 저장하고 인출하는 것 - 추론하고 결론을 내리기 위해 지식을 사용하고 생각하기.
   - 아이디어나 해결책에 대한 평가를 내리기 위해 심사숙고 하는 것.
   - 통찰을 통해 둘 이상의 지식 덩어리 사이의 새로운 관계를 인식하는 것.

2) 독서의 기억이 없다면 경험이 확장되면서 생기는 새로운 관련성을 인

식할 방법이 없게 된다. 책은 사고 과정의 개발과 생각하는 것들을 언어적으로 교환하도록 장려함으로써 인지 발달을 자극하는 데 매우 중요하다.

3) 관찰, 비교, 분류, 가설 세우기, 조직하기, 요약하기, 적용하기, 비판하기 등을 사고 과정과 연결된 기본적인 '조작'이라고 하는데, 아동 도서는 이런 것들을 개발하는데 효과적이다.

(4) 성격 발달과 독서

성격이란 사람들이 타인이나 장소, 사물, 사건 따위에 반응하는 독특한 방식을 말해주는 특성을 의미한다. 아동들은 감정표현의 방법이나 타인에 대한 감정이입, 자기 존중감 개발 같은 것을 점차적으로 배워간다. 이 과정에서 책은 아주 중요한 역할을 할 수 있다. 독서 자료에 들어있는 생각이나 사상은 치료의 효과를 가져 올 수 있다. 이른바 독서요법이다. 책은 주변 환경과 자신의 모습이나 관계, 감정과 생각들을 반영하는 거울로서 이바지할 수 있다. 책을 통해서 아동들은 자신의 감정을 이해하고 비슷한 감정을 경험하는 주인공들과 동일시하며 같은 문제에 다른 사람들이 어떻게 대처하고 있는가에 대한 새로운 통찰력을 얻을 수 있다.

3. 발달과업

각 발달단계는 그 단계에서 반드시 성취해야 할 발달과업이 있다.

일반적으로 독서능력은 지능과 밀접한 관계가 있다. 지능이 높으며 독서능력도 높다는 연구 결과도 있다. 여기서는 일반적인 연령과 초등학교 언어교육 단계별 목표를 제시하여 기준을 삼고자 한다.

(1) 그림 읽기 단계(유치부 ~ 초등학교 1학년) : 유아기 독서 수준은 부모가 읽어주는 단계로 분류한다. 이 단계를 거치고 한글을 어느 정도 익히는 단계를 말한다.

· 숫자를 읽고 이해한다.

· 그림을 보고 내용을 이해한다.
· 이야기를 듣고 이해한다.
· 주인공의 이름을 외운다.
· 책을 바로 보고 읽을 수 있다.
· 발음이 정확하다.
· 줄을 찾아 글을 읽는다.
· 내용을 순서대로 이해한다.
· 단어가 아닌 문장으로 읽는다.
· 띄어 읽고 쓸 수 있다.
· 글씨를 읽고 싶어 한다.
· 손가락이나 연필로 짚지 않고 읽을 수 있다.

(2) 그림과 내용을 연결하여 읽는 단계 (초등학교1~2학년) : 단순히 그림을 읽는 수준을 지나 그림과 내용을 연결하여 자기 생각을 정리하는 단계이다.

· 모르는 낱말을 문맥으로 유추해낸다.
· 한글을 읽고 이해할 수 있다.
· 글과 그림을 연결하여 읽을 수 있다.
· 중심내용을 고를 수 있다.
· 이야기를 이해하고 제목을 지을 수 있다.
· 현실과 이야기 속의 상상을 구별할 수 있다.
· 이야기 내용과 자기가 겪은 일을 견줄 수 있다.
· 이야기 내용에 따라 문장을 높고 낮게 읽을 수 있다.
· 소리 내지 않고 눈으로만 읽을 수 있다.
· 책에서 지시하는 대로 따라 할 수 있다.

(3) 골라서 읽는 단계 (초등학교 2~3학년) : 독서에 대한 수준이 급격히 성장하는 시기이다. 이 시기에는 독서지도에 특별한 관심을 기울여야 한다.

· 반대말·비슷한 말을 구별하여 읽을 수 있다.
· 읽은 내용을 그림으로 옮길 수 있다.

- 중심내용을 통해 주제를 찾을 수 있다.
- 이야기 줄거리를 요약할 수 있다.
- 책에서 자기가 원하는 정보를 찾을 수 있다.
- 이야기의 결론을 내릴 수 있다.
- 특별히 좋아하는 책 분야가 생긴다.
- 선에 알고 있는 지식과 연결할 수 있다.
- 차례를 보고 쪽을 찾아 읽을 수 있다.

(4) 내용을 생각하며 읽을 수 있는 단계 (초등학교 3~5학년) : 이 단계는 본격적인 분석 수준으로 독서가 발전하는 시기이다. 초등과정의 독서능력 전체를 정리하는 단계이다.

- 중요한 낱말을 찾아낸다.
- 내용 요약이 가능하다.
- 중요한 부분을 알 수 있다.
- 형용사, 동사 따위를 구별할 수 있다.
- 등장인물의 개성을 구별하여 읽을 수 있다.
- 동음이의어를 구별하여 읽을 수 있다.
- 상징적인 표현을 이해한다.
- 글쓴이의 의도를 알 수 있다.
- 내용에서 감정의 흐름을 알 수 있다.
- 수업을 듣고 요점을 정리할 수 있다.
- 자기 생각을 요령 있게 쓸 수 있다.

(5) 내용을 따져 읽는 단계 (초등학교 5~6학년) : 논리적 인 자기주장을 정리할 수 있는 단계이다. 분석력과 이성적인 사고력의 발전을 도모하는 시기이다.

- 비유법을 알게 된다.
- 신문, 잡지 따위에서 정보를 찾을 수 있다.
- 등장인물의 심리, 감정 변화를 알 수 있다.

· 내용을 이해할 수 없으면 스스로 참고서적을 이용할 줄 알게 된다.
· 도서관, 서점을 혼자 이용할 수 있다.
· 훌륭한 내용이나 아름다운 문장에 감동할 수 있다.

4. 독서흥미 발달단계

아이들이 어떤 것에 대해 재미를 갖게 되는 흥미란 유쾌한 느낌이나 만족한 느낌을 동반하는 마음상태를 말한다.

(1) 독서에 흥미를 일으키는 요인

1) 내면적인 요인

· 욕구의 직접적 충족 : 독서 재료 자체가 기본적 욕구를 충족시켜 줄 수 있다.
· 욕구의 간접적 충족 : 어른들로부터의 칭찬, 숙제 등이 해당된다.
· 욕구불만의 보상 : 현실적으로 충족시키지 못하는 욕구를 독서를 통하여 해소하려는 경우, 동물을 좋아하는 어린이는 동물에 관련된 독서재료에 흥미를 느낀다.
· 현실도피 : 현실의 고충을 잊고 다른 자유스러운 세계에 도피하기 위하여 독서를 한다.
· 모방 : 타인이 하고 있는 것을 모방하다가 독서에 흥미를 느끼게 되는 경우, 베스트셀러 도서가 생기는 것은 이와 같은 모방심리 때문이다.

2) 외면적인 요인

· 도서체재 : 책의 표지, 삽화의 양, 글자의 크기, 책의 부피 등 책의 외형적 요건 등을 말한다.
· 독서재료의 입수조건 : 독서재료를 쉽게 입수 할 수 있는 환경을 말한다.
· 교사의 영향 : 교사의 주제 배경이나 추천하는 도서에 따라 흥미를 느낀다.
· 시청각 매체 : 영화, 텔레비전, 라디오 등이 책을 읽도록 유인하는 동기가 될 수 있다.

· 출판물에 대한 선전 : 출판사들이 각종 대중매체를 통하여 출판물을 선전하는 것도 독서동기를 유발시키는 외적 영향요인이 될 수 있다.

(2) 독서흥미 발달단계

1) 자장이야기기 (1~2세경까지) : 자기를 중심으로 하는 인간관 사물의 명칭·성질·관계 등을 배우는 단계. 모방, 기억, 사고를 시작한다. 대상영속성 인식하며 단순 반사행동에서 목적을 가진 행동으로 발전한다.

· 자장노래로 아이를 재운다. - 자장노래는 어린이에게 최초의 독서며 문학적 경험이다.

· 아기의 옹알이에 일일이 답해준다. - 옹알이는 아기가 사용하는 최초의 음성적 표현으로 이것에 대한 어른의 음성적 반응은 아기에게 기쁨을 주고 사고력을 키운다.

· 많은 이야기를 들려준다. - 3세까지 일생동안 사용하는 언어의 약 3/4을 이해하게 된다. 따라서 부모들은 이 시기에 아이들과 끊임없이 대화를 해야 한다.

· 노래와 동요를 들려 준다 - 1, 2세에 들려 줄 동요는 규칙적인 운율을 가진 자장가류나 꽃, 나무, 새 등의 자연을 노래한 동요 등이 좋다.

· 그림책과 놀게 한다. - 아이가 혼자 앉을 수 있게 되면 그림책을 보여 줄 시기이다. 단지 책을 장난감으로 인식해 함부로 다루기도 하는데 책을 의인화하여 현명하게 대처한다.

· 그림책을 보여주고 읽어준다. - 그림책을 장난감처럼 가지고 놀던 아기도 차츰 자라면서 그림책은 다른 장난감과 다르다는 것을 알게 된다. 그림책은 아기의 머리가 아니라 눈을 통해 스며든다. 그림이 말해주는 이야기를 눈으로 발견하게 되는데, 이것이 자발적인 독서의 최초의 시작이다.

2) 자장이야기기 (3~4세경까지)

· 책과 친하게 된다. - 책방구경, 도서관 구경, 책 읽어주기

· 바깥세계를 보여 준다. - 3, 4세 아기는 본 것 중심으로 이야기 하고 보지 못한 것은 세상에 없는 것으로 인식한다.

· 자연과 친해지게 한다. - 자연 속에서 느낀 것은 가슴에 영속적으로 남는데 이것이 독서 감상을 하는 준비가 된다.
· 짧은 스토리의 그림동화를 읽어 준다. - 스토리의 재미를 알게 되면 독서의 재미를 발견하게 되는 것이다. 또래의 아기나 동물들이 나오는 생활동화가 좋다.
· 그림책을 보며 단어놀이를 한다.
· 그림책을 읽어 주고 표현하게 한다. - 책에 대한 질문을 사고력을 자극하거나 흉내 내기를 유도하게 되는데 이것은 독서 감상인 동시에 전체 운동과 감각 운동을 포함한다.
· 반복적인 동요를 들려주고 따라하게 한다. - 아이가 동요의 노랫말에 관심을 갖는다는 것은 가락(멜로디) 보다 의미가 중요시되는 준비가 되어있음을 의미한다.
· 의성어, 의태어가 들어있는 이야기를 들려준다.
· 책 다루는 법을 가르쳐 준다.
· 책의 주인이 되게 한다. - 4세 전후의 어린이는 제1반항기로 독립적인 인간이 되고 싶어 한다. 따라서 책도 자기 소유의 것을 원한다.

3) 옛날이야기기 (5-6세) : 자기중심적인 세계관 속에서 상상생활을 영위해 나가는 시기로 선악 개념이 싹튼다. '왜, 어째서'를 남발하는 질문기에 해당한다. 선과 악의 갈등 끝에 선이 이기는 이야기(전래동화)가 적합하며 초현실적인 설화나 동물 이야기(팬터지 문학), 그림(Grimm)형제의 동화류, 그림책 종류가 적당하다.

4) 우화기 (6-8세) : 옛날이야기의 심성은 간직하고 있으나 실제 생활이 사회적으로 확대되기 때문에 새로운 생활환경에서의 행동 규범에 관심을 가지는 단계이다. 신변의 생활을 소재로 하여 이것을 상상에 의해 재구성한 설화에 흥미를 가진다. 도덕적인 타율시기로 규범에 대한 무조건적인 수용을 하는 경향이 있다. 옛날이야기에 이어 옛날이야기와 그림책의 종류를 여전히 선호하며, 우화, 위인들의 유년시절의 일화 같은 것을 좋아한다. 글을 읽기 시작하나 아직은 그림의 보조가 필요한 시기이다.

5) 동화기 (8-10세) : 자타를 구별하는 시기이며 자주적인 태도를 가지면서 현실사회로 눈을 돌리는 시기이다. 거짓말이나 절도행위 등을 일종의 모험으로 여기는 시기이므로 옳고 그름을 판단하게 하고, 생활동화, 신화, 전설, 아라비안나이트와 같은 가공 이야기류 등이 좋다.

6) 이야기기(10-12세) : 우정이나 사회적 책임을 중요하게 여기는 시기이다. 지적인 면에서 과학적인 흥미가 증진하여 사고의 범위가 우주까지 확대된다. 가공이야기부터 소년문학, 모험이나 탐험이야기, 과학이야기 등이 좋다.

7) 전기기(12-14세) : 사춘기에 해당하는 시기이다. 내면세계를 추구하는 시기이므로 자칫 고독에 빠지기 쉽고 남녀간에 반목하는 경향이 있다. 상호 이해를 깊게 하여 적응하기 쉽도록 유도하는 것이 좋다. 독서재료는 위인의 인간적인 고민을 다룬 전기, 성장 소설, 역사 소설, 통속문학 등이 있다.

8) 문학기(14세 이후) : 사회적인 관심이 강하고 현실참여를 바라며 자아에 대한 긍정과 외부의 압력에 대한 부정을 나타내는 비판적, 반항적 시기이다. 통속문학, 순수문학, 시사, 정치, 경제 등으로 관심영역을 확대해 간다.

9) 사색기(17세 이후) : 객관적인 지성에 입각하려는 태도를 가진다. 기존의 지식에 의심을 갖고, 철학적, 사색적인 입장에서 원리를 규명하고 비판하며 그러한 태도 속에서 자신의 이상을 추구하고 스스로의 의견을 펼친다. 사색서, 종교서 등에 흥미를 느끼게 된다.

5. 독서의 수준과 독해

(1) 애들러가 제시한 독서수준의 4단계

1) 독서의 1수준 (초급 독서)

① **읽기 준비를 한다.** - 취학 전 단계

② **아주 간단한 것 읽는 법을 깨닫는다.** - 초등학교 1~2학년 단계

③ 모르는 단어의 의미를 문맥에서 알아내는 기술을 익힌다. - 초등학교 3~4학년 단계

④ 이전 단계에서 습득한 독서 기술을 더욱 연마하여 독서 체험을 자기의 것으로 만든다. - 읽기 단계의 완성기, 초등학교 고학년

2) 독서의 2수준 (점검 독서)

① 점검독서 1

한정된 시간 안에 한 권의 책에서 될 수 있는 한 많은 것을 끌어내는 기술

가. 표제나 서문을 본다.
나. 목차를 살펴본다.
다. 색인을 살펴본다.
라. 커버에 씌어 있는 선전 문구를 읽는다.
마. 그 책의 요점이라고 생각되는 몇 개의 장을 본다.
바. 군데군데 띄엄띄엄 골라서 읽는다.

② 점검독서 2

가. 표면 읽기
나. 현재보다는 빨리 읽을 수 있도록 노력한다.
다. 눈의 움직임을 개선한다.
라. 이해하기

3) 독서의 3수준 (분석 독서)

① 책을 분류 한다. - 이론적인 책과 실천적인 책으로 분류한다.

② 책의 전체 내용에 숨겨져 있는 골격(구조), 유기적 관계, 저자의 의도를 파악한다.

③ 저자의 언어 사용방식을 이해한다.

④ 비판적으로 읽는다.

⑤ 독서 보조수단을 이용 한다

- 경험, 주석서나 발췌서, 사전, 백과사전 등을 이용한다.

4) 독서의 4수준 (신토피칼(Syntopical) 독서

개별 독서물의 범주를 넘어서 2권 이상의 책 내용을 비교하여 새로운 주제 및 결론을 이끌어내는 방법으로 문제 해결을 위한 독서 방법이다.

(2) 독서의 과정

1) 글 읽기와 표현하기

① 글을 읽고 이해하는 과정

읽기는 언어활동으로서 문자 언어에 의한, 문자언어를 통한 이해활동이라 할 수 있으며, 글 읽기를 통해 글쓴이의 세계에 대한 인식을 이해하고 자신의 세계를 확충해 나가는 상호작용이라고 할 수 있다.

② 글 읽기의 두 가지 영역

· 글을 이해하는 독해의 영역

· 글을 통해 필자와 독자가 만나는 활동의 영역(의미 재확대, 창조적 과정)

③ 표현하기 : 이야기하기, 토론하기, 글쓰기

(3) 독서의 3단계

1) 준비의 단계

① 읽기 준비도 - 독서는 인간두뇌의 능동적인 사고과정이므로 능동적 두뇌활동을 해야 하는데 이는 독서를 할 수 있는 준비도의 성숙을 의미한다.

성숙한 독자란 문화적, 심리적, 환경적, 신체상의 준비도가 함께 성숙한 상태이다.

가. 문화적 준비도 - 자신이 속한 시대나 사회의 영향을 받는다.

예) 독서에 대한 부정적 분위기, 책보다 다른 가치를 우선시하는 사회 분위기

나. 심리적 준비도 - 책에 대한 홍미와 호기심이 준비되어 있어야 한다.

다. 환경적 준비도 - 주변 환경의 온도, 소음도, 조명, 책과의 거리. 어린이는 15분, 어른은 1시간 가량 읽고 휴식하는 것이 좋다.

라. 신체상의 준비도 - 독자의 건강상태도 독서에 영향을 끼친다.

② **소리 내어 읽기** - 책을 읽을 때, 초기과정은 대체로 단어를 파악하는 문자 자각의 단계와 그 단어가 어떤 의미를 가지는가에 대한 의미 이해 단계로 나누어진다. 소리 내어 읽기는 문자 판독을 정확히 할 수 있는 독서능력을 향상시켜 주고, 독서홍미 유발에 효과가 크다

③ **속으로 읽기** - 문장 단위의 읽기, 의미위주의 읽기로서 독서속도를 높여주고, 생각하며 읽게 한다.

④ **어휘력 기르기** - 책을 좋아하지 않는 아이들의 대부분은 어휘량이 부족하다.

어휘량이 부족한 아이들의 특징

- 말을 유창하게 하지 못한다.
- 말하기를 싫어한다.
- 질문을 하면 대충 대답한다.
- 이야기를 하거나 대화를 할 때 내용에 핵심이 없다.
- 이야기를 할 때 부적절한 어휘를 많이 사용한다.
- 이야기를 재미있게 이끌어 가지 못한다.
- 저학년 때는 성적이 좋을 수도 있으나, 고학년으로 올라 갈수록 성적이 점점 떨어진다.
- 대화에 유머나 위트가 부족하다.
- 친구들에게 인기가 없다.

어휘력을 기르는 방법

- 폭넓은 독서를 하게 한다.
- 많은 사람과 대화를 하게 한다.
- 무엇이나 말로 지시를 한다.
- 산책하면서 질문을 한다.
- 어린이의 불완전한 문장을 완전한 문장으로 바꿔준다.
- 말놀이 게임을 한다. 예) 뒷말 이어가기, 같은 자로 끝나는 말, 삼행시 짓기 등
- 국어사전, 백과사전을 애용하게 한다.

2) 독해의 단계

① **줄거리 읽기** - 긴 글을 줄거리의 형태로 간편하게 이해하고 기억하는 독해 방법이다. 책의 내용을 시간적 순서에 따라 재배치하는 것이며, 주의 집중력이 약한 어린이와 독해력이 낮은 일반 대중에게 필수적인 기능이다.

② **요점읽기** - 독자 스스로 중요한 부분을 골라 읽는 방법이다. 정확하게 읽기 위한 방법이며 요점에는 줄거리, 주제, 인물의 성격 등이 포함된다.
글의 요점은 독서재료와 목적에 따라 다를 수 있다. 설명문은 정의나 규칙이 요점이 될 수 있고, 문학책은 주제, 위인전은 성장의 동기가 요점이 된다.

③ **훑어 읽기** - 정보 수집 능력은 현대인에게 무엇 보다 필요한 능력이다. 이러한 능력을 기르는 가장 확실한 방법은 훑어 읽기이다. 짧은 시간에 정보를 많이 얻을 수 있다.

④ **뭉뚱그리기** - 긴 글을 읽고, 한 마디로 뭉뚱거리거나 요약하는 과정이다. 문학책을 읽거나 교과서를 공부할 때에 필요한 기술이며 뭉뚱그리기는 종합적 사고력을 요구한다. 또한 글의 내용을 핵심단어나 핵심문장 으로 바꾸어 내는 요약 방법이다. 뭉뚱그리기 속에 글을 비판하는 자신의 의견을 넣어서는 안 된다.

⑤ **분석하며 읽기** - 독자가 책을 읽을 때 내부에 숨어 있는 골격을 찾아야만 완벽한 독서가 될 수 있다. 우리는 글 속에서 주제를 알아내기 위하여 부분 부분을 나누어서 알아보아야 한다.
· 글의 아웃라인(outline)을 알려면 제목, 서문 등을 본다.
· 서론, 본론, 결론, 기승전결, 두괄식, 미괄식 등 글의 짜임을 알아본다.
· 저자가 어떤 말을 자주 사용하며, 무엇에 의미를 두는지 살핀다. '핵심단어', '핵심문장 등 저자의 의도를 알아낸다.

⑥ **구조화하기** - 글의 의미를 아는 일은 생각의 구조를 이해하는 일이다.

· 문학책은 구조화를 통해 복잡한 주제가 선명하게 드러난다. 일반적으로 2항 대립구조 (옛이야기, 선과 악 예: 흥부와 놀부)와 3항 대립구조(예: 장발장)

· 지식의 책은 구조화 작업을 통해서 더 잘 이해할 수 있다.

⑦ **문맥읽기** - 글을 구성하고 있는 어휘의 이미지에는 사전적 이미지와 동화나 시 같은 문학적인 글에는 문맥적인 이미지가 많이 쓰인다. 문맥 읽기에 서툰 어린이들은 대개 감지력과 상상력이 부족한 이들이 많으며, 동문서답을 자주하고, 시 읽기를 힘들어한다.

⑧ **빨리 읽기** - 독해 훈련의 궁극적인 목적은 짧은 시간 안에 많은 정보를 알아내는 것이다. 빨리 읽는다는 것은 눈으로 글자만 빨리 읽는 것이 아니라, 뇌가 빨리 반응한다는 것이다. 그러나 초등학교 시절에는 빨리 읽기 훈련이 필요하지 않다. 중학교 이상 독자에게 적당하다. 빨리 읽기를 못하는 아이들은 어휘력이 부족하거나, 소리 내어 읽거나 입술을 달싹거리며 읽는 경우, 손가락으로 글자를 짚어 가면서 읽는 경우, 묵독의 훈련이 안된 경우, 안구운동이 안되는 경우, 사고력이 부족한 경우 등 이다.

3) 감상의 단계

① **느끼며 읽기** - 인물의 심정을 느끼며 읽는다. 배경과 장면을 상상하며, 인물의 행동을 자기의 경험과 결부시켜 읽는다.

② **상상하며 읽기** - 책을 읽으며 웃기도 하고 울기도 하는 것은 상상력에 의한 반응이다. 책 속의 인물과 동일시는 맛보는 과정이기도 하다. 또한 작품속의 장면, 정경, 분위기를 상상하며 읽는다. 그림을 보고 글 속에 없는 것을 상상하여 말하거나 읽으면서 연상되는 것을 말해본다. 상상한 것을 그림으로 그려보는 것도 상상력을 도와준다.

③ **추리하며 읽기** - 우리가 살아가면서 누구에게나 끊임없이 필요한 것이 추리력이다. 똑같은 사실을 보고 더 많이 추리할 수 있는 사람은 좋은 생각, 풍부한 생각을 많이 할 수 있는 사람이다. 추리적 사고는 책을 읽는 과정에서 끊임없이 사고할 때 길러지며 문자화되어 있지

않은 행간의 뜻을 알 수 있게 된다.

④ **비판하며 읽기** - 비판적 사고란 어떠한 사실이나 상황에 대한 판단이나 평가활동을 하는 뇌의 기능이다. 비판적 사고는 객관성, 정직성, 융통성, 체계성 등을 필요로 한다. 글에 대하여 독자가 개성적으로 반응하는 것으로서 선전문은 과장된 표현은 없는지 판단해 본다. 설명문은 글의 사실성, 진실성 등을 비판해 보고 논설문은 사상이나 논리의 타당성을 비판해 본다. 시는 잘못된 표현이 없는지 생각해 보고 산문에서는 각 문단의 놓일 자리가 적당한지 결말의 타당성 등을 비판해 본다.

⑤ **창의적으로 읽기** - 창의성이란 남들이 생각하지 못하는 새로운 생각을 해내고 새로운 대안을 형성하는 정신과정이다. 5~10세 시절이 가장 왕성하며 독자는 읽은 글을 통하여 자신의 사고와 영역을 끝없이 넓혀 간다.

창의적 읽기 훈련 방법에는 '다음 이야기를 생각해 보기', '읽고 대안을 생각하기', '반대 상황을 생각하면서 이야기를 전개시켜 보기', '그림만 있는 만화를 보고 주인공들의 대화를 써 넣어 만화를 완성하기', '그림만 있는 포스터나 광고를 보고 제목을 정해 보기' 등이 있다.

⑥ **문제해결하기** - 독서를 하는 것은 결국 세상을 살아가는데 필요한 능력인 문제 해결력을 기르기 위한 것이다. 문제해결력을 기르기 위한 훈련으로는 책을 읽으면서 주인공이나 주변 인물을 자신이라고 생각해 보기, '나와 주인공과의 공통점과 차이점은 무엇인가?, 작품 속의 인물을 왜 실패했을까?, 실패하지 않기 위해서는 어떻게 해야 할까?, 주인공이 성공한 이유는 무엇일까?, 성공자와 실패자의 차이는 무엇인지?' 등을 살펴보며 문제해결력을 기를 수 있다.

(4) 독해이론

독해이론을 연구하는 학자들은 두 가지의 가정을 한다. 그 중 하나는 독자의 기억 속에는 경험이 축적되면서 지식이 형성되었다는 것이고, 또 하나는 종이 위에 씌어진 문자 기호들과 독자의 기억 속에 저장된 지식과 연결시켜 주는 표상화하는 심리적 장치가 요구된다는 가정이다. 저장된 지식구조를 강조하는 이론이 스키마(schema)이론이고 문자기호의 번역 및 표상화(representation)에 더 많은 관심을 보이는 이론이 텍스트 분석이론이다.

1) 스키마(schema)이론

① 스키마(schema)의 뜻

칸트(Kant)는 "순수이성비판"에서 순수한 선험적 상상과 현실 세계에서의 경험을 분리하여 순수한 선험적 상상을 스키마라고 불렀다. 스키마(schema)란 개인이 주위의 환경과 상호 작용할 때 사용하는 일종의 프로그램이나 전략으로서 우리가 보는 세상을 일정한 방식으로 조직하는 역할을 하며 어떤 지식의 구조 또는 우리의 기억 속에 저장되어 있는 경험의 총체이다. 스키마는 우리가 알고 있는 세상 모든 일에 대한 기억 내용과 지식에서 추출된 개념이다. 스키마, 즉 지식은 경험의 소산이므로 어느 한 사상이나 개념에 대한 스키마는 사람마다 다르다. 따라서 글을 읽고 해석하는 것은 문자의 단순 번역이나 글자 그대로의 해석이 아니라, 독자의 기존 지식, 문화적 배경, 흥미 등과 같은 스키마에 크게 영향을 받는다.

② 스키마(schema)이론

독서과정을 연구하는 연구자들은 사람마다 달리 가지고 있는 스키마가 독서과정에서 매우 중요한 역할을 담당한다고 말한다. 즉 경험을 통한 모든 기억이 지식이라면 이 지식을 구조로 표시하는 추상화된 개념이 스키마인데 '삼각형'이라는 스키마는 세상의 수많은 세모꼴 모양의 형태가 종합된 하나의 규칙이고 '개'라는 스키마는 네 발 달린 개라는 동물을 상상할 때 따라야 할 규칙이라는 것이다. 즉, 독자의 기억 속에 저장된 지식 구조를 강조하는 이론이 스키마(schema)이론이다.

③ 스키마의 기능

스키마는 학습자에게 학습자료 중에서 중요한 것이 무엇인지 알도록 돕는다. 또한 보다 중요한 아이디어와 덜 중요한 것을 나눌 수 있도록 요약해준다. 기억 속에 저장되어 있는 것은 글 그 자체라기보다는 자신의 해석이라고 볼 수 있다. 우리의 스키마는 먼저 자료의 해석에 영향을 미치며 활성화되었을 때 우리가 읽었던 것을 회상하도록 돕는다. 교사는 읽기의 준비과정에서 배경 지식을 최대한으로 활용할 수 있도록 스키마를 활성화하도록 도와야한다. 만일 학생이 글 내용에 적절한 스키마를 갖추고 있지 못할 경우에는 글의 이해에 필요한 지식을 갖도록 도와주어야 한다.

스키마 이론은 독해의 부진을 독서 능력의 부족으로 생각해 왔던 종래의 평가가 올바르지 못했다는 것을 지적해 준다.

2) 텍스트 분석이론(text analysis) :

① 텍스트의 뜻

텍스트란 무작위로 나열된 단어나 문장의 집합체가 아니라 이어진 글(connected discourse)전체를 말한다. 기존의 언어학에서 분석의 최대 단위를 하나의 문장(sentense)으로 보았으나 최근의 텍스트 언어학에서는 분석의 최대 단위를 텍스트로 잡고 있다. 텍스트를 언어연구의 기본단위로 할 경우 텍스트에서 각 문장사이의 관계와 글 전체의 구조를 찾아낼 수 있다. 각 문장 사이의 질서정연한 연계는 책을 읽은 후에 독자의 기억 속에 남게 되는 의미의 표상체계로 구조화된다.

② 텍스트 분석이론

종이 위에 씌어진 문자 기호들을 우리의 기억 속에 저장된 지식과 연결시켜주는 표상(representation)과정, 즉 문자 기호의 번역 및 표상화에 더 큰 관심을 보이는 이론이 텍스트 분석이론(text analysis)이다.

독자들은 책을 읽으면서 낱낱의 단어나 문장의 의미를 이해할 뿐만 아니라 전체적인 주제에 비추어 각 의미 요소들 사이의 중요도를 구분한다. 텍스트의 분석은 각 내용 요소사이의 관계를 밝히는 기초 자료를 제공하고 내용 요소 사이의 관계의 구조화하도록 도와준다. 텍스트분석을 함으로써 독자는 그 글을 쓴 필자의 지식구조를 밝힐 수 있다. 독자들이 독해를 잘 했는가를 분명히 알 수 있다. 텍스트 분석이론은 지금까지 관습적으로 이어져 왔던 문장 중심의 지도가 갖는 단점을 올바로 파악하고 독해의 참뜻과 바람직한 방향에 대해 생각하게 해 준다.

제3강
학년별 독서지도

들어가는 말

대부분의 부모들은 학교가 모든 것을 해결해 주리라고 믿는다. 물론 학교가 아이들의 독서능력을 키워 주려고 하지만 제한된 시간과 환경으로 아이들에게 일일이 신경 쓰기 힘들다. 자식이 바람직한 인간으로 성장하는데 부모만큼 중요하고 지속적인 관심을 영향을 미치는 사람은 없다. 그래서 부모의 교육이 무엇보다 중요하며 부모들이 끊임없이 관심을 쏟아주기를 기대하는 것이다.

그러므로 만약 부모가 책을 싫어하더라도 아이들에게는 꾸준히 책을 접하게 해주어야 한다. 만일 아이를 책과 친하게 만들어주는 곳이 있다면 그 곳에 보내어 책과 가까이 하도록 도와야 한다.

아주 비싼 책을 한꺼번에 많이 구입해서 아이에게 떠맡기다시피 하는 것은 금물이다. 이것은 오히려 아이로 하여금 책을 질리게 하는 일이다.

올바른 독서지도는 평생교육의 기반으로 여기고 있으며, 그 방법적 측면으로는 여러 가지가 있으나 교육현장에서 아동들의 발달 심리적 특징에 따라 지도하는 것이 효율적이다.

학생은 언제나 새로운 문제에 부딪히고, 해결하고 나면 다음의 문제가 기다린다. 이 문제 해결에 따라 학생은 발전하며, 연령과 함께 그 내용은 변한다. 독서 지도 방법은 학생의 성장 과정과 연결시켜 지도하여야만 더 나은 방향으로 나아갈 수 있다.

1. 초등과정에서의 문학교육

초등학교 교육 과정에서 문학의 방향은 문학 감상 능력의 기초를 다지는 것을 목적으로 한다.

흔히 '문학 교육'하면 시나 소설 등의 지식을 가르치고 그것을 생산할 수 있는 기능을 가르치는 것으로만 오해하는 수가 많다. 물론 그것도 문학 교육이기는 하다. 그러나 어린 시기의 참다운 문학 교육은 문학을 즐겨 읽고, 문학을 좋아하며, 문학 속에 전개된 삶의 아름다움, 삶의 진실, 삶의 영원한 가치를 추구하는데 있다.

'문학이란 위대한 삶의 체험이다.'라고 드 퀸시는 말했다. 문학을 통해서 우리들이 살아보지 못한 수세기 전의 할머니의 체험을 가질 수 있고, 문학을 통해서 그 곳에서 살아보지 못한 미지의 외국에서의 사건을 자기의 것으로 포개면서 눈물과 설렘을 체험할 수도 있다. 이것이 문학적 진실이오, 정신적인 체험이다. 또한 이것이 문학의 삼대 특성인 항구성, 보편성, 개성 등이기도 하다.

문학을 다룬다는 것은 엄밀히 말해서 '삶'을 다룬다는 말이 된다. 이것을 더 넓혀서 말하면 어린이를 교육한다는 것 자체가 '삶을 아름답고 바르게 살게 하고 삶의 진실을 추구하며 삶의 꿈과 아름다운 이상을 심어주는 일'이라고 말할 수도 있다. 이런 점에서 문학 교육은 대단히 중요하며 따라서 교사의 노력과 기술이 요구된다고 하겠다.

문학 교육이 국어 교육의 한 영역을 차지하고 있고, 그 목표에서 '문학 작품을 즐겨 읽고 아름다운 정서와 풍부한 상상력을 기르는데 중점을 둔다.'라고 되어 있으며 지도 방법에서도 '아동의 관심, 흥미, 발달 단계, 경험 체계에 직결되는 여러 유형의 글이나 아동 문학 작품을 다루어 독서의 기회를 확충해야 한다.'라고 되어 있다. 그리고 각 학년별로 지도 순서와 계열을 세워서 저학년에서는 '인물·행동 등에 대한 느낀 점', '줄거리 흐름 이해', '인물의 말투, 사건의 결말, 배경' 등에 관심을 갖게 하고 '작품을 암송, 낭독'하게 하고 있으며 중·고학년에서는 '사건의 원인과 결말', '작품의 주제', '표현의 특색', '소재와 주제', '인물의 행동', '자기의 경험과의 관련' 등을 고루 깊이 다루도록 되어있다.

우리나라는 아직 초등 교육 분야에 문학 교과서가 따로 없을 뿐 아니라 '문학 교과 시간'을 '말하기', '듣기', '읽기', '쓰기' 시간처럼 따로 두고 있지 않는 실정이어서 자칫 소홀해지기 쉽다. 그러므로 국어과 각 영역에서 관련을 맺어 충분히 지도되어야 하며 진정 앞으로의 국어 발전을 위해 문학 시간을 따로 두어야 하리라 생각된다.

2. 영·유아기 연령별 독서지도

(1) 0 ~ 3세

"책을 통하여 놀이하듯이 즐거운 감정을 주자."

아이들은 태어난 지 3~4개월부터 책에 반응을 하며, 영아기 중 가장 효과적으로 무언가를 배울 수 있는 시기는 생후 10개월경이다. 이때는 단순하고 밝은 그림이 있는 사물그림책을 보여주도록 한다. 만 2세 이후에는 어휘습득이 급속하게 이뤄지는 시기로 반복적이고 운율 있는 어휘로 책에 재미를 붙게 해주는 것이 좋다.

따라서 어휘가 반복되어 다음에 나올 내용을 유아가 자신 있게 추측하여 말할 수 있는 짧은 스토리의 그림책이 좋다.

그리고 만 3세가 되면 외우는 능력이 최고조에 달하는 시기이므로, 일상생활에서 흔히 볼 수 있는 그림이 나온 그림책을 활용하여 두뇌활동을 도와주도록 한다.

이 시기에는 책을 물어뜯거나 찢는 경우가 많기 때문에 헝겊이나 두꺼운 종이로 된 견고한 책을 고르도록 한다.

(2) 4 ~ 5세

"자신의 감정을 말로 표현할 기회를 충분히 주자."

이 시기는 어휘의 수가 빠르게 증가하는 때로 말하기, 언어놀이(language play)를 즐긴다. 따라서 책을 통하여 아이들이 말을 충분히 할 수 있게 하며,

어휘력을 신장시켜주는 기회를 만들어 주는 것이 중요하다. 그림책을 보여준다. 그림은 유아에게 있어서 글씨와 같다. 생활동화와 환상동화, 단순한 전래동화를 읽어주거나 들려준다. 상상력을 자극시켜 상상력이 풍부한 아이가 된다. 글 없는 그림책을 보여주어 유아가 직접 이야기를 이끌어 내도록 하는 것도 좋다. 그림을 보면서 그 내용을 자신이 직접 상상하여 말로 표현할 수 있는 기회를 주다보면 교사와 부모는 유아의 내면세계를 알아볼 수 있게 되고 유아는 자신의 감정을 자연스럽게 표현하는 법을 배우게 된다.

(3) 6～7세

"글자를 아는 유아도 계속 읽어주어 독서 흥미를 지속시키자."

이때는 글자를 읽을 수 있게 되는 시기이지만, 어린이 혼자 책을 읽게 놓아두면 책에 대한 흥미를 잃게 되는 수도 있다.

글자를 읽는 데만 몰입하여 책의 내용에서 얻을 수 있는 풍부한 상상력이나 시각적인 이미지를 놓치기 쉽기 때문이다.

따라서 어린이가 글을 읽을 수 있어도 처음 대하는 책은 읽어 주고, 그 후에 스스로 읽어보게 하는 것이 어린이에게 긍정적인 영향을 미친다.

그리고 책을 읽으면서 아이에게 자꾸 글자를 아는지 확인해보는 것은 좋지 않다.

이는 읽고 있는 책에 대한 내용의 흐름을 방해하게 되므로 책의 흥미를 떨어뜨릴 수 있기 때문이다.

그리고 이 시기는 제 1반항기라고도 말하는 것과 같이 자기주장만을 강조하며 떼를 쓰는 나이로, 사회에 대한 자기 나름대로의 적응이 표면적으로 나타나는 시기이다.

이때 어린이의 주장을 무조건 억압하지 말고 이야기를 통해서 선과 악의 구별을 이해하도록 유도하는 것이 좋다.

따라서 이 시기에는 선악을 구별시킬 수 있는 '옛이야기 그림동화' 가 좋으며, 올바른 생활습관을 주제로 한 '창작그림동화' 등이 적합하다.

이상에서 영유아기의 연령별 독서지도방법을 알아보았다.

위에서 설명한 내용은 일반적인 수준이며 같은 나이라 하더라도 아동에 따라 각각의 발달차이가 있으므로 대상 아동에 대한 세심한 주위를 가지고 독서지도를 해야 한다.

그리고 이 시기에는 아동이 책은 지겨운 것이 아니라 즐겁고 재미있는 것이라는 생각을 갖도록 지도하는 것이 중요하다.

또한 이 시기뿐만 아니라 초등학교 저학년 시기에도 시각보다는 청각을 통해 이해가 더 잘 되기 때문에 책을 읽어주는 것이 좋다.

3. 책 어떻게 읽어주는 것이 좋을까

- 가능한 어릴 때부터 엄마가 책을 읽어주는 것이 좋다. 아이가 어리면 어릴수록 책 읽어주기의 효과가 더욱 잘 나타난다.
- 한글을 읽을 줄 알아도 읽어주는 것이 엄마와의 친밀감을 갖게 해 준다.
- 읽어줄 책을 선택할 때는 듣는 아이의 수준을 잘 파악해서 읽어준다.
- 끊임없이 읽어달라고 요구할 때 일정한 분량을 약속하고 읽어준다.
- 듣기능력은 점진적으로 학습되고 배양되는 것으로 후천적으로 습득된다.
- 그림책은 나이에 관계없이 널리 읽힐 만한 책이다. 처음에는 그림책을 읽어주다가 차츰 동화책등으로 바꾸어 나가도록 한다.
- 책의 주제를 다양하게 바꾸어가면서 읽어주면 지루하거나 무료해 하는 것을 피할 수 있다.
- 아이의 상상력과 집중력이 향상될 때까지는 긴 문장의 책은 피하는 것이 좋다.
- 책을 읽고 난 후에는 함께 이야기 나누는 시간을 갖는 것이 좋다.
- 책을 읽을 때는 적당한 속도로 읽어야 한다.
- 읽어주는 사람이 흥미를 느끼지 못하는 이야기는 읽어주지 말아야 한다.
- 듣는 아이의 자세가 너무 편안해서 졸음이 오게 해서는 안 된다.
- 책을 읽어주는 중간에 아이들이 질문을 하면 귀찮아하지 말고 대답해 주어야 한다.

4. 학년별(시기별) 독서지도

(1) 환상 동화 시기(초등 1, 2학년)

유아기의 자기중심적인 심성을 벗어나 자타의 구별을 깨닫기 시작한다. 그간 어른에게 전면적으로 의존해 왔던 태도가 자주적인 태도로 변하고 현실 사회로 눈을 돌리게 되는 과도기라고도 부른다. 그래서 이 시기의 아이들은 대체로 이야기 중의 인물의 행동에 공감하거나 비판을 가하는 경향이 나타난다.

1) 발달단계의 특성

- 구체적 조작기로 접어드는 시기로 개념을 구체적으로 다루게 된다.
- 학교에 입학하면서 '또래 집단성'과 '성차'에서 오는 문화적 이질감을 겪게 된다.
- 오락실 출입, 욕을 배우는 일 등 유치원에서 하지 않던 행동을 보인다.
- 자기중심성에서 조금씩 벗어나 다른 사람을 존중하고 배려하는 것 배우기 시작한다.
- 도덕적인 원리 존중하며, 다른 사람을 기쁘게 하고 도와주는 일이 옳은 일이라 인식한다.
- 자신이 본 사물의 모양과 다른 사람이 본 사물의 모양이 다르다는 것을 이해하기 시작한다.
- 점차 자신의 언어체계를 구성해 간다.
- 감각력, 추리력, 재 구성력이 발달하여 사물과 세계에 대한 통찰력을 키워나가는 시기이다.
- 상상력이 최고조에 달하는 시기이다.
- 집중시간: 최소 10분 ~ 최고 30분 - 어느 정도의 글 한 편을 처음부터 끝까지 완전하게 읽어 낼 수 있는 능력과 직결된다.
- 청각우세에서 시각 우세로 변하는 시기이다.

2) 읽기 자료 선정 방법

① 팬터지를 읽는다.

이 시기의 학생들은 거짓말을 잘한다. 특히 어른에게 거짓말하는 것에 쾌감을 느낀다고 한다. 이럴 경우 대부분의 어른들은 학생이 도덕성이 부족한 경우라고 판단하고 야단을 치거나 벌을 세운다. 이 시기 학생들의 거짓말은 대부분 도덕심과는 관계가 없는 상상력의 소산이기 때문에 크게 걱정할 필요는 없다.

5, 6세부터 발달하기 시작한 인간의 상상력은 7세가 되면 최고조에 달한다. 그래서 초등학교 1학년 무렵의 학생들은 우주 삼라만상을 그들의 상상 속으로 끌어들인다. 그래서 상상 속에서 생각하고 말한다.

발달심리학에서 볼 때 인간의 성장은 적절한 시기에 적절한 자극을 받아야 한다고 한다. 상상력도 마찬가지로 이 시기에 집중적으로 자극을 받아야 한다. 이 시기가 지나면 그들은 곧 다음 단계인 합리적 사고기에 들어가 환상 대신 현실에 흥미를 느끼게 된다.

환상 동화는 인간을 부드럽고 유연하게 하는 연골과 같은 역할을 하고 미래를 꿈꾸게 하는 역할을 한다. 무엇을 직접 만들어 보는 기쁨을 느끼는 시기이기도 하다.

② 쉬운 단편 동화를 많이 읽는다.

활자 중심의 책으로 넘어가는 과도기이나 아직은 그림책을 더 편안하게 생각하는 시기이다. 이 시기에는 읽기 훈련을 위해서 쉬운 동화를 많이 읽히는 것이 필요하다. 많이 읽기 위해서는 장편보다는 단편이 좋다. 장편 동화보다는 단편 동화 여러 편을 읽었을 때 성취감을 더 많이 얻게 된다. 그림과 글이 적당히 섞여 있는 책, 상상의 세계로 빠질 수 있는 전래 동화, 도깨비 이야기, 그림만 있어도 스토리를 상상하며 만들어 갈 수 있는 글자 없는 그림책 등도 좋다.

작품을 고를 때에는 학생의 흥미와 수준에 맞는 스토리, 긍정적인 주제, 간결하고 분명한 문장, 번역체가 아닌 한국어 어법에 맞는 작품이 좋다.

3) 읽기 지도 방법

① **읽으면서 이미지를 그리게 한다.**

유아 시절 그림책을 곧잘 보던 아이가 초등학교에 들어가고 나서 독서 흥미를 잃게 되어 책을 멀리하는 경우가 있다. 이런 아이들은 상상력이 부족해서 이미지를 그리지 못하기 때문이다.

글을 읽으면서 주인공이나 주변 인물들의 모습이나 성격, 분위기 등을 마음속에 그림으로 떠올리는 이미지 그리기는 상상력이 하는 일이다. 상상력이 부족한 학생들은 글자만 읽지 그림을 그리지 못하기 때문에 독서의 재미에 빠지지 못하는 것이다.

상상력을 극대화시켜 독서의 재미에 푹 빠지게 하려면,

첫째, 교사나 부모가 감정을 넣어 글을 읽어 주면 좋다. 아이의 가슴속에 이미지를 불어넣어 주는 방법이다.

둘째, 아이들로 하여금 감정을 넣어 읽어보게 하는 방법이다. 글씨위주의 글을 읽는데 어려움을 느끼는 아이들은 등장인물마다 개성적인 음성을 넣어 함께 읽거나 감정을 살려서 읽게 한다. 이 때 주의할 점은 학생들이 글자를 맞게 읽는지 보다 감정에 관심을 두어야 한다.

셋째, 독서 전에 글과 함께 제시된 그림을 먼저 보면서 글의 내용을 상상하게 한다. 글을 읽으면서 중간 중간 글 읽기를 멈추고 다음 이야기는 어떻게 전개될 것인지를 상상하게 한다.

② **책을 읽고 이야기를 나눈다.** - 질문을 이용해 내용을 확인한다.

책을 읽고 난 뒤 먼저 몇 가지 질문을 한다. 동화에서 어떤 느낌을 받았는지, 글의 내용을 잘 파악했는지, 글의 중심생각을 파악했는지, 동화의 주제와 아이의 삶을 관련지어 생각해 보기 등 질문을 한다. 아이가 책의 내용을 파악했는지, 또는 책의 주제를 파악했는지 알아보는 게 필요하다.

즉흥적으로 진행하기보다는 교사가 반드시 미리 책을 읽고 질문을 준비하고 함께 토론할 거리를 찾아보는 것이 중요하다.

③ **스토리를 다른 사람에게 전달한다.** - 이 시기의 독서는 크게 보아

스토리 읽기이다. 큰 산맥 속에서 금광을 발견하듯 학생들을 책 속에서 스토리를 발견해 가면서 기쁨을 느낀다. 이 기쁨을 배가시키는 방법으로 남에게 스토리를 이야기해 주는 방법이 있다.

자신이 발견한 스토리를 남에게 전한다는 것은 일종의 성취감을 느끼게 한다. 남에게 무언가 줄 수 있다는 성취감, 이것이 독서의 기쁨을 배가시킨다.

학생이 이야기를 할 때에는 이야기의 순서, 인과 관계가 맞는지를 살펴보는 게 좋다. 그러나 순서나 인과 관계가 맞지 않아도 교정해 줄 필요는 없다. 다만 학생이 이야기를 충분히 이해하고 있는지를 파악하는 정도면 된다.

④ 감상을 일기로 쓴다.

동화시기의 학생들은 독서 감상을 글로 나타내기 시작한다. 독서 감상문을 갑자기 쓰게 하면 학생들이 부담스러워하기 때문에 일기를 쓰게 하여 점차 긴 감상문을 쓰도록 이끈다. 이때 아이들의 감상을 글로 나타낸 것에 의의를 찾아야지 완벽한 문장을 쓰기를 기대해서는 안 된다. 동화에서 가장 인상 깊었던 부분을 말하게 한 뒤 그 장면을 그림으로 그리게 하는 것도 좋다.

⑤ 혼자서 읽기를 즐기도록 한다.

학교 도서관이나 마을 도서관, 서점 등을 이용하는 습관을 길러 준다.

⑥ 등장인물의 행동을 평가한다.

이 때 읽을 자료는 위인들의 어린 시절을 표현한 모범적인 짧은 이야기 모음이 좋다. 이런 이야기 속에서 옳은 모델을 발견하고 도덕적 가치관이 형성된다.

⑦ 언어사용 능력에 주의를 기울인다.

쓰기 능력 보다는 읽기 능력을 점검하고 발달시키는데 초점을 둔다. 교과서를 큰 소리로 읽게 하여 낭독, 낭송 수준을 파악하고 읽기 성향 등을 관찰하도록 한다.

(2) 역사이야기 시기(초등 3, 4학년)

이 시기는 친구간의 적응이 발달 과정의 중심이므로 우정이나 사회적 책임을 중시하고, 집단적 행동이나 자치적 활동에 관심을 높인다. 특히 이때는 그룹을 만들어 비밀 모험을 즐기기를 좋아한다. 지적인 면에서는 과학적인 흥미가 증진하므로 미지의 세계 정복을 구하는 등 지적인 행동반경이 넓어진다. 즉 무대가 현실 세계로부터 우주로 넓어지고, 그 속에서 인간관계의 미를 추구하려는 경향을 보인다. 한편 가장 다독, 난독하는 시기도 바로 이때이다.

이 시기부터 부모, 학교, 사회와의 약속 및 규칙들과 충돌하고 갈등하게 된다.

합리적인 사고기에 접어든 3,4학년 어린이는 허무맹랑한 이야기 보다는 현실성이 있는 이야기를 좋아하게 된다. 어린이는 역사와 전기적 인물의 입장에 자기를 두기를 좋아한다. 영웅전을 읽으면 아이들은 웅대한 마음을 키우고 상상력이 확대된다. 자신의 일상생활을 초월한 이야기를 읽으며 어린이는 정신적으로 격조 높은 경험을 한다. 이 때 어린이들은 닮고 싶은 인물을 가지게 되며 영웅을 흠모한다.

1) 발달단계의 특성

- 사물의 수, 길이, 무게 등에 대한 보존성을 갖게 된다. 즉 사물에 대한 고착 개념을 발달시킨다는 것을 의미한다.
- 개념을 형성하고 분류하는 능력이 생긴다.
- 자신이 경험한 것에 대해 논리적 추리력을 발휘할 수 있다.
- 현실성, 합리성에 눈을 뜬다.
- 집단성이 강해진다. - 우리 반, 우리 학교, 나와 친한 아이 등
- 자신의 취향과 의식이 맞는 아이들과 또래를 형성하기 시작한다.
- 또래 집단성을 유지하기 위해 규칙을 만들기 시작한다.
- 구체적 조작이 가능해지고 논리적 사고가 발달한다.
- 다른 사람의 이야기와 행동에 공감하고 구체적으로 비판을 하게 된다.
- 신기한 것에 관심을 보이고, 유머나 우스꽝스런 이야기 및 행동에 관심이 많아지고, 무조건 따라하기도 한다.
- 책을 좋아하는 아이, 싫어하는 아이가 확연히 구분되는 시기이다.
- 독서량이 많아서 전집종류를 읽고 소화할 수 있다.

2) 읽기 자료 선정 방법

① 신화와 전설을 즐긴다.

3, 4학년들은 환상과 현실이 결합된 신화와 전설 같은 이야기가 좋다.

신화와 전설 속에는 인류의 유년기의 이야기가 들어있다. 가장 오래된 아름다움, 신성함, 이상스러움, 무서움은 학생들의 마음을 끌어당긴다. 신화가 오래된 옛날부터 구전으로 내려오게 된 것도 이러한 매력 때문이다.

신화와 전설 속에는 인류의 꿈과 희망이 들어 있기 때문에 이 시기의 아동들은 천지 창조, 나라의 시조, 마을의 전설 등 사람들의 이야기를 알게 됨으로써 상상력의 폭을 넓혀 나간다.

② 우정의 이야기를 읽는다.

집단성이 강해지는 시기이다.

초등학교 3, 4학년의 생활에서 중요한 관심의 하나는 친구이다. 또래간의 우정과 사랑, 관용과 희생을 담은 책이 좋다. 이 때 자기가 좋아하는 학생과 친하게 되는 경우도 있고, 그렇지 못한 경우도 있으므로 나름대로 고민과 갈등을 겪게 된다. 이런 학생들에게 필요한 읽을거리는 우정을 이야기한 책들이다. 그러나 도덕책처럼 우정을 주입식으로 강요하는 책, 우정을 배반해서 벌 받는 이야기 등은 좋지 않다. 빈약한 독서 흥미를 잃을 우려가 있다.

③ 모험의 세계를 동경한다.

독립에 대한 욕망과 반항, 공상과 과거에 관심을 갖는 시기이다. 모험과 신비를 다룬 이야기가 좋다.

이 시절 또 하나의 특징은 이상한 것, 신기한 것을 찾아 모험을 떠나고 싶어한다는 것이다. 모험을 동경한 나머지 집안의 은밀한 장소를 찾아 벽장이나 창고 속에 저만의 은밀한 장소를 정해 두기도 한다.

이 시기 학생들의 이러한 특징은 어른에 예속된 생활을 떠나 독립하고 싶어하는 마음의 표현이다. 이러한 욕망을 만족시켜 주는 이야기가 바로 모험의 이야기이다.

괴기담을 좋아하기도 하는데 무서운 이야기를 즐겨서가 아니라, 내면에서 현실을 부정하고 현실에서 벗어나고자 하는 욕망이 변형되어 나타나기 때문이다.

④ 동정심을 유발하는 주인공을 좋아한다.

이 시기의 아이들은 불쌍한 인물들의 이야기를 즐겨 읽는다. 자신은 이제 누구에게 동정을 받는 자가 아니라, 동정을 줄 수 있는 강자라는 심리적 표현이다. 남자아이들이 용감한 모험 소설을 읽을 때, 여자아이들은 동정심을 자극하는 소설을 즐겨 읽는다. 특히 눈물을 흘리면서 읽는 이야기를 좋아한다.

이 시기의 아이들을 위한 책으로는 '알프스의 소녀', '집 없는 천사', 나폴리의 아이', 엄마 찾아 삼 만리' 등이 있다.

⑤ 현실 사회를 폭넓게 이해할 수 있는 이야기를 좋아한다.

1, 2학년 때의 왕성했던 상상력이 현실성을 갖추기 시작하는 시기로서, 상상의 이야기보다 현실적인 이야기를 더 좋아하는 경향을 보인다. 생활 태도가 자주적이고 현실적으로 바뀌기 때문에 비현실적인 상상의 세계를 그린 이야기는 시시하게 생각하고 반복하여 읽는 것을 싫어한다. 이 시기 아동들은 자신이 실제로 겪는 생활 이야기를 소재로 한 책을 주로 읽는다.

- 역사, 다른 나라 문화, 신문, 잡지와 같은 정보물 종류의 책이 좋다.
- 왕따 이야기, 못 생겼다고 놀림을 받는 아이 같은 현실적인 읽기 자료가 좋다.
- 중, 단편의 이야기나 전집류, 역사이야기, 다른 나라 이야기도 좋다.

3) 읽기 지도 방법

이 시기는 자기중심적인 사고를 벗어나 객관적인 사고기로 돌입하는 시기이다. 이 시기의 특징은 스스로 책을 선택하면서 이제까지 성인에게 의존하던 독서 선택을 자기가 스스로 한다.

① 자주적이고 현실적인 생활태도를 갖게 되는 이 시기 아동들에게 글을 읽힐 때는 글 속의 주인공, 사건과 현실의 나, 현실에서 내가 겪은 일들과 대입해 나갈 수 있도록 '나'를 대입하는 읽기 지도가 필요하다.

예) "내 주변에는 놀부같은 사람이 있는가?", "나는 놀부처럼 친구들을 괴롭힌 적이 있는가?", "나는 흥부처럼 되어 보고 싶은 적이 있는가?" 등

② 부모가 읽히고 싶은 책이 있다면 '부모 추천 베스트 5'를 뽑아 읽을 자료를 제공한다.

③ 이야기 이어 쓰기 - 초등학교 3, 4학년 수준에 맞는 책을 읽어주고 난 후 학생들이 상상해서 이야기를 꾸며보도록 한다. 학생들이 꾸민 이야기를 발표하게 한 뒤 원본의 내용과 견주어 보게 한다. 특히 이야기의 뒷부분이 여러 갈래로 추론할 수 있고 상상해 볼 수 있는 내용의 이야기라면 더욱 좋다.

④ 자신이 직접 책을 쓰고 싶어 하는 욕구가 강한 시기이므로, 아이가 작성한 글을 모아 자신의 이름이 적힌 책을 만들어 주는 것도 읽기에 대한 올바른 습관을 기르는 데 도움이 된다.

⑤ 글을 읽을 수 있는 분위기를 조성하는 것도 중요하다. 이 시기는 글을 읽는 습관을 기르고, 글을 좋아하게 만드는 마지막 기회이다.

(3) 지식과 논리의 시기(초등 5, 6학년)

이 시기는 사춘기로 생리적 변화가 일어나가 때문에 수치심이나 혐오감을 가진다든지 고독에 빠지기 쉽다. 즉, 외적인 관계 형성보다 내적인 심리를 추구하는 시기이다. 따라서 자아 폐쇄적 태도를 빨리 탈피시키고 명랑하게 되는 것이 가장 우선된 과제이다.

1) 발달단계의 특성

- 구체적 조작기의 완숙기이다.
- 지적 호기심이 높아지며 합리성이 발달, 비현실적인 논리에 비판을 가한다.
- 자신의 주장이 강해지고 가치관의 변화를 경험, 즉 사회 전반적인 것에 대한 관심 형성을 갖는다.
- 아동에서 청소년으로 넘어가는 과도기며 사춘기 시기이다.
- 관심 분야의 관심도에 따라 현격한 차이가 보인다.
- 독립에 대한 의지가 강하고 자기주장과 비판 의식이 싹튼다.

2) 읽기 자료 선정 방법

① 지식 욕구를 충족시키는 책에 흥미를 느낀다.

- 이 시기가 되면 지적 호기심이 증대된다. 그래서 자기를 둘러싼 세계에 대해 알고 싶어 한다. 호기심의 분야도 각기 다르다. 과학 및 사회, 예술에 관심이 있는 학생 이렇게 관심의 분야가 생기게 된다. 지적 호기심을 충족시켜줄 충분한 책이 필요한 시기이다.
- 이 시기 학생의 지적 호기심을 만족시켜주는 글은 정확한 지식, 명확한 설명, 만족할 수 있는 표현력을 동반해야 한다. 자기가 좋아하는 분야에 대해 좀 더 깊이 있게 이해하고 정리, 분석할 수 있도록 지도한다.
- 추상적인 설명이나 모호한 표현에서는 기쁨을 얻지 못한다.
- 여러 매체의 각종자료들을 섭렵하는 시기다. 읽기 자료 선정이 인터넷이나 방송 매체에서 출발 할 수도 있다.

② 인간의 역사에 흥미를 느낀다.

합리적 사고의 중간에 있는 이 시기의 학생들은 인간의 삶과 운명에 관심을 갖기 시작한다. 그래서 그들은 인간의 지나간 역사와 다가올 미래를 궁금해 한다. 이 때 역사를 다룬 소설을 읽기 좋아하고, 독해 수준과 지적 수준이 발달한 학생들은 이야기로 풀어 쓴 역사책을 읽기도 한다.

- 우리가 살고 있는 사회현실에 대한 문제를 다룬 글이 효과적이다.
- 환경 문제와 관련 실제로 환경 피해를 본 사람들의 이야기 등 꾸며낸 이야기보다 실제로 있었던 이야기를 각색한 내용에 더 흥미를 보인다.
- 인물에 대한 이야기도 '장준하', '전태일'등 근· 현대 인물 이야기가 좋다.
- 글의 주제나 내용에 대해 토론할 수 있는 능력이 생기는 시기이다. 사회 문제도 원론적인 글이나 과거시대의 글보다 현재우리사회의 문제, 분단과 통일, 경제적 난관과 극복 같은 구체적이고 현실적으로 느낄 수 있는 종류의 글이 좋다.

③ 서정 문학을 즐긴다.

현실문제에 눈을 뜨면서 자칫 정서적으로 메마를 수 있는 위험이 있으므로 서정적인 시집을 추천하는 배려도 해 주어야 한다.

학생들에게 주어야할 시를 선택하는 일은 어려운 일이다. 그 기준을 제시하면 다음과 같다.

첫째, 사전을 찾아보아야만 알 수 있는 어려운 단어로 씌어진 시, 어려운 시어는 시의 기쁨을 없앤다. 죽은 부모, 형제를 그리워하는 시는 학생에게 좋지 않고, 생명의 기쁨을 노래한 시가 좋다.

둘째, 형식이 강조된 시는 좋지 않다. 이는 지나치게 형식을 찾아 쓴, 운율에 짜 맞추느라 애쓴 시는 의미가 옹색하기 때문이다.

셋째, 철학적, 정치적, 사회적 이야기를 담은 시는 좋지 않다. 이렇게 어른들의 사회 개혁을 부르짖는 시는 학생들에게 시의 기쁨을 빼앗아가기 때문이다.

④ 우정, 탐정, 추리, 공상, 과학소설을 읽는다.

이 시기는 정신적 이유기에 해당하므로 가정에 불만이 없어도 부모보다는 친구의 세계를 중요시한다. 그래서 또래 집단의 문화에 관심이 높다. 또한 상상의 세계보다 논리의 세계가 더 기쁨을 준다. 그러므로 탐정 소설과 추리 소설을 통해 학생들의 논리성을 길러 주어야 한다.

이 시기는 인간의 미래에 대한 궁금함을 가지며, 합리의 세계인 과학에 대한 관심은 공상 과학 소설을 탐독하게 된다.

⑤ 동화를 통해 사고를 확장한다.

학생들에게 책은 삶의 확장이요, 사고의 확장이다. 일상적으로 보던 사물도 책을 읽고 그 사물을 대할 때는 다른 느낌으로 다가온다. 책을 읽은 뒤 실제로 내 주변에는 책 속에 있는 일과 같이 일어나고 있는지 주변을 둘러보고 또 여러 가지 생각을 해 보면서 책 속의 내용에 깊이 몰입한다면 더욱 좋다.

조잡한 번역물의 경우 역시 우리 문장 구조나 표현법을 무시하고 외국어의 어순과 표현법에 치중하기 때문에 우리말이 완성되지 않은 단계의 아동에게는 아주 나쁜 영향을 끼칠 수 있다. 언어사용은 아직 완성단계에 이르지 못한 시기이므로 중요 부분만 발췌해서 실은 다이제스트 물은 적합하지 않다.

3) 읽기 지도 방법

- 글 읽기를 싫어하는 아이 : 아이의 취향에서부터 시작하는 지도법이 필요하다.
- 글 읽기를 좋아하는 아이 : 폭넓은 읽기를 위한 지도법이 필요하다.
- 모둠별 연구 조사 발표 등 수업 전반에 대한 모둠 활동이 가능한 시기이다.
- 주어진 주제를 발표하기 위해 계획하고, 탐색하고, 자료를 정리하고, 현장 조사를 하고, 조사한 내용을 정리하고 발표하는 모든 활동이 가능한 시기이며, 이러한 활동에 대해 관심을 가질 수 있으며 흥미를 나타내는 시기이다.
- 활동적이며, 근면성을 지닌 시기이므로, 읽기 지도 역시 포괄적인 과제나 주제를 제시 하는 형태의 활동을 계획할 만하다. 즉 '읽은 글에 대한 느낀 점을 써오라'는 식의 형태보다 '환경오염에 대해 공부하려고 하니 환경오염의 실태를 찾아보고 각자 할 수 있는 일은 무엇이 있는지 알아보자'는 식의 형태가 효율적이다.
- 자기주장이 강한 시기이므로 수동적으로 해결해야 할 과제에 대해서는 통제라 생각하고 자발적인 활동을 하지 않거나 글 읽기를 멀리 할 수 있다. 그러므로 포괄적인 주제나 과제를 제시함으로써 아동이 스스로 계획하고 수행하며 비판하고 평가하는 지도법을 사용할 필요가 있다.
- 토론의 기술이 늘어나 어느 한 문제에 대한 토론의 수준을 넘어서 전체적인 주제에 대한 토론을 할 수 있게 된다.
- 인간의 삶에 대해 현실적으로 바라보는 시각을 갖게 되며 사는 문제에 높은 관심을 보이는 시기이므로 역사에 관한 글을 읽도록 한다.
- 역사서, 과학, 수학과 같은 고도의 글을 읽을 때에는 새로운 낱말이나 전문적인 낱말을 '낱말장에' 정리하도록 한다면 중 · 고등학교 학업에 도움이 된다.

(4) 자아탐구의 시기(중학생)

중학생 시기는 자아의 발견을 인한 정신적 독립시기이다. 이 시기 학생들의 성격적 특징은 지시나 간섭을 싫어한다. 그래서 사사건건 부모의 말에

이의를 달고, 교사의 말을 거역하기도 한다.

이 시기는 자아에 대한 긍정과 외부의 압력에 대한 부정적인 감정을 표현하려 하지만 기성세대가 그것을 허용하지 않으므로 비판적, 반항적인 태도를 가지는 시기이다. 자신의 우울한 마음을 달래기 위해 자극을 찾기 때문에 방치해 두면 말초적, 관능적인 만족을 추구하는 경향으로 흐르기 쉬운 위험한 시기이다. 따라서 독서에 있어서도 스릴이나 액션 작품과 같이 행동이 화려한 것을 그린 것보다는 내면생활의 저항을 그린 것에 흥미를 갖는다.

① 독서의 양극화 현상이 일어난다.

이 시기는 자아의식에 눈뜨게 됨으로써 자신의 정체성을 모색하고 자립을 획득해 가는 시기이다. 사춘기의 시작과 장래에 대한 막연한 불안감으로 번민하기 시기이기도 하다.

② 직접 구입한 책을 좋아한다.

자아 발견으로 인한 정신적 독립 시기이므로 지시나 간섭을 싫어한다. 이러한 저항의 몸짓은 독서에도 나타난다. 초등학교 때까지는 부모나 교사가 권하는 책을 잘 읽던 학생들도 중학생이 되면 권해 주는 책은 오히려 읽지 않는 경향이 있다. 이런 경우에는 좋은 책을 사다가 부모가 읽어보고 거실 탁자나 식탁 위에 놓아두면 자연스러운 호기심으로 읽게 된다. 또한 친한 친구끼리 독서 동아리를 만들어 활동할 수 있도록 가정이나 학교에서 배려해 주면 좋다. 책을 선물하는 것도 좋은 방법이다.

③ 통속문학을 찾는다.

중학생은 제2차 성징이 나타나는 시기이므로 말초적인 자극을 주는 책과 관능적인 장면이 나오는 책을 몰래 숨겨 놓고 읽는 경우가 많다. 육체와 사춘기에 접어든 중학생은 말초적 자극을 추구한다. 따라서 이 시기에는 저속한 연애 장면이 아닌 사랑의 본질을 다루는 연애소설이 좋다. 이런 학생을 치료하는 책은 아름답고 슬픈 연애 소설이다. 저속한 연애 장면이 아닌 정신적인 연애를 다룬 소설을 읽게 하여 사랑의 본질을 알려 주는 것이다.

예를 들면 저속한 성의 문학을 즐기는 학생들에게 '좁은 문'을 읽게 하면 정신적인 사랑의 아름다움을 알게 한다. 이때 무조건 연애소설을 금하고 딱

딱한 지식의 책을 강요하게 되면, 그 학생은 영원히 책과 멀어질 수도 있기 때문에 신중하게 지도하여야 한다.

④ 사회·정치적인 내용에 관심을 보인다.

중학생들은 현실 개혁의지가 강하다. 따라서 사회, 정치적인 문제를 다룬 책을 좋아하고 신문 읽기, 뉴스 시청하기를 좋아한다.

⑤ 전문지식에 매력을 느낀다.

이 시기의 독서는 학생들의 진로 선택에 강한 영향을 준다. 학생의 진로에 알맞은 책을 선별하고 이야기하고 토론하게 한다.

⑥ 한국문학전집을 비롯해서 세계문학전집을 탐독 한다.

문학은 지식책보다 마음을 기쁘게 하는 감동을 주어 행동에 에너지를 준다. 사춘기인 이 시기의 학생은 감정이 가장 섬세하므로 감명을 가장 많이 받는다. 정서적인 즐거움을 통해 행동의 에너지를 주어야 한다. 인간성을 형성하는 삶의 자양 역할을 하는 정서적인 독서를 한국 문학을 통해 얻어야 한다. 주로 고등학교 시절에 읽을 세계문학을 탐독하기에 앞서, 우리 문학의 탐독을 통해 순수한 정서, 생활의 여유, 삶의 기쁨을 맛보아야 한다. 그것을 바탕으로 세계문학을 탐독하여야만 우리의 정서에 맞는 다른 사람을 이해하고, 아름다운 것을 맛보고, 삶과 나 자신을 되돌아 볼 수 있게 된다.

제4강

도서 종류별 독서지도

1. 그림책 읽기 지도

어린이를 대상으로 하는 책은 거의 대부분 그림이 들어 있다. 그러나 그림이 있다고 해서 반드시 그림책이라고 하지는 않는다. 그림을 통해서 이야기를 읽을 수 있고 이야기의 영상을 마음속에 그려 나갈 수 있는 책을 그림책이라고 말한다. 훌륭한 그림책을 많이 본 어린이는 그렇지 않은 어린이보다 상상력이 풍부하고 예술적, 미적 감각을 증대시키는 것으로 조사되었다.

그런 의미에서 좋은 그림책이란 그림 자체가 이야기의 주제, 줄거리, 작중인물, 장면 등의 문학적 요소를 포함하여 생명력이 느껴지고, 이야기가 담겨 있으며 이야기의 구석구석을 세밀하게 묘사하고 어린이의 입장에서 그린 그림책이어야 한다.

2. 그림책의 이야기 개념 발달

그림책은 어린이의 (특히 유아기) 사고 발달에 큰 영향을 미친다. 그림책을 중심으로 성인과의 상호 작용을 통해 그림과 문자의 구조와 기능을 이해하게 되고 문자 읽기에 대한 태도와 읽기 전략도 학습하게 되는 것이다.

즉 아이들은 그림책을 통해서 그림이 상징 그 자체가 아니지만 실제를 표상하는 기능을 가지고 있다는 것을 배운다. 비록 글자를 읽지 못하더라도 이렇게 경험하는 언어의 상징성에 대한 이해는 나중에 읽기 학습에 그대로 적용된다.

3. 그림책의 좋은 점

- 듣기와 말하기 능력을 발달시킨다.
- 어휘와 복잡한 문장을 습득하도록 한다.
- 이야기의 이해력을 높이게 한다.
- 사물에 대한 개념이 발달하게 한다.
- 읽기에 대한 개념과 자세를 자연스럽게 습관화하게 한다.

4. 최초의 그림책

어린이들을 위한 그림으로 책을 만든 것은 약 300년 전이다. 초기 그림책은 중세 유럽에서 기독교의 교리를 쉽게 전달하려는 목적으로 이용되었다. 어린이들을 위한 책이 아니어서 아이들이 재미있어 하지 않았다.

최초로 삽화가 들어간 그림책은 1476년 「이솝이야기」였고, 어린이들을 위한 최초의 그림책은 「세계의 그림」인데 단순히 삽화가 들어간 것이 아니라 그림과 줄거리 내용이 서로 관계가 있는 책이었다.

5. 좋은 그림책

아이들이 그림책을 보고 읽으면서 착하고 바른 마음을 갖도록 하는 교육 목적을 갖고 있는 책을 좋은 그림책이라고 볼 수 있다. 그림책을 보는 입장은 각각 다르다. 화가는 좋은 그림, 작가는 내용과 작품성, 심리학자는 어린이에게 심리적으로 미치는 효과를 기준으로 보게 된다. 그러나 분명한 것은 어린이의 눈이 기준이 되어야 한다.

어린이의 관심, 교육적 가치, 예술적 표현으로 줄거리 내용이해를 도와줄 수 있도록 글과 그림의 구성이 잘 되어 있는가가 중요한 것이다.

선 정 방 법
▪ 정성스럽게 편집을 하였나? ▪ 전문가의 추천을 받고 있는가? ▪ 구성, 주제, 인물, 배경 등의 문학적 요소가 효과적으로 사용되었는가? ▪ 그림이 이야기를 보완하고 있는가? ▪ 어린이 발달단계에 맞도록 배려하고 있는가? ▪ 어린이가 그 그림책에 적극적인 반응을 보이는가? ▪ 주제가 읽는 어린이에게 적합한가? ▪ 그림과 이야기가 통일된 의미를 가지고 있는가? ▪ 그림이 전달하는 분위기가 이야기 분위기를 보완하는가? ▪ 그림의 세부묘사가 글과 일치하는가? ▪ 그림이나 사진에서 아름다움을 느낄 수 있는가? ▪ 어린이가 그림을 보면 볼수록 더 많은 것을 느끼고 알게 되는가?

6. 그림책의 독서활동

- 유아들은 뛰어놀고, 동물들이 달려가는 등의 활동적인 그림을 좋아한다.
- 어린이의 흥미, 요구, 발달 단계에 맞는 수준을 고려해야 한다.
- 이미 많이 들었거나 다른 매체로 알고 있는 책은 고르지 않는다.
- 아이와 같은 방향으로 앉아서 보도록 한다.
- 천천히 읽어 주거나 보게 하고 어린이가 마음속에 충분히 그림을 그릴 시간을 갖도록 해야 한다.
- 읽는 중에 어린이의 질문을 막거나 귀찮아하지 말아야 한다.
- 되풀이해서 읽거나 보는 것을 자연스럽게 두어야 한다.
- 이야기 속의 등장인물을 어린이의 이름으로 대체해서 읽어 주는 것도 효과적이다.
- 책에 나오는 그림의 실물이나 모형을 직접 보여 주면서 읽어 주는 것도 좋다.
- 한 두 페이지 읽다가 중단 시켜서는 안 된다.
- 그림책을 읽는 목적이 한글을 깨우치게 하기 위한 도구적 목적이 되어

서는 안 된다.

- 책을 무기로 사용해서는 안 된다("장난감을 치우지 않으면 읽어주지 않을 거야")
- 선, 악의 판단을 주입식으로 묻는 질문은 삼가야 한다. 스스로 옳고 그름을 추론하고 판단할 수 있도록 하며, 즐거움과 감동을 느끼게 해야 한다.
- 책을 읽고 난 후 여러 부분에 걸쳐 이야기를 나눌 수 있어야 한다.
- 인형과 소도구를 이용한 역할극으로 다양하게 활동할 수 있다.
- 그림만으로 이야기를 만들어내는 활동을 한다.
- 그림책을 통해 들은 이야기, 읽은 이야기를 말로, 다른 그림으로, 글로 표현할 수 있는 다양한 독후 활동을 이끌어야 한다.

7. 동화 읽기 지도

동화는 크게 전래동화와 창작동화를 나눌 수 있고, 독자의 나이에 따라 유아동화, 유년동화, 소년동화로 나눌 수 있다. 또 창작 동화는 제재와 표현 양식에 따라 공상동화와 생활동화로 나눌 수 있고, 국적에 따라 우리나라 동화와 외국동화로 나눌 수 있다.

(1) 우리나라 창작동화

내용면에서 우리나라 창작동화는 다음과 같은 점을 고려하여 선정한다.

- 어린이를 삶의 주체로 보는가?
- 일하는 삶을 귀하게 여기는가?
- 생명을 귀하게 여기는가?
- 우리의 역사적, 문화적 정서에 맞는가?
- 통일을 지향하는가?
- 꿈을 심어주는가?
- 더불어 사는 삶을 지향하는가?
- 정확한 지식을 주는가?

(2) 다른 나라 동화 - 세계명작을 보는 눈

어린이 도서연구회 5년마다 실시하는 어린이와 학부모 대상으로 책에 대한 인식 조사 결과를 살펴보면, 어린이가 좋다는 책의 1위부터 10위까지 우리 것은 단 한 권이었고, 학부모가 좋다는 책엔 두 권이 끼어 있다.

(3) 어떻게 세계명작이 되었나?

대부분의 세계명작들은 서구의 강대국들이 식민지를 넓혀가던 시기에 씌어진 작품들로 당시 아이들에게 백인의 우월감을 심어주고, 식민지전쟁을 씩씩한 기상의 표현으로 인식하여 당시의 상황을 옹호하고 발전시키려는 의도를 가지고 있다. 일본도 식민지 전쟁을 준비하던 20세기 전후에 이런 책을 마구 번역하였으며, 일본문학의 영향을 많이 받고 있던 우리나라 문학계에서도 무비판적으로 받아들여 그 영향이 오늘에 이르고 있다.

(4) 세계명작이 어린이에게 미치는 영향은 무엇인가

- 서구중심의 사고방식에 젖게 한다.
- 아이에게 봉건적 사고를 심어준다.
- 인종에 대한 편견을 갖게 한다.
- 현실을 외면한 허위의식에 빠지게 된다.
- 요행을 바라게 된다.

서양명작동화가 아무리 재미와 작품성이 뛰어나더라도 세계 명작을 읽은 뒤에 느끼는 감동과 우리나라 창작동화를 읽은 뒤 느끼는 감동은 다르다. 유럽의 정서가 다른 것뿐만 아니라, 역사의 현실이 다르기 때문이다.

서구의 문명을 어떻게 극복할 것인가 하는 문제는 문학에서뿐만 아니라 문화 전반에 걸친 문제이다. 서양 아동문학 작품들은 우리가 겪고 있는 우리의 문제를 다루고 있지 않다. 우리의 문제와 정신은 우리나라 창작동화만이 다룰 수 있다.

세계명작을 비롯한 외국동화를 제대로 읽기 위하여 고전을 읽으려면 원작을 읽어야 한다. 어린이가 서양 고전을 읽을 수 있으려면 3~4학년 이상이 되어야 한다. 20세기 이후 세계 각국에서 아동문학이 시작되고, 각 지역의 문화와 특성을 가진 작품들이 많이 출판되고 있다. 제 3세계의 어린이 책을 다양하게 접할 수 있는 기회를 가짐으로써 세계화시대에 여러 문화에 대한 균형감각을 갖게 하는 것이 좋다.

(5) 전래동화

옛날이야기는 우리 민족이 오랜 역사를 갖고 살아오면서 자연환경과 이웃들과 함께 생활을 하면서 경험에 생활감정을 더해 만들어진 것이다. 어린 유아일수록 리듬감 있게 구연할 수 있는 자장가과 같은 동요나 전래동화를 잘 받아들인다. 단순한 구성의 옛날이야기와 일정한 구성을 갖는 전래동화는 다르다.

전래동화의 특징은 아이들을 즐겁게 해 주고 내용을 이해하기 쉽고, 일정한 리듬을 갖고 있는 것이다. 말도 각 지방 방언을 그대로 사용하고 있어 우리 민족이 갖고 있는 기쁨, 슬픔, 웃음, 현실에 대한 절실한 소망 등을 함께 경험하면서 공감을 갖게 한다. 전래동화를 읽으면서 아이들은 선한 사람이 승리하는 것을 보며 기쁨을 함께 느끼게 되는 긍정적 동일시 효과를 얻게 된다.

(6) 전래동화의 가치

① 옛사람의 사상, 견해. 사고방식, 생활방식을 배울 수 있다.
② 할머니, 할아버지 때부터 내려오는 역사적 전통, 인생관에 대한 교훈도 얻을 수 있다.
③ 문학으로써 줄거리의 재미, 우스움 등을 제공한다.

(7) 전래동화 독서지도

- 아이들의 감상을 발표하게 하고 주제를 중심으로 이야기를 나눈다.
- 구체적 이야기 내용은 주인공, 등장인물의 행동, 기분, 심정 등에 대해 생각을 하고 이야기를 나눈다.
- 인물 중심으로 이야기를 나누면서 당시 사람들을 상상하여 자유롭게 표

현하게 한다.

- 마무리는 책을 읽고 감상을 쓰거나 아이들 스스로 변화된 생각이나 태도를 확인한다.

8. 도서선정기준

(1) 저자요인

① 저자가 분명하고 이름 있는 분일 것
② 그 방면의 전문가가 쓴 책일 것
③ 해당 분야의 경험이나 연구 경력이 있는 저자 일 것

(2) 출판요인

① 출판사의 요건

- 잘 알려졌으며 책임과 서비스 면에서 평판이 좋은 출판사에서 낸 것
- 출판사가 양심적일 것
- 최근의 저작권 관계와 발행날짜가 명확할 것

② 책의 형식적 질의 요건

- 삽화나 사진이 알맞게 들어있고 선명한 것
- 글씨가 철자법에 맞고 인쇄가 깨끗한 것
- 제본이 튼튼하여 내구성이 있고 보관에 편리한 것

③ 독자의 구입 요건

- 값이 알맞은 책
- 낱권 판매가 가능한 책
- 내용과 분량이 적당할 것
- 시간적, 지역적, 내용적 차원에서 균형을 이룰 것
- 활자의 크기가 작지 않을 것 (아동도서의 경우 9pt 이상이어야 한다)

9. 동화감상지도의 실제

감상지도는 '아동들에게 작품이 지닌 가치를 더욱 음미시키고 내면화시키기 위해서' 교사의 지도로써 더욱 높은 수준에까지 아동을 이끌어 감동 체험시키는 것을 의미한다.

(1) 감상지도의 목표

1) 인간형성의 목표 - 독자는 동화 작품의 주인공과 정서적 갈등을 같이 하면서 인생의 대리 경험(간접 경험)을 하게 된다. 그리하여 그 작품 속에 담겨진 작자의 인생관에 대하여 깊은 감동을 느끼면서, 자기도 모르게 그러한 인생관의 소유자가 되어버린다. 이와 같이 문학의 감상은 인간의 경험을 풍부히 하고 인간성의 변혁을 가져오게 한다.

2) 어감 육성 및 감동 체험 심화의 목표 - 언어로 표현된 문학 작품을 통하여, 진실된 언어, 세련된 언어가 어떤 것인가를 바르게 식별하고 체득하게 된다.

셋째, 문학 감상 능력 신장의 목표 - 문학 작품을 음미하며 읽음으로써 즐거움을 느끼는 미독력(味讀力)을 육성한다.

10. 동화감상 지도 과정

동화 감상 지도는 주입식으로 되어서는 안 되고, 학생들의 능동적인 작품의 해석과 비평 활동을 통해 인간 형성의 가치면과 언어 능력의 기능면이 통합된 지도가 되어야 한다.

(1) 1차 단계의 지도

- 주요 등장인물을 파악한다.(주인공, 부주인공, 협조자, 기타 인물 등)
- 이야기의 줄거리를 파악한다.(처음, 가운데, 끝부분의 3단계 또는 발단, 전개, 절정, 결말과 같은 4단계 등으로 나누어 파악)

(2) 2차 단계의 지도

- 인물의 말과 행동의 인과 관계를 파악한다.
- 사건의 상호 인과 관계를 파악한다.
  - '왜 인물은 이 같은 행동을 했을까', '왜 그와 같은 일을 말했을까', '그'와 같은 사건은 어떻게 일어났을까', '어떤 경위가 있었을까' 등과 같은 <관계>의 이해를 하는 단계이다.

(3) 3차 단계의 지도

- 인물의 말과 행동의 배후, 또는 내면의 감정, 심리를 파악한다.
- 인물의 사고방식, 인생관, 가치관, 정념(情念)등을 파악한다.
- 인물의 사람됨, 분위기, 모습, 표정, 행동 등의 이미지를 파악한다.

이 단계는 문학 감상 지도의 중심이 되는 이해 단계로서, 이와 같은 사항을 단지 바르고 확실하게 파악하는 것이 아니라, 생생하게 마치 작중 인물이 된 것처럼 감동되어 이해하도록 지도해야 한다.

2차 단계에서 이성적인 깊이를 더하면서 작품을 읽도록 했다면, 3차 단계에서는 오히려 감성적인 내적 인식의 읽기를 하도록 하는 것이다. 3차 단계의 지도에서는 아동들의 감동이 절정에 이르도록 수업을 조직 전개해 나가야 한다. 예를 들어 주인공의 중요한 발언의 기저에 있는 심정을 상상하도록 한다든지, 절정 부분을 실감나게 낭독하도록 한다든지, 서로 이야기 하는 것만으로 끝내지 말고, 표현의 각 부분을 보고 쓰기, 낭독 등을 첨가하여 지도한다.

이러한 3차 단계의 수업에서는 구체적인 인물, 구체적인 사건, 구체적인 장면 각각에 대해서 깊이 음미하는 지도가 행해진다. 독자인 아동들이 작품세계에 몰입하여, 작중인물이 되어 기뻐하고 슬퍼하기도 하는 작품에 밀착된 지도가 3차 단계의 지도이다.

(4) 4차 단계

이 단계는 감상을 완성하는 단계로서 전 단계에서 이루어진 분석적인 탐구 내용을 중심으로 더욱 총합적으로 음미하도록 하는 단계이다. 즉 학습한 것을 자기의 일상생활과 관련시켜 감상 비판하여 문제를 구명하고, 자유로운 독서를 통하여 읽기의 발전과 실천화를 꾀하도록 한다.

1차~3차 단계는 작품에 대한 깊은 이해의 감상 심화 과정이라고 할 수 있으며, 이 단계는 정리· 발전의 4차 단계라 할 수 있다. 이 단계에서는 작품을 다소 객관적으로 냉정하게 또는 거리를 두고, 그 작품이 자기에게 가져다 준 의미나 어떤 새로운 인간 발견을 하도록 한다. 즉 작품 이해를 초월하여 작품을 읽고서 촉발된 문제의식으로 인하여 인간이나, 사회, 자연을 향하여 열린 마음을 갖도록 하는 것이다. '이런 것은 성인의 읽기에서만 가능한 것이 아닐까?', '아동의 읽기는 거기까지 가지 않아도 좋지 않은가?', '오히려 그런 생각은 아동들에게 문학에 대해 나쁜 생각을 갖게 하지 않을까'하는 견해를 가질 수도 있을 것이다. 그러나 그것은 잘못된 생각이다. 1학년은 1학년답게, 6학년은 6학년 나름대로, 중학생은 중학생 나름의 수준에 맞는 읽기를 할 수 있다.

4단계 지도 시 유의할 점은, 작품이 자기에게 준 의미나 가치를 생각토록 하는 것이며, 읽기를 마친 후 작품 세계를 생각하도록 하는 일도 중요하지만, 오히려 그것을 읽은 후 자기의 마음속을 응시하도록 하고 생각을 발표시키는 것이다. 즉 「작품」에 대해서 말하지 말고 「자기 자신」에 대해서 말하도록 한다. 또한 그러한 것을 말로만 끝내지 말고, 작문하도록 한다. 글을 씀으로써 자기의 느낌이나 생각이 더욱 명료해지기 때문이다. 잘 된 작품, 독특한 작품은 칭찬하여 창작 의욕을 북돋을 수 있다.

11. 좋은 질문하기

독서논술지도는 좋은 물음으로 아이들과 이야기를 나누는 교육이다. 좋은 질문은 독서내용을 정확하게 파악하게 하고 깊이 있는 사고활동을 자극한다. 독서를 통해 문제성을 개발하고 해결하는 능력이 길러진다. 좋은 질문은 독서 수업의 주제를 효과적으로 전달하기 위해 잘 계획한다. 아이들이 적극적으로 참여하도록 하며 수업전체를 생각하여 구조화하고 조직적인 고려를 해야 한다.

(1) 좋은 질문은 아이들의 생각을 더욱 깊게 자극한다.

좋은 독서 자료는 아이들의 문제 해결 능력을 향상시키고 교사의 좋은 질문은 읽는 이가 스스로 찾아내는 길잡이 역할을 한다.

(2) 좋은 질문은 학습자 수준을 고려하는 질문이어야 한다.

아이의 연령 · 독서수준을 고려하여 질문한다.

(3) 창의적이고 주제의 본질을 묻는 질문이 좋다. 좋은 질문은 단순하게 독서 자료 내용을 기억하는 것을 확인하도록 하는 것이 아니다. 밀도 있게 주제에 접근하는 질문이 좋은데 창의적인 질문을 하는 것이 좋다.

(4) 생각하는 방향이 구체적이어야 한다. '무엇이 씌어져 있는가?'라는 질문보다는 '어느 의견에 찬성하는가' 등 의견을 명확하게 하여 자신의 논리를 정리하도록 질문을 하는 것이 좋다.

(5) 읽기 활동으로 돌아갈 수 있는 물음을 한다.

독서지도 전체를 하나의 주제로 일관성 있게 유지하기 위해서 언제나 읽기 활동으로 되돌아 갈 수 있는 질문을 준비해두어야 한다. 흥미유발을 하는 질문일 경우 더욱 주제로 돌아가는 질문을 준비해야 한다.

(6) 대답을 예상하고 묻는다.

교사는 학습자의 입장을 미리 생각한 다음 질문을 한다. 아이들의 관심과 수준을 고려하지 않고는 좋은 질문을 할 수 없다.

(7) 도움말을 준비하고 묻는다.

응답에 대해 기대하는 답이 아닐 경우 도움말을 준비해 두고 질문을 한다. 질문에 얼른 대답을 하지 못할 경우, 억지로 진행할 것이 아니라 다른 문제로 넘어가거나 다시 자세한 설명을 하여 원활하게 대답을 유도한다.

▌수업지도 사례 (모형 1)▐

[대상 책 : 강아지똥]

Ⅰ. 교사 영역

1. 학습과 활동 목표

(1) 일반 목표 : 모든 사물 소중하게 여기기. 자기 자신 소중하게 여기기. 꿈과 희망 키우기.

(2) 이 책만의 목표

① 강아지 똥이 민들레꽃을 피우기까지의 과정을 통해서 세상의 못나고 보잘 것 없는 것들을 소중하게 여기는 마음을 가지게 한다.
② 자기 자신의 소중함을 알고 꿈과 희망을 키운다.

Ⅱ. 교사와 학생의 영역

1. 줄거리

여기저기서 버림받고 구박받으며 굴러다니던 강아지 똥은 절망합니다. '난 역시 아무데도 쓸모없는 찌꺼기인가 봐.' 그리고 하느님도 원망합니다. '하필이면 더럽고 쓸데없는 찌꺼기 똥까지 만들 필요가 뭐가 있습니까? 하느님?' 하고 대들기도 합니다. 그러던 어느 날 밤 강아지 똥은 밤하늘을 바라보다가 눈부시게 아름다운 별에 흠뻑 빠지게 됩니다. 그리고 그 별들을 그리워합니다. 그 별들만 가질 수 있다면 아무리 더러운 똥이라도 조금은 슬프지 않을 것 같았습니다. 그래서 그 강아지 똥은 그의 가슴 한 곳에 그리운 별들의 씨앗을 심었습니다. 그러던 어느 날 민들레 싹을 만났습니다. 그 민들레 싹이 반갑게 강아지 똥에게 말했습니다.

"강아지 똥아 네가 나의 거름이 돼 줄 수 있겠니? 그렇지 않으면 나는 클 수가 없거든" 강아지 똥은 자기 귀를 의심했습니다. '내가 쓸모가 있다니'

그는 가슴이 울렁거려 숨이 막힐 듯 했습니다. "어떻게 해야 되지" 그는 이 말도 부끄러워 더듬거리며 간신히 말했습니다. 민들레 싹은 말했습니다. "응 너의 몸뚱이를 고스란히 녹여 내 몸 속으로 들어오는 거야. 그래서 별같이 예쁜 꽃을 네가 틔우게 하는 거야." 강아지 똥은 너무 기뻐 민들레 싹을 꼬옥 껴안았습니다. 그리고 말했습니다. "내가 거름이 되어 별처럼 고운 꽃이 피어난다면 온 몸을 녹여 네 살이 될게." 어느 새 봄비가 소리 없이 오고 있었습니다. 강아지 똥은 잘게 부서졌습니다. 그리고 봄이 한창인 어느 날 민들레는 한 송이 아름다운 꽃을 피웠습니다.

2. 저자

권정생 1937년 일본 도쿄에서 태어나 1969년 동화 「강아지 똥」으로 월간 기독교 교육의 제1 회 아동문학상을 받으며 작품 활동을 시작했다. 그 뒤 작고 보잘 것 없는 것들에 대한 따뜻한 애정과 굴곡 많은 역사를 살아왔던 사람들의 삶을 보듬는 진솔한 글로 어린이 는 물론 부모님들의 많은 사랑을 받고 있다.

지은 책으로는 동화집 「강아지 똥」, 「사과나무밭 달님」, 「하느님의 눈물」 등과 소년 소설 「몽실 언니」, 「점득이네」 등이 있다. 그리고 시집 「어머니 사시는 그 나라에는」, 산문집 「오물덩이처럼 뒹굴면서」 등이 있다.

◦ 출전 : 알라딘(http://www.aladdin.co.kr)에서 발췌

Ⅲ. 교사 영역

1. 학습과 활동 목표

(1) 일반 목표 : 모든 사물 소중하게 여기기. 자기 자신 소중하게 여기기. 꿈과 희망 키우기.

(2) 이 책만의 목표

① 강아지 똥이 민들레꽃을 피우기까지의 과정을 통해서 세상의 못나고 보잘 것 없는 것들을 소중하게 여기는 마음을 가지게 한다.

② 자기 자신의 소중함을 알고 꿈과 희망을 키운다.

2. 이 책의 대상 : 초 · 중학생

3. 이 책만을 공부할 경우의 수업 차시 : 1차시 ~ 2차시

Ⅳ. 발문과 독서활동 마당(학생 중심 영역)

1. 관심 불러일으키기(독서 전 활동)

도서 : 강아지 똥

발문의 예 : 강아지 똥 하면 머릿속에 어떤 것이 떠오르나요?

<길잡이> 아이들은 똥 이야기만 나오면 깔깔거린다. 강아지 똥은 아이들의 흥미를 유발시키기에 충분하다. 강아지 똥이라는 것을 연상하게 하여 흥미를 끈 다음 책을 읽게 하는 것도 좋은 전략이다.

2. 내용 이해와 지식 구성(이해력)

발문1. 강아지 똥이 만난 것들을 차례대로 써 보세요.

<길잡이> 참새, 흙덩이, 엄마 닭, 민들레 싹 등을 만난다. 이야기를 차례대로 구성하고 그 흐름을 이해시키기에 좋은 발문이다.

발문2. 강아지 똥이 민들레 싹을 만나서 어떤 말을 듣게 되었나요?

<길잡이> "네가 거름이 되어 줘야 한단다." "너의 몸뚱이를 고스란히 녹여 내 몸 속으로 들어와야 해. 그래서 예쁜 꽃을 피게 하는 것은 바로 네가 하는 거야." - 이야기의 흐름에서 결말부분을 이해하고자 하는 발문이다.

발문3. 강아지 똥은 어떻게 민들레 싹을 도와주었나요?

<길잡이> 강아지 똥은 온몸이 비에 맞아 자디잘게 부서졌습니다. 땅 속으로 모두 스며들어가 민들레의 뿌리로 모여들었습니다. 줄기를 타고 올라와 꽃봉오리를 맺었습니다.

3. 분석과 확장(분석력, 창의력, 상상력, 비판력)

발문1. 강아지 똥이 흙덩이를 만나지 않았다면 어떻게 되었을까요?

<길잡이> 이 발문은 본문의 내용에서 강아지 똥이 흙덩이를 만나서 희망을 얻게 되는 대목을 가장 중점적으로 지적하고 있다. 흙덩이의 한마디, "아니야, 하느님은 쓸데없는 물건은 만들지 않으셨어. 너도 꼭 무엇엔가 귀하게 쓰일 거야" 라는 말! 흙덩이의 격려의 말로 힘을 얻은 강아지 똥은 밤하늘의 별을 보며 자신도 누군가에게 별과 같이 '영원히 꺼지지 않는 아름다운 별빛'이 되기를 소망한다.

발문2. 강아지 똥은 결국 죽었나요?

<길잡이> 강아지 똥은 "내가 거름이 되어 별처럼 고운 꽃이 피어난다면, 온몸을 녹여 네 살이 될게." 라고 말합니다. 이것은 죽은 것이 아니라 민들레의 일부가 되는 것을 나타내고 있습니다.

발문3. 강아지 똥은 왜 민들레를 위해 자기 몸을 희생했나요?

<길잡이> 이 글의 분석력을 길러주며 학생들의 꿈과 희망을 키워주는 발문이다. 강아지 똥은 '정말 나도 하나님께서 만드셨다면 무엇에 귀하게 쓰일까?'라는 의문을 가지게 되고 흙덩이의 한마디 "아니야, 하느님은 쓸데없는 물건은 만들지 않으셨어. 너도 꼭 무엇엔가 귀하게 쓰일 거야." 라는 말을 실현시켜주고 있다.

4. 응용과 활동

활동1. 강아지 똥처럼 못나고 보잘것없이 보이지만 누군가에게 희망이 되고 도움을 주는 것들은 어떤 것들이 있을까요?

<길잡이> 도움을 주는 것들의 예와 함께 어떻게 도움을 주는지를 소상하게 설명하도록 한다. 어린이들에게 한 번 더 보잘것없는 것들의 소중함을 느끼게 하고 생활에서의 실천으로 옮겨질 수 있는 자세를 기르게 한다.

활동2. 강아지 똥으로 할 수 있는 일은 어떤 일이 있을까요?

<길잡이> 단순히 강아지 똥이 일상생활에서 씌어진다는 의미보다는 모든

사물을 소중하게 여긴다는 의미를 심어주는데 중점을 두는 것이 좋다.

활동3. 찰흙으로 강아지 똥을 만들어 보세요.

<길잡이> 여러 가지의 똥 모양은 각자의 상상력과 창의력을 길러주기에 적당하며 학생들의 흥미유발에도 적당하다.

5. 비평

사람이 살아가면서 삶의 의미를 잃고 절망을 경험하게 되는 때는 어느 때일까? 여러 가지의 경우가 있겠지만 그 중에서도 나에게서 더 이상의 '가능성'과 '희망'을 찾지 못하고 나의 존재를 '외면'당할 때에 가장 슬프고 절망스럽다고 생각되어진다.

그러나 이런 '외면'의 경험은 누구에게나 있을 수 있다. 우리 아이들도 그들의 소중한 삶을 살아가면서 어리다는 이유나 아직 경험이 부족하다는 등의 이유로 다른 사람에게 외면당하는 경험을 하게 된다. '난 보잘것없고 쓸모없는 사람이야'라고 느낀다는 것은 우리 아이들에게 있어서 너무나 슬프고 가슴 아픈 일이다.

우리는 아이들에게 어떠한 경우에도 생명이 있는 것은 그것 자체만으로도 존중받을만한 이유가 있다는 것을 알게 해야 한다. 그리고 아이들에게 무엇이든지 할 수 있는 무한한 가능성을 가지고 있다는 것을 알게 해야 한다.

우리는 '강아지 똥'을 보면서 작고 보잘것없게 여겼던 것들에 대해 다시 생각해 보아야 한다. 왜냐하면 그 안에는 우리가 정말 소중히 여겨야 할 무엇인가 있기 때문이다. 강아지 똥이 민들레꽃을 피우는 것처럼 말이다.

6. 평가 문항의 여러 유형

(1) 고르기형(선다형의 예) (상중하 : 문제의 난이도 - 학령에 따라 선택)
강아지 똥은 왜 하나님을 원망했을까요?(중)

① 참새가 강아지 똥이 더럽다고 놀려서
② 흙덩이가 강아지 똥을 무시해서
③ 자신이 더럽고 쓸데없는 찌꺼기 똥이라고 생각했기 때문에

④ 민들레꽃이 되기에는 자신의 희생이 따르므로
⑤ 강아지 똥은 초라하지만 민들레는 아름다우므로

(2) 메우기형

이 글은 강아지 똥이 민들레꽃이 되어가는 과정을 통해 자신의 (　　)을 돌아볼 수 있게 한다.(상)

정답 : 정체성

예상 답 : 삶의 희망, 희망, 목표(3점)

(3) 단답형

강아지 똥이 삶의 희망을 얻도록 도와준 것은 두 가지는 무엇일까요?(하)

정답 : 흙덩이, 민들레 싹

(4) 서술식형

이 글에서 강아지 똥을 통해서 배워야 할 점을 100자 이내로 써보세요.(중)

(5) 논술식형

우리의 삶에 비추어서 강아지 똥의 삶을 600자 내외로 평가해보세요.(상)

(6) 요약형

이 글의 줄거리를 200자 이내로 요약해 보세요.(중)

(7) 회상 검사형

강아지 똥은 민들레 싹을 어떻게 도와주었나요?(상)

(8) 중요한 낱말 찾기형

강아지 똥에게 희망을 더해주는 낱말을 5개 이상 찾아보세요.(상)

(9) 오류 찾기형

다음 글에서 잘못된 부분을 찾아서 고쳐보세요.(중)

가을을 치장하는 가을비가 촉촉이 골목길을 적셨습니다. 강아지 똥 바로 앞에 파란 민들레 싹이 하나 내밀었습니다.

"너는 뭐니?"

강아지 똥이 내려다보고 물었습니다.

"난 예쁜 꽃이 피는 장미란다."

"예쁜 꽃이라니! 하늘에 별만큼 고우니?"

"그럼!"

"반짝반짝 빛이 나니?"

"응, 샛노랗게 빛나."

강아지 똥은 가슴이 벌렁거렸습니다. 어쩌면 며칠 전에 제 가슴속에 심은 달의 씨앗이 싹터 나온 것이 아닌가 싶었기 때문입니다.

"네가 어떻게 그런 열매를 피울 수 있니?"

물어 놓고 얼른 대답을 기다렸습니다.

"그건 하느님께서 비를 내리시고 따뜻한 달빛을 비추시기 때문이야."

민들레는 예사로 그렇게 대답하였습니다.

'역시 그럴 거야. 나하고는 무슨 상관이 있을 라고…….'

금방 강아지 똥의 얼굴이 또 슬프게 일그러졌습니다.

그러자 민들레 싹이,

"그리고 또 한 가지 꼭 필요한 게 있어." 하고는 강아지 똥을 쳐다보며 눈을 찡그렸습니다.

"……?"

"네가 거름이 되어 줘야 한단다."

강아지 똥은 깜짝 놀랐습니다.

(10) 포트폴리오형

우리 생활 주변에서 강아지 똥처럼 못나고 보잘 것 없어 보이지만 누군가에게 삶의 희망이 되고 도움이 되는 것들이 어떤 것이 있는지 조사하고 느낀 점을 발표해보세요.(상)

(자료 : 전국 국어교사모임)

▌모형 2▐

[대상 도서 : 여름휴가 때 생긴 일 / 필리파 피어스〈학교에 간 사자〉중에서 / 논장]

1. 활동 목표 및 준비물

단 원 명	여름휴가 때 생긴 일(대상 : 초등 3학년 아동 5명)	차시	1차시(90분)
활동 목표	1. 생명을 소중히 여기는 마음을 느껴본다. 2. 동물의 모습을 앤디처럼 실감나게 써볼 수 있다. 3. 편지 형식의 독서감상문을 쓸 수 있다.	준비물	*

여름휴가 때 생긴 일

필리파 피어스 / 학교에 간 사자 / 논장

나지막한 산들이 있는 외딴 곳에 작고 오랜 된 집이 있었다. 그 집은 휴가를 보내는 별장으로, 사람들은 2주 동안 휴가를 얻었을 때 이곳에서 지내곤 했다. 별장 부근에는 탐방탐방 걸어 다니거나 헤엄을 치고 낚시를 할 수 있는 개울과, 등산을 하거나 산책을 할 만한 산이 있었다.

사람들은 2주간의 휴가가 끝날 무렵이면 집으로 돌아갔고, 그러고 나면 또 다른 사람들이 찾아오곤 했다.

어느 날, 앤디라는 사내아이가 엄마랑 아빠, 삼촌네 식구들과 함께 그 곳으로 놀러 왔다. 작고 오랜 된 집은 새로 온 손님들로 몹시 떠들썩해졌다. 하지만 밤이 되어 모두가 잠들면, 작고 오래 된 집은 다시금 고요해졌다. 날씨가 좋아 손님들이 모두 밖으로 놀러 가면, 작고 오래 된 집은 낮에도 고요해진다.

앤디네 식구들의 휴가가 끝나 갈 즈음에는 날이 무척 화창했다. 그래서 앤디네 식구들이 소풍을 가거나, 냇가에서 헤엄을 치고 낚시를 하거나, 또는 산책이나 등산을 즐기곤 했다. 앤디네 식구들은 낮에는 거의 집에 붙어 있질 않았고, 그러면 작고 오래 된 집은 혼자 남겨졌다. 고요하고, 호젓하게.

휴가가 다 끝나 가던 어느 날. 앤디는 식구들과 멀리 소풍을 갔다. 햇빛이 쨍쨍 내리쬐는 날이었다. 그런데 볕이 너무 뜨거웠기 때문일까, 아니면 음식을 너무 많이 먹었기 때문일까? 앤디는 속이 메스껍고 머리가 어지러웠다. 그것도 아주 심하게.

아빠는 당장 앤디를 들쳐 업고 별장으로 가서, 이층에 있는 침대에 뉘어 주었다. 그리고는 빛이 들어오지 않게 커튼을 쳤다.

아빠가 말했다.

"아래층에 있으마. 조금 있다가 개울에 가서 낚시를 할지도 몰라. 창문에서 보이는 데 있을 테니까, 커튼을 걷고 내다보면 아빠가 보일 거야. 무슨 일 있으면, 아빠를 불러라. 그럼 얼른 달려올 테니. 알았지?

앤디는 잠에 빠져들며 대답했다.

"으응, 알았어요."

앤디는 오후 내내 자다가 서서히 깨어났다. 앤디는 너무나 고요하고 호젓한 작고 오래 된 집에 혼자 있었다. 파리 한 마리가 커튼과 유리창 사이에서 웅웅거릴 뿐, 아무 소리도 들리지 않았다.

몸이 나은 것 같아서, 앤디는 자리에서 일어나기로 했다. 커튼을 걷고 밖을 내다보니, 아빠는 아까 말한 대로 개울에서 낚시를 하고 있었다.

앤디는 귀찮아서 옷을 대충 챙겨 입고는, 맨발로 아래층에 내려가 작고 오래 된 집의 거실로 갔다. 그리고는 안락 의자에 털썩 앉았다.

그 때까지도 잠이 덜 깼던 앤디는 졸린 눈으로 주위를 둘러보았다. 의자들이 빙 둘러서 있는 탁자가 있었다. 식구들이 밥을 먹는 곳이었다. 조금 있으면 차를 마실 시간이다. 아마 식구들이 차를 마시러 올 것이다. 벌써 찻잔들이 찬장 밖에 나와 있었다.

앤디는 설탕과 우유를 듬뿍 넣은 뜨거운 차를 마시고 싶었다. 하지만 식구들이 올 때까지 기다려야 할 것 같았다.

그래서 앤디는 가만히 앉아서 기다리기로 했다.

앤디는 작고 오래 된 집의 고요한 거실에서 조각상처럼 꼼짝도 않고 앉아 있었다.

다음 순간 앤디의 눈에 뭔가 움직이는 것이 들어왔다. 산들바람에 흔들리는 잎사귀처럼 아주 작은 움직임이었다. 하지만 여기 거실 마룻바닥에는 나뭇잎이 없다.

앤디는 흠칫 놀랐다, 그리고는 제대로 보려고 몸을 돌렸다. 그 바람에 의자가 삐걱대었고, 그 작은 움직임은 뚝 멎었다.

이제 아무것도 보이지 않았다. 하지만 뭔가 있는 것이 분명했다.

앤디는 아까 분명히 뭔가 있었던 찬장 앞 마룻바닥을 뚫어지게 바라보았다. 아니나 다를까, 다시 뭔가가 움직였다.

생쥐.

생쥐 한 마리가 찬장 밑에서 쪼르르 달려 나오더니, 마루 한가운데서 걸음을 멈추고는 까막까치밥 열매처럼 조그만 눈으로 앤디를 말끄러미 쳐다보는 게 아닌가?

앤디와 생쥐는 서로를 빤히 바라다보았다. 둘 다 꼼짝도 하지 않았다. 앤디는 숨소리조차 크게 내지 않았다. 그러다 생쥐는 가 버렸다. 다시 찬장 밑으로 모습을 감춘 것이다.

앤디는 여전히 꼼짝도 하지 않았다. 숨도 살살 쉬어서 가슴이 보일락 말락하게 오르내렸다. 앤디는 두 눈을 동그랗게 뜨고 계속 지켜보았다.

생쥐가 다시 나왔다. 짙은 회갈색의 깔끔한 생쥐. 아니 깔끔한 정도가 아니라 예쁘기까지 했다. 아주 조그맣지만 튼튼한 진짜 생쥐인데, 동작이 번개처럼 재빨랐다.

생쥐가 탁자 밑으로 쏙 들어간다.

빵 부스러기를 찾아낸다.

그리곤 그것을 먹는다.

다시 탁자 밑에서 나온다.

그리고는 찬장 밑으로 쏙 사라진다.

생쥐는 이번에는 다시 나타나지 않았다. 곧이어 발소리가 들렸다. 아마도 생쥐는 저 소리를 듣고 줄행랑을 쳤던 모양이다. 아빠가 낚시터에서 저벅저벅 돌아오고 있었다. 아빠는 앤디가 한결 나아져서 거실에 있는 것을 보고 기뻐했다. 다른 식구들도 금방 돌아올 터라 아빠가 찻물을 올려놓았다.

식구들이 모두 돌아오자, 작고 오래 된 집은 다시 북적거렸다. 엄마가 마을 빵집에서 까치밥나무 빵을 큰 봉투로 두 봉지나 사 왔다. 온 식구가 식탁에 둘러앉아 차를 마시고 빵에 버터를 발라 먹었다. 갓 구운 빵들은 바삭바삭해서 부스러기들이 식탁과 마룻바닥에 부스스 떨어졌다.

앤디는 마룻바닥의 빵 부스러기를 보고 생각했다. 내일 아침이면 하나도 남아 있지 않겠지.

앤디의 짐작이 맞았다.

이튿날 아침 앤디는 거실로 내려와 마룻바닥을 살펴보았다. 까치밥나무 열매나 빵 부스러기는 눈을 씻고 봐도 없었다.

그 날 앤디네 숙모는 저장실의 바구니에 담아 둔 감자를 가지러 갔다가, 꺄악 비명을 지르며 돌아왔다.

"누가 감자를 갉아 놨어!"

엄마가 직접 식품 저장실로 들어가 자세히 살펴보았다.

"에그머니나! 생쥐 짓이 틀림없어!"

엄마는 이렇게 말하고 주위를 둘러보았다.

"어딘가 쥐구멍이 있을 텐데."

앤디는 생각했다. 식품 저장실의 문은 낡아서 꽉 닫아도 바닥과 문 사이에 틈이 생긴다. 그 정도 틈이면 생쥐가 식품 저장실과 거실을 충분히 왔다갔다 할 수 있다.

앤디네 아빠는 신난다는 듯이 말했다.

"흠, 쥐덫을 놔야겠군."

이번에는 아빠가 식료품을 사 올 차례였는데, 아빠는 마을에 간 김에 쥐덫까지 사서 돌아왔다.

앤디와 삼촌네 아이들은 태어나서 처음으로 쥐덫을 보았다. 덫에는 작고 뾰족한 날이 두 개 달려 있었는데, 아빠는 거기에다 치즈를 한 조각 꽂아 두었다. 치즈는 생쥐를 덫으로 끌어들이는 미끼였다. 덫에는 튼튼한 용수철과 쇠막대기 두 개가 달려 있었다. 덫에 달린 쇠붙이들은 모두 엽서보다 조금 작은 판판한 나무토막 위에 붙어 있었다. 그리고 그 나무토막에는 '사형대'라는 무시무시한 이름이 씌어 있었다.

아빠는 어떻게 덫으로 쥐를 잡는지 보여 주려고, 미리 미끼를 물려서 덫을 설치했다. 그리고는 난로 가에 있는 장작통에서 잔가지를 하나 꺼냈다. 아빠는 잔가지가 생쥐라고 치고, 잔가지 끝으로 치즈를 잡아 당겼다. 치즈가 끌려가면서 용수철이 튀어 오르더니 쇠막대가 철컥 내려왔다.

쿵!

쇠막대가 얼마나 세게 떨어졌는지, 잔가지는 단숨에 두 동강이 나 버렸다.

아빠는 만족스럽게 말했다.

"생쥐는 끝장이야."

"난 쥐덫이 싫어."

앤디는 이렇게 말하고 이층으로 올라가 버렸다. 그리곤 침대에 누워서 더 이상 아무 생각도 하지 않으려고 애썼다.

그 날 밤 식구들이 잠자러 가기 전에, 아빠는 쥐덫에 미끼를 물려서 식품 저장실의 감자들 옆에다 놓아두었다.

이윽고 모두 잠자리에 들고 불이 꺼지자, 앤디는 살금살금 아래층으로 내려갔다. 엄마가 밤중에 화장실 갈 때 쓰라고 준 조그만 손전등을 비추며 조심해서 내려갔다.

밤이 몹시 깊었나 보다. 작고 오래 된 집은 고요하기만 했다.

살금살금 거실로 들어간 앤디는 아빠가 했던 것처럼 장작통에서 잔가지를 꺼냈다. 그리고는 발꿈치를 들고 식품 저장실로 가서 손전등을 비추었다.

치즈가 꽂혀 있는 쥐덫이 보였다.

쥐덫 저편에서 생쥐가 쥐덫을 바라보고 있었다. 치즈 냄새를 맡고 나온 게 분명했다. 몇 초만 있으면 생쥐는 치즈를 먹으로 잽싸게 덫으로 다가갈 테고, 그러면 철거덕 쿵! 앤디가 손을 쓰기엔 너무 늦어 버릴 것이다.

앤디가 생쥐를 바라보자, 생쥐도 앤디를 빤히 쳐다보았다. 앤디가 "위이!" 하고 나직하게 소리치자, 생쥐는 쌩 하니 사라졌다.

앤디는 무릎을 꿇고 엎드려 잔가지로 치즈를 건드렸다. 그러자 용수철이 튀어 오르고 쇠막대가 쿵 하고 내려앉으면서 잔가지가 부러졌다. 그 충격에 치즈 조각들이 사방으로 튀었다. 앤디는 동강난 잔가지를 집어다가 도로 장작통에 넣었다.

치즈는 그대로 두었다. 어차피 생쥐가 깨끗이 먹어 치울 테니까. 덫도 그대로 두었다. 오늘 밤에는 덫도 안전하니까. 하지만 내일 밤이면 아빠가 쥐덫을 다시 놓을 테고, 그러면 앤디가 몇 초만 늦게 와도 생쥐는 목숨을 잃을 것이다.

쥐덫을 부수고 싶은 마음이 굴뚝 같았지만, 도저히 그럴 엄두가 나지 않았다.

앤디는 하는 수 없이 식품 저장실 문을 닫고 살금살금 자기 방으로 돌아갔다.

이튿날 아침 아빠는 식품 저장실을 들여다보고 무지하게 화를 냈다. 아빠는 치즈가 사라져 버렸다고 했다. 눈곱만치도 남지 않은 것이다. 아빠는 생쥐가 어떻게 치즈만 쏙 빼먹었는지 알 수가 없었다. 생쥐가 치즈를 빼 가는 순간 쇠막대가 생쥐를 덮쳤지만 놓쳐 버렸나 보군! 아빠는 생쥐가 얄밉게 쏙 빠져나간 줄로만 알았다.

아빠는 단단히 별렀다.

"오늘 밤에도 똑같은 곳에 덫을 놓을 거야. 이번에는 이놈의 생쥐를 꼭 잡고 말 테다."

아빠는 쥐덫을 가져다 탁자 위에 놓았다. 그런데 식구들은 탁자 위에다 소풍 갈 때 가져갈 물건들을 쌓아 두기 바빴다. 누군가가 미처 덫을 보지 못하고 그 위에 샌드위치 봉투를 올려놓았다. 다른 사람이 다시 그 위에 사과와 바나나들을 얹어 놓았다. 물병들과 보온병들도 올려놓았다. 물놀이 용품들과 두툼한 웃옷도 탁자로 모여들었다. 이윽고 탁자에는 소풍에 가져갈 물건들이 수북이 쌓였다. 그리고 그것들 맨 아래에 쥐덫이 숨어 있었다.

앤디는 슬쩍슬쩍 기회를 엿보았다.

아무도 보지 않는 순간이 찾아왔다. 앤디는 그 틈을 타서 물건들 밑으로 슬그머니 손을 넣어 더듬더듬 쥐덫을 찾았다. 그리곤 덫을 꺼내 아무도 모르게 주머니에 넣었다.

앤디는 덫을 주머니에 넣고 작고 오래 된 집을 나와, 눈부신 햇살 속을 어슬렁어슬렁 걸었다. 앤디는 개울 쪽으로 천천히 걸어갔다. 그리고는 관목 한 그루가 서 있는 곳에 이르렀다. 그 뒤로 가면 집에서 앤디가 보이지 않을 것이다.

그 곳은 늪지라서 초록빛 방석 같은 이끼들이 자라고 있었다. 앤디는 이끼 한 덩이를 들추고는 그 밑에 쥐덫을 숨겼다. 그리고 물기가 덫을 적시도록 꾹 눌렀다. 그런 다음 이끼덩이로 다시 덮었다. 밑에 덫이 있는 표시는 전혀 나지 않았다. 쥐덫의 나무토막은 늪지의 물 속에서 썩고, 쇠붙이는 녹이 슬 것이다. 그러면 사형대는 영원히 사라지겠지.

앤디는 자기가 한 일이 뿌듯하기도 하고 두렵기도 했다. 아빠가 아시면 노발대발할 것이다. 엄마는 아빠만큼 화내지는 않을 것이다. 엄마도 생쥐를 싫어하지만, 왜 그 생쥐를 구해야 했는지 이해해 줄 것이다.

어쨌든 부모님한테 들키지는 않을 것 같았다. 또 실제로도 부모님은 까맣게 모르는 눈치였다.

나중에 아빠는 쥐덫이 없어진 것을 알고 또다시 화를 버럭 냈다.

"바로 이 탁자 위에 두었단 말이야. 누구 본 사람 없어?"

하지만 본 사람은 아무도 없었다.

(저만 빼고요, 하고 앤디는 속으로 말했다)

아빠는 계속 쥐덫을 찾았다. 심지어 쓰레기통까지 뒤졌다.

"어딘가에 있을 거야. 틀림없이 어딘가 있을 거라구."

(맞아요, 하고 앤디는 속으로만 말했다)

결국 아빠는 포기하고 말았다.

"대체 어디로 간 거야?"

(당연히 앤디는 알고 있었다)

그 덫이 나중에라도 나타날지 모르니까 아빠가 다시 덫을 사지는 않을 것이다. 게다가 이젠 휴가도 거의 끝났다.

마지막 날, 여행 가방과 배낭과 바구니와 가방들을 모두 꾸렸다. 이제 앤디네 식구들은 작고 오래 된 집을 남겨 두고 떠날 참이었다.

앤디가 느닷없이 말했다.

"식품 저장실에 두고 가는 게 없나 살펴볼까요?"

앤디가 말하자마자 누군가가 거기엔 아무것도 없다고 했다. 하지만 앤디는 이미 식품 저장실 문을 열고 있었다. 식품 저장실은 텅 비어 있었다. 그러나 맞은편과 벽과 바닥이 만나는 곳에 생쥐의 몸집만한 작고 어두운 구멍이 있었다.

"잘 있어!"

앤디는 그 구멍에 대고 속삭였다.

"행운을 빌게!"

그리고 나서 앤디의 엄마와 아빠와 삼촌네 식구들은 작고 오래 된 집을 떠났다. 현관문을 잠그고 나서, 다음 손님을 위해 현관의 신발 털이 밑에 열쇠를 숨겨 놓았다. 새 손님이 올 때까지 작고 오래 된 집은 고요하게 혼자 남게 되었다.

활동단계	교수 - 학습활동	시간	유의점 / 자료
생각열기	◦ 인사 나누기 ◦ 과제물 점검(책읽기 여부) ◦ 생쥐와 앤디가 마주친 그림만 보고 무슨 일이 생겼는지 상상해서 말해보기 ◦ 자기가 좋아하는 동물과 싫어하는 동물을 그룹지어 보고 왜 좋아(싫어) 하는지 말해보기 ◦ 쥐덫이 무엇인지 알아보기	15분	*쥐덫 그림 (교사가 미리 준비)
본활동	활동1. 발문을 통한 내용 파악 ① 엔디는 왜 혼자 별장에 남겨졌나요? ② 아래층에서 앤디는 무엇과 마주쳤나요? ③ 떠나는 날 앤디는 무엇을 하려고 식품저장실로 내려갔나요?	15분	*발문준비 (교사)
	활동2. 이 글을 세 등분으로 나누어 본다면 어디서 나누면 좋을까요? 왜 그렇게 생각하나요?	10분	
	활동3. 내가 아빠라면 다음의 상황에서 무엇이라고 말했을 가요? 적어보세요. – 아빠 : 쥐덫을 바로 이 탁자 위에 두었단 말이야 누구 본 사람 없어? – 앤디 : ( ) – 아빠 : 어딘가에 있을 거야 틀림없이 있을 거라구. – 앤디 : 아빠, 사실은 제가 숨겨놓았어요. – 아빠 : ( )	10분	
	활동4. 앤디가 생쥐를 구해준 까닭을 생각해보고 말해보기 ① 나도 다른 동물을 구해준 적이 있나요? ② 생쥐나 바퀴벌레는 인간에게 도움이 되지 않는 동물입니다. 그런 동물들을 다 없어지면 어떤 일이 생길까요?	15분	◦ 시간에 따라 조절
	활동5. 이 글을 읽고 자유로운 형식으로 독후감을 써본다.	15분	
마무리	◦ 써 본 독서감상문을 돌아가며 발표하여 다른 사람의 생각과 느낌도 알아본다.(1분 스피치).	10분	◦ 교사–잘 쓴 부분 칭찬하고 격려한다.
관련활동	◦ 주위에서 본 동물의 모습을 앤디처럼(텍스트의 밑줄 친 부분) 실감나게 글로 적어봅시다. ◦ 작가에 대해 알아본다.		
평가초점	◦ 전체적인 흐름을 이해했는지 평가한다. ◦ 생명을 소중히 여기는 마음을 알게 되었는지 평가한다. ◦ 편지 형식에 맞게 독서감상문을 썼는지 평가한다.		

제5강

위인전 · 역사책 · 과학책 읽기 지도

1. 전기문(위인전)이란 무엇인가?

전기문은 실제로 살아 있는 혹은 살았던 사람의 생애를 기술한 이야기다. 전기문은 어린이 독서논술지도에서 삶의 진실에 대한 사실적인 이해와 감동을 지도할 수 있고, '동일시'효과를 얻기에 좋은 장르이다.

그러나 단순히 인물의 행적을 나열한 연대기라 아니라 문학작품과 유사하게 문학의 여러 구성 요소를 취하고 있다. 전기문은 비소설류에 속하나 그 글과 그림의 표현방법은 기본으로 문학과 예술의 요소를 지닌다. 그렇지 않다면 한 인물의 이력서를 훑어보는 것과 같아서 읽는 이의 감동을 자아내지 못한다.

전기는 문학적 요소를 배합하여 기술되는 것이지만 작품에 나오는 사건, 인물, 배경 등은 확실한 사료 또는 증거물을 토대로 기술된다. 따라서 전기는 예술성, 문학성과 더불어 역사성을 지닌다. 전기에 기술되는 인물들이 역사를 만들어 내는 사람들이라고 말하는 이유는 전기가 사실을 전하는 역사성이 있기 때문이다.

이야기가 생애의 어느 부분을 중심으로 기술될 수도 있고, 생애 전반을 훑으면서 기록되었을 수 있는데, 이는 주로 전기의 저술자가 그 전기를 통하여 전달하려고 하는 주제에 의해서 결정된다.

전기는 동양에서보다 서양에서 발달하였다. 서양 사회는 동양 사회보다 개인주의와 민주주의가 먼저 발달했다. 민주주의 발달은 사회에 대한 개인의 공헌을 군주나 전체주의 국가를 위한 충성으로 보기보다는 인류를 위한 헌신으로 보게 되었다. 이러한 관점에서 개인의 공헌을 연구하고 기리는 정신이 형성되었고 이러한 사고방식을 가진 사회에서 전기물이 많이 생산되었다.

동양에서는 이러한 사고방식을 상대적으로 키우지 못했다. 그러므로 동양의 전기는 위에 서술한 문학적 개성이 있는 전기가 아니라 연대기적 서술이 주 요소인 가족이나 가계의 세보가 내부분이다. 우리나라에서 문학성을 지닌 개성적 전기서 출현은 이제 새롭게 시작하는 시기로 보아야 할 것이다.

(1) 위인전(전기서)의 구분

전기서는 인물의 생애 전체를 기록하기도 하나 반드시 그런 것은 아니다. 생애의 부분을 어떤 사건이나 주제 중심으로 기술한 전기도 있다. 또 소설화된 전기서가 있는가 하면 사실의 데이터를 기초로 사실적으로 기록한 전기서도 있다. 그러나 인물 설화와 전기서는 소설화 되어 있다고 하더라도 그 바탕이 되는 '사실'은 정확한 정보에서 출발해야 한다.

예를 들면 <임경업전>에서 임경업이 군사들과 서해바다를 건너 중국으로 갈 때 연평도 부근에서 나뭇가지를 바닷물에 넣으니 조기가 주렁주렁 매달려 나오더라는 이야기는 전기서의 기술은 적합하지 않으며 설화의 범주에 넣어야 한다.

전기서는 한 사람을 피전자로 기술한 개인 전기와 한 책에 여러 인물의 전기를 함께 묶어서 다룬 집합전기가 있다. 간략하게 인물을 소개한 인물사전은 집합 전기류에 속한다.

(2) 위인전(전기문)에 대한 견해의 변화와 문제점

어린이를 위한 전기문은 어린이에 대한 사회 인식과 책 내용에 대한 사회 견해에 따라 영향을 받으며 변화하였다. 서양에서 씌어진 17세기 내지 19세기의 전기서들은 청교도의 교훈적 주제가 주종을 이루었고, 또 종교에 대한 훈련 또는 부모님에 대한 효를 강조하였다. 전기 작가들은 전기문을 종교나 정치를 훈련시키는 도구로 생각하기도 하였다. 이러한 생각은 무모하게 어른의 생각만을 일방적으로 나타내는 식의 전기를 생산하게 하였다.

20세기에 들어와서 아동 발달에 대한 새로운 시각이 열리고 심리학이 발전하면서 어린 사람들의 약한 면을 주목하고 법적으로 보호할 필요가 있음을 강조하게 되었다. 우리나라에서는 한국전쟁의 상흔이 어느 정도 진정된 후 구체적으로 어린이 헌장이 만들어졌고(1957), 어린이의 정체성에 대해 인식하기 시작하였다. 독립적 인격체로서 종교나 부모에 대한 효성, 나라에 대한 충성보다는 도덕적 의무를, 타인에 대한 책임을 강조하는 전기서의 출판의 기대치를 높이고 있다.

우리나라 전기문의 대부분은 교육적 용도나 역할의 모델 제시에 불과하였다. 이상적인 영웅들의 바람직한 면, 전기를 쓸 만한 필요가 인정되는 측면들만을 부각하여 기술하고 그들의 민감한 정치적 신념이나 개인 생활에 관한 이야기는 기술을 정책적으로 피하게 하였다. 또한 유명하지 않은 사람들의 이야기, 훌륭하지 않은 행위, 쟁점이 되는 주제들은 포함할 수 없었다.

그러나 1990년대에 들어와서 정치와 사회 부문이 개방되고 생활양식이나 가치관에도 변화를 가져오게 되었다. 이러한 변화가 문학에 반영되면서 전기서 역시 영향을 받게 되었다.(장준하 / 김민수 지음 / 사계절 / 1994), (전태일평전 / 조영래 / 돌베개 / 1983초판, 1991개정)

아동을 위한 전기 작품에 대한 관점이 바뀌면서 유명한 사람들의 훌륭한 면만 보여주는 것은 오히려 아이들의 결점을 강조하고 열등감을 갖게 한다는 것을 인식하기 시작했다. 그러면서 유명하지 않은 보통사람들이지만 위대한 인물들의 전기를 생산해 내고 있다. 또 유명한 인물들을 다루더라도 보다 전체적인 구도로 솔직하게 다루는 경향을 보인다. 스포츠나 영상연예의 인기로 유명한 사람들의 전기물 출판도 그러한 범주에서 설명될 수 있을 것이다.

또한 전기 작품은 소설이나 기타, 다른 장르에 비해 작품으로서 극복해야 할 벽을 더 많이 가지고 있다. 진정한 전기 작가는 대상 인물에 대해 많이 연구하여 완벽하게 이해하고 그 지식을 통해 작가가 헤아리는 어떤 개성 있는 모습을 문학적으로 구현해야 한다. 단순히 문필에 익숙한 것 가지고는 좋은 작품을 생산하기 힘들다. 지금까지의 우리나라의 전기서들은 대개 글을 쓰는 사람들이 저술하였다. 이것은 문장의 세련성은 확보하게 되었지만 반면에 누적된 전문성이 아쉽다는 비판을 받기도 하였다.

현재 서점가에 나와 있는 많은 전집류의 전기서들은, 어린이들을 위한 작품으로써 어린이를 위하지 않고, 어린이를 존중하는 마음으로 다루지 않았다는 점이다. 교훈주의와 우성주의(우등주의)에 빠져서 포장되고 미화된 인물뿐이며, 생생하고 실감나는 (위인)인간을 만나기 어렵다. 상투적인 문장과 단어의 나열로 일관하여 어린이들이 식상함을 느끼게 하고 결국은 읽지 않게 만들고 있다.

(3) 위인전(전기서)의 가치와 평가

어린 독자들은 위인전을 통해 여러 가지 영향을 받을 수 있다. 그 대표적인 가치 기준은

- 좋은 전기는 어린이들에게 인생의 모델을 제시한다.(영웅화)
- 전기에서 주는 감동과 정보는 아동에게 자신을 생각하게 만든다.(인물과의 일체감 형성, 자아 존중감 회복)
- 좋은 학습 자료가 된다는 점 등을 들 수 있다.

아울러 좋은 위인전을 고르기 위해서는 여러 가지 평가 기준이 마련되어야 한다. 전기서의 평가 기준에는 다음과 같은 것들이 있다.

1) 정확성

세세한 설명에서 정확해야 한다. 인물의 시대 상황을 정확하게 묘사해야 한다. 생전의 사진, 편지, 기타 문서를 이용하여 기술의 신빙성, 정확성, 신뢰성을 높여야 한다.

(사진과 만화로 보는 난중일기 / 이순신 지음, 민병수 역, 박종관 그림 / 한국 어린이 교육연구원 / 2000)

2) 정직성

사람은 누구나 흠이 있다. 정직하다는 점에서 전기자는 대상 인물의 결점도 기록할 책임이 있다. 결점이 없는 특별한 사람으로 만드는 것은 신을 만드는 것이다. 결점을 극복하고 지혜롭게 해결하는 모습에서 참 인간을 그려야 한다. 또한 독자는 그러한 인간상을 통해 자신의 가능성을 발견하고 그것

을 얻으려는 야심을 갖게 된다. 좋은 전기는 칭찬이나, 칭송하는 문구를 쓰지 않아야 한다.

3) 그림에서의 정확성 및 정직성

그림에서도 사실을 정확하게 전달할 책임이 있다. 사진이나 그림이 들어 있는 경우, 피전자의 생애, 바로 그 시대의 것이어야 한다. 세부적인 묘사도 사실적이어야 한다.

4) 기술(표현)의 질적 수준

아무리 정확한 사실 위에 작성된 것이라 하더라도 문장의 수준이 떨어진다면 언급의 대상이 되지 않는다. 문장이 상투적이고 필요 이상의 과장과 미사여구를 사용했다면 글이나 생각의 기술에 구별을 두고 있다는 의미를 포함해야 한다. 이 점은 신문기사에서 사실이 어디까지이고 그 사실에 대한 논평이나 의견이 어떤 것인지 구별하여 기술해 주는 것과 같다.

5) 주체

주체가 희미하거나 존재하지 않는 전기는 지루한 연대기에 불과하다, 훌륭한 표현은 페이지와 페이지에서 대상인물의 생애로부터 취한 중심 주제가 발견되어야 한다. 주제 수집한 자료에서 나오며 이는 정확한 자료탐구와 전문성을 필요로 한다.

6) 체제와 장정

최근에 와서 어린이 책의 외형적인 면이 많이 개선되었다. 종이의 질이나 인쇄의 선명도, 제본 등에서 1990년 이전에 출판된 책들과는 많이 다르게 좋아졌음을 확인할 수 있다. 그러나 획일적인 장정과 체제로 수십 권씩 전집으로 묶여 있는 전기서들은 책을 선택할 때 반드시 낱권마다 점검하여야 한다.

7) 문학작품으로서의 질적 수준

전기서는 단순한 사실의 기술이나 보고서와 같은 지식 전달의 도구만이 아니라 문학작품으로서의 가치가 있어야 한다. 총체적으로 문학 작품의 제 구성요소가 적절히 배합되어 작품으로서의 수준을 유지하고 있어야 한다.

(4) 위인전의 독서활동

전기문지도에서 유의할 점은 읽는 의욕을 갖도록 하는 것이 중요하므로, 전기문을 읽고 문제점이나 감상을 자유롭게 이야기한다. 서로 의견을 나누고 충분한 토론을 하면서 내용을 자발적으로 받아들이게 하는 것이 좋다.

1) 주인공 인물을 객관적으로 정리하도록 한다.

- 주인공의 성장 과정, 태어난 시대, 행위 업적을 이해한다.
- 주인공의 행위에서 성격이나 가치관을 파악하고 업적을 실존했던 시대와 관련하여 파악하며 업적을 현대와 연관하여 이해하는가를 파악한다.
- 아이들이 위인의 성격, 가치관과 연결하여 자기 성격과 비교, 동감, 비판을 하면서 인물을 이해한다.

2) 전기서의 구성, 배경, 테마 분석하기(구성의 갈등요인 찾기, 전기서의 배경 신빙도 평가하기, 주된 주제 분석하기

3) 같은 인물의 전기 비교하기(다른 출판사와 다른 작가 비교)

4) 자신의 전기쓰기

권장도서

- 김홍도, 조선시대 천재화가 / 정하섭 글, 이은천 그림 / 길벗어린이 / 1999
- 김홍도, 그림 그리는 아이 / 정하섭 글, 유진희 그림 / 보림 / 1997
- 뚱보 방정환 선생님 / 이재복 글, 남궁 산 그림 / 지식산업사 / 1993
- 물오리 이원수 선생님 이야기 / 이재복 글 / 지식산업사 / 1996
- 김창숙, 나라사랑의 외길을 산 선비 / 정종목 지음 / 사계절 / 1994
- 백범 김구 / 신경림 지음, 이철수 그림 / 창작과 비평사 / 1999
- 대한국인 안중근 / 강석하 지음, 진성보 그림 / 예림당 / 1998)
- 유성룡 / 곽재구 지음, 김주형 그림 / 국민서관 / 1999
- 유일한 이야기 / 조영권 지음, 장승원 그림 / 웅진 1992
- 내가 살던 고향은 / 이원수 전기 / 권정생 지음, 정승각 그림 / 웅진 1996
- 천재화가 이중섭과 아이들 / 강원희 지음 / 예림당 / 1999
- 정약용과 목민심서 / 이광웅 지음, 홍성찬 그림 / 예림당 / 1998

2. 역사책

역사란 '역사가와 사실의 부단한 상호 작용이며, 현재와 과거의 끊임없는 대화'(E.H.Carr)다. 역사를 서술하는 방식이 변화를 겪으면서 많은 사실 가운데 어떤 것을 기록할 것인가에 역사가의 평가가 개입된다고 보게 되었다. 최근에는 독자의 판단을 요구하는 형태의 역사책들도 많이 나오고 있다.

(1) 역사책 고르기

1) 이야기체 형식으로 한국사를 시간 순서대로 서술한 책

- 목차는 대부분 선사시대-삼국시대-고려시대-조선시대-근대-일제시대-대한민국 수립-현대로 분류되어 있다.
- 역사 전체를 훑어 볼 수 있다. 역사의 흐름을 이해할 수 있다. 역사가의 사관이 개입되지 않은 형태이다.
- 지식 습득 면에서는 도움이 되나 역사를 보는 안목을 기르기에 부족하다.

2) 사건 중심으로 역사를 서술한 책

- 역사책을 쓴 작가의 사관이 매우 많이 개입된 책-가장 중요한 사건, 꼭 알려야 할 사건을 고르며 작가의 의도가 개입됨.
- 목차는 해방과 건국준비위원회-신탁통치와 친일파의 부활-제주 4·3항쟁 - 노근리 사건-6·3항쟁과 한일 회담 등으로 되어 있다.
- 한 가지 사건을 깊이 있게 다루고 있기 때문에 독자가 역사를 평가할 수 있는 관점을 제시해 줄 뿐만 아니라 역사에 대한 이해와 흥미를 높여 준다.
- 역사책을 쓴 작가의 입장이 강하기 때문에 역사에 대한 나름대로의 비판의식을 가질 수 있을 때에 읽는 것이 좋다.

권장도서 • 거꾸로 읽는 한국사/임영태, 정진화, 박현희 지음/푸른 나무

3) 문화사 중심의 역사책

인류가 어떻게 변화·발전 되어 왔는가에 초점을 둔 책.

권장도서 • 한국생활사박물관/한국생활사박물관 편찬위원회/사계절

- 사진이나 그림, 컴퓨터 그래픽을 이용해서 당시 사회상을 잘 알 수 있다.
- 사회, 문화적인 측면에서 접근함과 동시에 오늘날과 비교해 볼 수 있어 역사에 대한 친근감을 느끼게 한다.
- 역사가 멀리 떨어져 있는 기록이 아닌 인류 속에서 현재의 자신의 위치를 확인할 수 있게 해 준다.
- 글이 딱딱하지 않고 그림과 사진이 많아서 역사에 쉽게 접근할 수 있다. 바른 역사관을 갖는데 도움이 된다.
- 흥미 위주로 만든 책이나 각 주제와 동떨어진 책도 있으므로 잘 살펴봐야 한다.

4) 역사에 대한 친밀감을 높일 수 있는 신문형태

권장도서 • 역사신문 / 사계절

(2) 좋은 역사책의 조건

- 아이들이 읽을 책이므로 등장인물들의 말투가 긍정적인 것이 좋다. 만화로 된 역사책 중 거친 말들이 많으므로 신중히 골라야 한다.
- 우리 역사를 주체적인 입장에서 썼는지를 살펴보아야 한다. 자칫하면 오히려 우리 역사에 대한 열등감을 갖게 하여 역사의 방관자가 될 염려가 있다.
- 쇄국정책, 사색당파론, 병자수호조약 등식민지 시대의 언어 잔재들이 없어야한다.
- 재미있는 역사이야기를 골라 준다. 쉽게 지루해 하는 역사교과서의 이야기가 아니라 인물이나 역사적 이야기를 바탕으로 한 역사소설 등이 흥미도 있고 역사적 상황을 현실감 있게 나타내어서 좋다.

(3) 역사적 인물이야기책 고르기

- 역사적 사실을 바탕으로 인물의 성품이나 행적이 잘 담겨 있는지 살펴본다.
- 인물이야기가 역사사실과 같은가를 살펴야 한다.

- 영웅위주의 이야기 혹은 자주 등장하는 독립운동가, 정치가, 군인 등 특정 분야가 아닌 다양한 분야의 인물을 접할 수 있는지 살펴본다.
- 우리나라의 인물이야기는 대부분 고대의 인물이거나 항일 독립투사들인데, 역사의 흐름 속에서 시대적 상황과 함께 했던 인물, 최근 인물들에 대해서도 다양하게 접할 수 있으면 좋다.
- 인물이 신념을 실천해 가는 구체적인 과정과 실천을 보여주는 지 살펴본다. 지나치게 모범적인 측면만 강조하는 것은 좋지 않으며 업적 중심보다는 한 인간의 고뇌와 좌절을 어떻게 극복하고 있는지 살펴보는 것도 중요하다.
- 인물의 태몽이나 어린 시절의 행동에 대해 과장되거나 축소되지 않았나 살펴보고 역사사실과 비교해서 '위인예정론'측면을 강조했는지 확인해 본다.
- 인물이 살았던 시대를 바르게 그린 책을 골라야 하며, 삽화는 읽는 사람에게 내용의 이해를 돕고 구체적인 느낌을 주므로 세심한 신경을 쓴 것을 고른다.

권장도서

- 이야기 한국역사 / 이야기 한국역사편집위원회 지음 / 풀빛
- 청소년을 위한 한국사 / 백유선, 신부식, 임태경 글 / 두리미디어
- 심마니 한국사 / 전국역사교사모임 지음 / 역사넷

3. 과학 관련 도서지도

(1) 좋은 과학책 고르기

1) 과학책은 어떤 분야를 다루든 작가의 가치관이 숨어 있기 때문에 작가의 철학이 담겨 있어야 한다.

- 우리의 것을 우리의 정서로 표현하는데 되도록 자연의 사물을 쪼개지 않고 동양의 자연관 생명사상 등을 보여주는 책이어야 한다.
- 사물을 분석·분해 하는데 익숙한 서양의 과학 지식책 중 소재는 참신하나 자연과 조화를 지키지 못하는 책이 있으므로 잘 비교하고 선택한다.

- 참고로 보림에서 출판된 책은 우리정서를 잘 표현한 책이 많다.

2) 전문적인 작가가 글을 써야 한다 .

- 과학 지식책은 그 책에서 말하는 사실이 절대불변의 진리가 아니라 변할 수 있다는 것을 염두에 두고 읽어야 한다.
- 이러한 변화와 이론을 염두에 두고 쉽고 재미있게 표현한 책이 좋다.
- 지성사의 <열려라 거미나라>는 수 십 년간 거미 연구를 한 임문순, 김승태 등이 썼기 때문에 재미도 있고 정확한 사실도 알 수 있다.

3) 과학적 사실을 정확하게 말해야 한다.

- 과학 지식책은 사실을 전달해야 한다. 과학 동화라고 해서 실제 이론과 어긋나서는 안 되며 중요하지 않은 사실을 중요한 것처럼 과장해서 부각시키는 것도 좋지 않다.
- 유아책의 경우는 깊은 지식보다는 작가의 말이 사실이냐를 판단하기 보다는 그 사실을 어떤 형태로 말하는지, 어떤 모양으로 편집에서 아이에게 쉽고 재미있게 다가서는지가 더 중요하다.

4) 어린이의 눈높이에 맞춰 쉽고 재미있게 설명하고 있어야 한다.

- 삽화가 정확하고 흥미를 불러일으켜야 한다.
- 일반도서처럼 글만으로 지식을 전달할 수 없어 그림과 설명을 곁들인다. 요즘 책들 중 한 주제를 정해 놓고 그것에 대한 다양한 주제들을 잡아서 곳곳에 던져주고 있다.
- 다섯 수레의 <왜 그런지 정말 궁금해요>시리즈, 비룡소의 <신기한 스쿨버스>시리즈는 아이들은 특히 관심 있는 분야를 깊게 볼 수 있게 한다.
- 돌베개 어린이의 <우리 몸의 구멍>은 매우 재미있고 독특한 구성을 가진 책이다.

5) 책을 읽은 어린이들에게 새로운 질문을 불러 일으켜야 한다,

- 과학책은 사실 그 자체만 설명한 책, 과학적인 사실들을 체험하게 하는 책, 책 자체가 독자와 환경을 연결시켜주는 책 등 세 부류가 있다
- 단순히 사실만 전하는 책보다는 과학적인 사실들에 대해 대리경험을 체

험하게 하는 책이 좋고, 책 자체가 독자와 환경을 연결시켜 주는 책이라면 더욱 좋다.

- 어린이들에게 바른 지식을 전달하면서도 어린이들의 생각과 행동을 변화시키는 책이 좋으며 우리 작가가 쓴 책은 우리 어린이들이 주변에서 만날 수 있는 소재로 하여 우리 어린이들의 정서에 맞게 쓰여 지기 때문에 좋다.
- 절대 불변의 가치보다는 항상 변화하고 발전할 수 있는 지식을 가르쳐 주어 개방적인 사고와 과학하는 방법을 가르쳐 주어야 한다.

(6) 백과사전이나 도감류의 책은 한 권이나 여러 권에 방대한 양의 정보를 담고 있기 때문에 도표나 색인, 목차가 잘 되어 있어야 한다.

- 브리태니커 백과사전이나 민족문화대백과의 경우는 색인만으로 한 권이 따로 만들어져 있다.
- <세밀화로 그린 보리 어린이 식물도감>, <세밀화로 그린 보리 어린이 동물도감>은 어느 정보가 어느 교과서에 수록되었는지에 대한 색인도 있어 편리하다.
- 어린이책의 경우 목차를 재미있게 표현하거나 주제를 집약적으로 나타내서 어린이들의 흥미를 끌어 낼 수 있어야 한다.

권장도서

- 얼마나 생길까? / 고태순 글 / 한국 삐아제
- 물방울의 추억 / 에띤느 드랄라 지음 / 서광사
- 한지돌이 / 이종철 글 / 솔거나라
- 갯벌에 뭐가 사나 볼래요 / 도토리기획 지음 / 보리
- 개미가 날아올랐어 / 이성실 글 / 다섯수레
- 재주 많은 손 / 조은수 글 / 아이세움
- 나무하고 친구하기 / 퍼트리셔 로버 글 / 비룡소
- 어진이의 농장일기 / 신혜원 글 / 창작과 비평사
- 화산이이야기 / 이지유 글 / 미래M&B
- 의학이 하는 일을 알고 싶어요 / 장 베르나르 글 / 다섯수레
- 돌도끼에서 우리별 3호까지 / 전상운 글 / 아이세움

제6강

동시 읽기 지도

1. 시란

시는 글로 쓰는 노래다. 마음속으로부터 울려 나오는 노래를 글로 쓴 것이 시다. 아이들은 마음이 깨끗하고 정직해서 마음의 소리를 그대로 토해낼 줄 알기 때문에 저절로 시를 쓴다. 시는 그것을 쓰는 사람의 모습 같이 각양각색이며 또 그래야 한다.

시를 쓸 때 남의 흉내를 내는 것보다는 아이들에게 삶이 담긴 싱싱한 목소리의 살아 있는 시를 써야 한다.

2. 동시와 아동시

(1) 동시

- 어른이 어린이를 위해서 쓴 시이다.
- 아동문학의 한 종류로서 문학적 소양을 지닌 전문 시인이 어린이를 주된 대상으로 하여 쓴 동심의 시를 말한다.
- 동시는 문학적인 요건을 갖춘 문학작품이다.
- 동시인이라는 전문 문인(혹은 동시인을 지망하는 어른)이 쓰는 만큼 독특한 시발상과 표현 기술로 인해 독창성, 예술성을 지니지만, 어린이들에게 다소 난해해 질 수 있는 것이 약점이다.

(2) 아동시

- 어린이가 쓴 시
- 어린이가 자신의 생각이나 느낌을 운문 형식으로 나타낸 글. 독자를 의식하지 않으며, 순전히 자신만을 위해 쓴 것. 학교의 과제, 학습 지도의 결과를 확인하기 위한 수단으로 사용됨.
- 아동시는 자연발생적이며 생활과 밀접한 관계에 있으며, 어린이들이 자신의 생각과 생활을 자연스럽고 진실하게 표현한 것이 특징임.
- 시 의식 없이 씌어지기 때문에 문학성(시성)은 다소 약하지만 솔직한 감정, 소박한 표현, 어린이가 쉽게 이해하고 공감할 수 있는 내용이 장점임.

1) 현행 교과서에서의 동시 지도

우리가 지도하고 있는 현행 교육과정에서의 글의 종류는 14가지이다. 실용적인 글로 일기문, 편지글, 기행문, 기록문(관찰, 견학, 조사), 기사문(보도문)과 문학적인 글로 시, 생활문, 극본, 소설(동화), 전기문, 그리고 논리적인 글로 논설문, 설명문, 연설문, 감상문 등이다.

이런 종류의 글 중에서 시를 살펴보면 교과서에서 수록된 동시는 60여 편이고 지도 내용으로는 암송, 낭독, 주제 찾기, 소재 찾기, 분위기 느끼기, 운율 찾기 등을 들 수 있다.

① 암송

가. 시 공부를 처음 할 때 도움이 된다.
- 의성어, 의태어, 풍부한 형용사, 정형률에 기초한 구전 동요, 짧은 시 등이 좋다.

나. 한국어의 운율이 절로 몸에 배도록 한다.
다. 시의 음악성을 몸으로 느낄 수 있도록 지도한다.
라. 풍요로운 정서와 상상력을 키워 준다.
마. 또 다른 삶과 꿈을 체험하게 한다.
바. 어린이들의 삶과 꿈에 적합한 동시는 그들의 정신체계를 확대시켜 준다.

② **낭독**

가. 내용을 이해하며 읽는다.

나. 알맞은 크기와 속도의 발음에 유의한다.

다. 느낌을 살려서 읽는다.

라. 장면을 떠올리며 읽는다.

마. 읽으면서 소재 및 주제를 파악하고 운율을 느낀다.

2) 시 쓰기 지도의 일반 단계:

시를 쓰기에 앞서 많이 들려주고 읽는다. 시에는 무엇을 보고 쓴 시, 어떤 일을 겪고서 쓴 시, 언제나 생각하고 있는 것을 쓴 시 등이 있다. 물론 어떤 일을 겪으면서 그 동안 자기가 늘 생각하고 있던 일이 문득 떠올라 시를 쓰는 경우도 있다.

① **분위기 조성** : 시간 나는 대로 아이들의 시를 읽어주어 흥미와 관심을 갖게 하거나 쓸거리를 전날 예고해 주어 글감을 취재해 오게 한다.

② **쓸거리 찾기** : 아이들이 주로 쓰는 것은 일상생활 가운데서 몸소 일하고, 보고, 듣고, 생각하고 느낀 것을 진솔하게 쓴 생활시. 쓸거리 찾기는 가장 가까운 시간 안에 또는 오랜 시간이 흘렀지만 가장 또렷이 기억에 남아 있는 일, 가까운 주변에서 겪은 일 가운데서 찾게 하는 것이 좋다. 그런 다음 생각나는 대로 적어 보게 한다. 그 가운데서 가장 쓰고 싶은 것(겪은 것, 본 것, 느낀 것, 생각한 것, 들은 것 중에서 생생히 기억에 가장 크게 남는 것)을 쓰게 한다.

③ **본보기 시를 들려주기** : 또래 아이들의 삶이 담긴 시를 준비해서 들려주기. 본보기 시를 낭독한 다음 "지금 낭독한 시를 들어보니 어때요?"라고 물으면 "아주 재미있게 썼어요. 가슴 뭉클해요, 자기가 한 일을 솔직히 썼어요." 따위의 말을 한다.

④ **시 이야기 나누기** : 낭독한 뒤에는 시에 대한 이야기를 함께 하도록 한다.

⑤ **구상과 쓰기** : 구상하면서 쓴다. 자기가 한 대로, 본 대로, 들은 대로,

느낀 대로, 생각한 대로 솔직하게 쓴다, 짧고 간추린 말로 쓴다, 사투리, 입말을 그대로 쓴다,

⑥ 글 고치기 : 솔직하고 꾸밈없이 썼는가? 짧고 간추린 말을 썼는가? 남의 작품을 모방하지 않고 독창적으로 썼는가? 빼거나 더 써 넣어야 할 말은 없는가? 틀린 글자는 없는가? 쓰려고 했던 중심 생각이 잘 나타나 있는가? 우리 밀법에 맞게 썼는가?/ 글 고칠 때 교사가 아이들의 글을 함부로 고쳐서는 안 된다.

⑦ 작품 감상

· 감상은 서로 작품을 바꿔 읽거나 낭독할 때 그 느낌을 말할 수 있도록 한다.
· 시를 쓰고 난 뒤 바로 자기 작품 낭독하기, 개인 문집으로 원고 묶어주기, 게시하기, 작품 전시회 갖기, 주간 월간 혹은 연간 학급 문집으로 펴내기 등으로 마무리한다.

3) 좋은 시와 좋지 않은 시

① 살아있는 시(좋은 시)

· 자세히 관찰하여 구체적으로 그린다.
· 새로움이 있다.
· 자기만의 발견이 있다
· 자신의 말투 그대로 솔직하게 쓴다.
· "참, 그렇구나" 공감이 간다.
· 꼭 필요한 말만 쓴다.

② 굳어 있는 시(좋지 않은 시)

· 겉모습만 대충 그려 어떤 영상인지 알 수 없다.
· 남들이 다 아는 얘기 뻔한 얘기, 당연한 얘기를 늘어놓는다.
· 어른들이 쓴 동시투를 흉내 낸다.
· 읽을 맛이 없고 또 이런 걸 썼구나 생각된다.
· 아무 느낌이 없다.
· 쓸데없이 내용이나 형식을 반복한다.

시를 읽다보면 공감이 가는 시도 있고 그렇지 않은 시도 있다. "이 시는 왜 공감이 가지?" "이 시는 왜 재미가 없을까?" 하는 것을 자꾸 느껴보면 어떤 시가 좋은 건지, 시를 어떻게 하면 잘 쓸 것인가에 대한 답을 얻게 된다.

시중에 나와 있는 아이들 보기글 모음 책을 보면 다른 아이들은 참 시를 잘 쓰는데 우리 아이, 혹은 내가 가르치는 아이는 왜 저렇게 쓰지를 못할까 하는 생각이 들 때가 있다. 그러나 그 책에 실린 글도 그 아이가 늘 그렇게 쓰는 것은 아니다. 낚시도 때마다 월척을 낚는 것은 아니다. 아이들이 여러 번 글을 쓰다 보면 좋은 글이 나오는 것처럼 시도 여러 편 중에 좋은 작품이 나오는 것이다.

3. 아동이 쓴 시 감상

(1) 의성어나 의태어를 넣어 시 쓰기를 하면 인물이나 상황을 더 잘 표현할 있다.

방귀가족

양평초등학교 1학년 김도균

아빠는 군청 갈 때마다 방귀뀐다 뿡
엄마는 전화 할 때마다 방귀를 뀐다 뽀옹
나는 공부할 때마다 방귀를 뀐다 뿡

눈

곤지암초등학교 2학년 김가연

사락사락 눈
산뜻한 눈
덮으면 포근할까?
덮어보면 내마음

새하예 지지요.

사 람

양평초등학교 2학년 방혜규

사람은 여자와 남자가 있다
야 참 보기 좋구나
계속 아름다웠으면...
첫눈에 '허거걱' 반했네
나는 계속
그와 만났으면
정말 행복하겠네

하 늘

새하얀 하늘
참 보기 좋구나
하늘에는,
새가 날아다니고
비행기가 '슝 우웅'

새하얀 하늘
구름하나 없네
하늘이여
쓸쓸 하겠네

(2) '~같은' '~처럼'과 같은 직유법과 '~은 ~이다' 의 은유적 표현을 쓰면 인물이나 상황을 잘 설명해 낼 수 있다. 다음은 비유법을 사용하여 쓴 시다.

비 누

양평초등학교 2학년 이상헌

비누는 거품자동차이다
물속에서는 거품이 없다
비누는 만날 술래잡기를 해서 물에 들어가면
물이 거품을 잡는다

우리 할머니

양평초등학교 4학년 변효지

우리 할머니는 전쟁터 군인
매일 병원으로
병과 싸우러 가시니까

우리 할머니는 딱딱한 돌멩이
편찮으셔도 꿋꿋하게
버티시니까

먼 강원도에서
편찮으셔도
'걱정할라'
벙어리처럼
별 내색이 없으신
우리 할머니

노숙자

양평초등학교 5학년 장현구

시장에 있는 노숙자
구걸도 하고
집이 없어 추위에 떨고 있다

"아이추워, 돈 좀 주세요"
그런 사람을 욕하는 사람
도와주는 사람

그런 사람을 보면
안쓰럽다, 안됐다
도와주고 싶은 마음

떠돌이 강아지처럼
시장을 돌아다니는
노숙자

그래도 끝없이
연구하는 과학자처럼
열심히 구걸하는 노숙자

그 사람

다문 초등 6학년 신동준

겉은 견고하지만
속은 부서질 듯한
가재같은 사람

아파해도
아프다 말않는
산같은 사람

나쁜일 있어도
금방 웃고마는
금붕어같은 사람

그 사람
그 사람
바로 나

(3) 책을 읽고 나서 감상을 시로 나타낼 수 있다.

꽃들이 들려주는 옛이야기를 읽고 꽃 이름으로 삼행시 짓기

신선아(초등 2학년)

백일홍

백 - 백일홍은 백일동안 시들지 않는데요
일 - 일일이 물을 주지 않아도 돼요
홍 - 홍매화도 그럴까요?

개나리

개 - 개나리네 가족은 죽어서
나 - 나비처럼 훨훨 날아다니는 모습이
리 - 리본 묶은 선물을 받은것처럼 기뻐요

홍매화

홍 - 홍매화 이야기에 나오는
매 - 매화나무는
화 - 화장을 하였을까요?

✓ '꽃들이 들려주는 옛 이야기'는 꽃에 얽힌 전설에 관한 이야기를 읽고 쓴 삼행시다. 이렇게 저학년의 독후활동으로 삼행시를 짓게 해 보는 것도 좋다.

▌수업지도 사례▐

1. 동시지도의 실제

(1) 글감 찾기

생활 속에 잠재해 있는 다양한 경험을 사고화하여 언어로 표현하도록 유도하는 것은 중요한 일이다.

'사고→말(언어)로 표현→시쓰기'의 과정을 반복하는 동안에 자신도 모르게 글을 짓는 능력이 길러지게 되고 마음속으로부터 "시쓰기는 어렵지 않구나"하는 자신감이 생기기 때문이다.

아이들이 생활하고 있는 주변 환경을 돌아보면 경험 활동을 강화시켜 줄 요소들이 수없이 많다. 아무런 관심 없이 무의식 상태에서 그냥 지나치거나 묻혀 버린 경험들을 의도적으로 집어 주었을 때 아동들은 "그래요", "아! 그거", "맞아요", "아, 그랬어요" 하면서 공감을 하고 쉽게 표현이라는 단계에 접근하게 된다.

따라서 교사가 관심을 갖는다면 얼마나 많은 경험 확대 요인들이 우리 주변에 널려 있는가를 곧 알 수 있게 되며 이러한 요인들은 글을 쓰는데 중요한 작용을 하게 된다는 것도 금방 느끼게 된다.

1) 자연의 모습을 보는 눈

자연은 참 아름답다. 아동들은 아름다운 자연과 더불어 많은 것을 보고 듣고 느끼고 생각하면서 생활해 나간다. 그런 점에 착안하여 글짓기와 연관시키면서 관심 있는 눈의 세계를 열어 주는 일은 중요하다.

눈에 보이는 모든 것은 사고 활동으로 집약되고 사고한 내용을 문자화해 보면 글짓기라는 열매를 맺게 된다. 그러나 정작 이 열매가 탐스럽게 완숙되기까지는 긴 시간 동안 의도적이고 지속적인 노력을 필요로 한다. 또한 개별화에 의한 지도를 요구한다.

어떤 사물에 대한 몇 가지 관점을 제시해 본다.

✓ 무엇이 있는가 알아보자.

✓ 어떤 모습일까?

✓ 어떻게 움직이나?

✓ 생김새는 어떤지 살펴보자.

✓ 다른 것과 비교해 보자.

✓ 어떤 사물도 생명이 있다고 생각하고 이야기를 나눠보자.

✓ 나와 가장 가까운 사람들과 가장 가까운 물건들과 비교하면서 이야기해 보자.

등등의 관점에서 관찰해 보고 사물과 이야기 해 보도록 하는 습관을 기르도록 한다.

2) 눈에 보이는 것 말하기

'혼자서 하는 이야기'를 '속 대화'라고 한다면 '자연과의 이야기'는 사고를 통한 '속 대화'이다. 언어적 표현 활동을 돕기 위해 속 대화를 하게 한 다음 눈에 보이는 것을 말하게 한다.

3층 교실에서 창 밖을 내려다보면 여러 가지가 눈에 들어온다. 나무, 꽃, 풀 등의 모습도 보인다.

✓ 나무가 바람에 움직이는 것이 보이지, 예쁘다는 생각 안 들어?

말이 끝나기도 전에 아이들은 제각기 한마디씩 한다.
- 노란 잎이 예뻐요.
- 팔랑팔랑 움직여요.
- 수많은 별 같아요.
- 노란 색종이가 움직이는 것 같아요.
- 꽃밭 같아요.
- 노랑 병아리들이 모여 있는 것 같아요.

눈만 들면 보였을 나무, 그 동안 수없이 보아 왔을 나무, 그간 무심히 지나쳤을 아이들이 오늘 따라 유난히도 나무에 대한 이야기를 많이 늘어놓는다. 이것이 바로 선생님이 지적하기 전에는 관심 없이 지나쳤다는 증거이다.

3) 말 잇기 놀이

교사나 어느 아동이 말(질문)을 하면 누구든지 말들을 이어나가면 된다. 대충 순서적으로 하면 훨씬 좋다. 몇 차례 이런 놀이를 해 보면 금방 익숙해진다.

✓ 무엇이 보일까?
- 나무, 풀, 꽃, 놀이 시설들이 보여요.
- 건물이 보여요.
- 수돗물도 보이는데요.
- 멀리 아파트도 보여요.

✓ 무슨 소리가 들리지?
- 새들의 소리가 들려요.
- 매미 소리도 들려요.
- 풀벌레 소리가 들리네요.
- 바람 소리도 들려요.

✓ 어떤 생각이 들지?
- 눈에 보이는 것들과 친구가 되고 싶어요.

- 시원한 바람이 우리와 함께 있는 것 같아요.
- 공원에 오니까 즐거워요.
- 나무들이랑 풀들이 다정하게 느껴져요 .

(2) 글 짜기

쓰고 싶은 글의 내용을 이야기로 꾸며 보고 이것을 다시 글로 짜 보는 과정이다.

> **은행나무**
> 은행나무가 바람에 움직인다. 수많은 별들이 떠 있는 것 같기도 하고 노란 색종이들이 팔랑팔랑 움직인 것 같기도 하다. 그리고 개나리 꽃밭에 병아리들이 모여들어 이야기하고 있는 것 같다.

은행나무가 바람에 움직인다.
하늘에 떠있는 수많은 별들
팔랑팔랑 움직이는
노란 병아리들
개나리 꽃밭에서
노란 병아리들이
이야기하고 있는 것 같다.

(3) 글로 써 보기

1) 행과 연의 지도

글 속에는 이야기가 들어 있어야 한다. 시에도 마찬가지이다. 경험을 바탕으로 한 이야기이면 더욱 감동이 담긴 글이 된다.

아동들은 동시 쓰기를 의외로 쉽게 생각한다. 우선 짧게 쓰면 된다는 단순한 생각에서이다. 행 바꾸기가 잘 되지 않고 행과 행의 연결이 서툴지만 짧게만 쓰면 동시인 것으로 생각하는 경우가 많다. 그러므로 먼저 행과 연의 지도가 이루어져야 한다.

은행나무

커다란 은행나무
바람 따라 흔들거린다.

은행잎은
하늘에 떠 있는
수많은 별들 같다.

노란 색종이들이
팔랑팔랑 팔랑팔랑
움직이는 것 같다.

은행 나무를 보고 있으면
노랑 병아리들이
개나리 꽃밭에 모여
이야기하는 것 같이 보인다.

눈

낮에는 눈이 오면서
녹지요.
저녁에는 눈이 펄펄
내리고 밖에는 많
이 오지요.
눈이 내리면 잘

놀지요.
눈이 펄펄 내리면
눈싸움도 하지요.

어느 아동이 쓴 '눈'이란 글이다. 이 아동은
-- 펄펄/내리고 많/이 오지요. 잘/놀지요 --
등 의미 없이 바꾸어 놓았다.

가을 단풍

가을에 떨어지는
가을 단풍

우수수 멀리멀리
떨어진다.

더더더 멀리멀리

떨어지면 자기가
더 예쁘다고
자랑하는 소리
시끌시끌

누가 더 키가 큰지
모르겠다.

이 어린이도
-- 더더더 멀리멀리/떨어지면 --
하고 연을 의미 없이 바꾸어 놓았다.

무지개

비온 뒤 하늘이
머리띠 둘렀어요.

빨, 주, 노, 초, 파, 남, 보
비단으로 수놓은
예쁜 머리띠
이쪽에서 저 끝까지
머리띠 두른 하늘

사람들이 쳐다보면
하늘은 수줍어서
금방 머리띠를 감추지요.

2) 비유하는 말 넣어서 쓰기

외갓집 가는 길

<앞줄임>
버스에 앉아
밖을 내다보니
나무들이 휙휙
달리기를 하는 것처럼 보인다.
<뒷줄임>

해바라기

해님 따라 돌아가는 해바라기는
노란 시계 같아요.

<뒷줄임>

3) 반복하는 말 넣어서 쓰기

가을

가을은 벼들을 누렇게
익게 하고

가을은 단풍잎을 곱게
물들게 하고

가을은 햇과일을 탐스럽게
살찌게 한다.

가을은 고마운 계절
좋은 마음만 갖고 있나봐.

4) 특징만을 짧게 나타내기

나무

하루 종일
서있다.
다리도 안 아플까?

5) 말의 순서 바꾸어 쓰기

실 수

선생님은 아실 거야
내 마음을

오늘 아침에 깨버린
예쁜 꽃병은
당번 활동 하려다
실수했다는 것을

<뒷줄임>

6) 고쳐 쓰기

① 쓴 글을 거듭 읽어 보고 고쳐 쓰기를 한다.

② 혼자서, 짝과 같이, 여러 사람이 함께, 선생님과 같이 고쳐 보고 다듬어 본다.

③ 맞춤법, 원고지 쓰기, 문장 부호, 오자(誤字), 탈자, 문장의 길이, 띄어쓰기 등의 기본 기능의 형식면에서 글다듬기를 한다.

④ 다듬어진 글은 시화작품으로 만들어 본다.

문학의 한 영역인 동시는 아동들의 사고와 창의력을 높여주고 자기의 생각을 표현하는 힘을 길러 주는 직접적인 활동으로 교사의 의도적이고 지속적인 지도가 뒤따를 때 효과를 올릴 수 있다. 또한 아이들에게도 많은 시와 접할 수 있는 분위기를 만들어 주고 다양하게 기회를 제공하면, 동시를 어렵지 않게 생각하고 즐겨 쓰게 될 것이다.

(수업사례 : 김용원 선생님)

4. 동시 감상

죽어버리면 좋겠다

풍화초등학교 5학년 조실규

우리 어머니는 나를 보고
죽어라고 한다.
그러면 나는
죽어버리고 싶다.
우리아버지는 죽도록
약도 사 먹이지 말고
놔두라고 한다.
그리고 아버지는
약도 사 미 봐야
병도 낫지 안 하는 것
약도 사미지 말고
그냥 죽도록
놓아두라고 한다.

✓ 이 아이는 기관지 천식을 앓고 있다. 글이란 행복한 아이만이 쓰는 것이 아니다. 경상도 특유의 사투리가 글 쓴이의 아픔을 잘 대변해 준다.

「삶을 가꾸는 글쓰기 교육」, (이오덕)에서 가져온 시

길을 가다

이 준 관

길을 가다 문득
혼자 놀고 있는 아기새를 만나면
다가가 그 곁에 가만히 서 보고 싶다.
잎들이 다 지고 하늘이 하나
빈 가지 끝에 걸려 떨고 있는
그런 가을날.
혼자 놀고 있는 아기새를 만나면
내 어깨와
아기새의 그 작은 어깨를 나란히 하고
어디든 걸어 보고 싶다.
걸어보고 싶다.

이준관 시인

1949년 전북 정읍출생으로 70년대 초 동시에 대한 인식이 낮을 때 동시를 쓰기 시작한다. 그리고 1971년 서울신문 신춘문예에 동시가 당선된다. 그의 동시쓰기는 초등학교 교사 시절 아이들과의 만남에서 비롯되었다고 한다. 그는 현재 〈동심의 시〉〈연필시〉동인 활동을 하고 있으며, 그 중 〈동심의 시〉 동인은 20년을 함께 하고 있으며 1년에 한 번 동인지를 내고 있다.

시평(신경희)

이준관 시인의 <길을 가다>를 읽으면 시인의 따뜻한 가슴과 만나게 된다. 또한 '아기새'에게서 한 없이 가엽고 애틋한 느낌이 든다.

"길을 가다 문득/혼자 놀고 있는 아기새를 만나면"에서 우리가 사는 세상은 모두가 계획하고 사는 것만은 아니다. 때때로 좋은 일을 만나기도 하고, 그렇지 않은 경우의 일을 만나기도 한다. 이렇게 시인은 예기치 않게 어떤 일을 만나는 경우, 즉 "길을 가다 문득 / 혼자 놀고 있는 아기새를 만나면"으로 시를 시작한다. '혼자 놀고 있는 아기새'는 넓은 세상에 외톨이가 된 외로운 새이다. 게다가 '아기새'는 연약하고 부모의 도움을 받아야하는 혼자 내버려두면 안 되는 여린 존재이다 그래서 누구든 그 '아기새'를 보호해주고 싶어진다. 그래서 시인은 "다가가 그 곁에 가만히 서 보고 싶다"고 노래한다. 애잔하고 가여워서 새 옆에 가까이 다가서는데 '가만히 서 보고 싶다'고 한다. '아기새'가 깜짝 놀랄까봐 조심스레 다가가고 싶다는 의지를 표현한다. 이것은 어리고 연약한 새에 대한 배려인 것이다.

또한 "잎들이 다 지고 하늘이 하나 / 빈 가지 끝에 걸려 떨고 있는 / 그런 가을날. / 혼자 놀고 있는 아기새를 만나면" '아기새'를 만나는 시점이 이 번에는 잎들도 다 진 가을날에 '혼자 놀고 있는 아기새'의 느낌은 1, 2행보다 한층 쓸쓸함이 고조된다. 그리고 '아기새'와 "그 작은 어깨를 나란히 하고/ 어디든 걸어 보고 싶다"고 한다. '어디든'이면 어떠랴. 함께 놀 수 있다면 장소는 관계없다는 것이다. 외로움을 함께 나누고픈 따뜻한 온정이 느껴진다. '걸어보고 싶다'는 반복되면서 간절함을 표현하고 있다.

그런데 시인은 왜 '~해 보고 싶다'라는 표현을 왜 반복해서 쓰고 있을까? 그것은 마음만 그럴뿐 실제 그렇지 못한 심정때문이 아닐까? '아기새'와 외로움을 나누고 싶은데 실제는 그렇지 못함을 안타까워하는 것은 아닐까? 어쩌면 이렇듯 실제상황에서는 그냥 지나치는 '아기새'에 대한 미안함으로 '아기새'와 외로움을 함께 나누길 간절히 소망하는 마음으로 이 시를 썼을지도 모른다. 마음속 깊이 이런 마음으로 노래한다면 언젠가 시인이 소망하는 대로 우리는 '아기새'의 친구가 될 수 있을 것이다. 그래서 가슴 따뜻한 행복한 세상이 만들어 질 것이다.

이준관시인은 2004년 『현대시학의 5월 특집에서 "어른들은 변화를 두려워하지만 아이들은 변화를 사랑한다." "아이들은 변화하는 것을 사랑하고 끊임없이 움직이는 것을 좋아한다. 나는 이러한 동심의 창조적인 역동성을 좋아한다. 아이들은 또한 남의 아픔을 자기의 아픔으로 생각하고 느낄 줄 안다. 모든 사물을 살아 있는 생명체로 생각한다. 이런 물활론적 사고야말로 동심의 특징이다. 생명사상과도 통하는 이런 사고를 우리는 어른이 되면서 잊고 살고 있다. 그런데 아이들에겐 그것이 날것으로 살아 있다. 이와 같은 동심의 매력 때문에 나는 즐겁게 아이들 마음으로 돌아가 동시를 쓰고 있다."라고 그가 동시를 쓰고 있는 이유를 설명하고 있다.

시인이 인터뷰에서 말하듯 동시 <길을 가다>에서도 남의 아픔을 자기의 아픔으로 생각하는 생명을 소중히 여기는 동심이 잘 표현된 시라고 말할 수 있겠다.

다음 두 편의 시를 감상해 보자. 마음을 맑게, 찡하게 하는 시이다.

귀 지

신 형 건

엄마, 귀지는 참 기특하지 않아요?
캄캄한 귓속에서도 불평 없이 지내다가
이렇게 다소곳이 귀이개에 묻어 나오니 말이에요.
귀지가 쉴새없이 고시랑고시랑 불평을 했다면
내 귓속은 무척 소란스러웠을 거예요.
엄마, 손바닥에 올려놓고 찬찬히 살펴보자니까
귀지가 옴쭉옴쭉 무슨 말을 하려는 것 같아요.
아, 그래요! 귀지는 원래 말이었을 거예요.
내 귀에 들어오는 수많은 말들 중에서
쓸모없는 말들이 모여 귀지가 됐을 거예요.
내 마음에 담기지 않고 귓속에서만 그냥
뱅뱅 맴돌던 말들 말이에요.
그 중엔 엄마의 잔소리도 몇 섞여 있겠지요?
엄마, 이 귀지들이 모두 무슨 말들이 되어
금방이라도 되살아날 것만 같아요.
어서 훌훌 털어 버려야겠어요.

거울 앞에 서서

임 길 택

아버지 하시는 일을
외가 마을 아저씨가 물었을 때
나는 모른다고 했다

기차 안에서
앞자리의 아저씨가
물어왔을 때도
나는 낯만 붉히었다

바보 같으니라구
바보 같으니라구

집에 돌아와
거울 앞에 서서야
나는 큰 소리로 말을 했다

우리 아버니는 탄을 캐십니다
일한 만큼 돈을 타고
남 속이지 못하는
우리 아버지 광부이십니다

아버지를 죽이면서

임길택

쉰도 못 되었는데
우리 아버지 이제

병원에만 계셔야 한대요

우리 선생님은
열심히 일해야
잘산다 하시었는데
만근만 하셨던 우리 아버지
이제
죽는 날까지
병원에만 계셔야 한대요

폐에 박힌 석탄 가루들이
아버지의 숨을 가쁘게 하고
우리 식구들은
조금씩 나오는 보상금으로

쌀도 사고
우리들 학교도 가야 한대요
아버지를 죽이면서
우리 식구
살아가야 한대요

시집을 지도하고 나서 독서 감상문을 시로도 쓸 수 있다.

『탄광마을 아이들』 시집을 읽고 쓴 시

서진석(중학교 2학년)

탄광마을
어느 산 속 탄광마을

오늘도 여기저기서
가지각색 소리들이
들려온다

산 깊은 곳 동굴에서는
쿵쾅쿵쾅 석탄 캐는 소리
덜컹덜컹 탄차 가는
소리들

집 근처 공터에서는
아이들이 놀고 떠들며
하하호호 웃는 소리

담장너머 옆집에선
탄광에서 얻은 병으로
고통스럽게 죽어가는
광부들 신음소리
들려 온다

오늘도 이렇게
탄광마을의 하루는
흘러 간다

제2부

갈래별 글쓰기 및 논술쓰기

제7강

갈래별 글쓰기 1

1. 삶을 가꾸는 글쓰기 교육

옛날부터 '글을 보면 그 사람을 알 수 있다'고 했다. 인간을 지키고 인간을 키워가는 것이 글쓰기 교육이고, 목표이다. 그래서 글은 정직한 삶의 표현이어야 한다. 좋은 글을 쓰려면 글을 쓰는 사람의 마음이 편안해야 한다. 억지로 쓰다보면 거짓 글이 나오거나 남의 것을 흉내 내서 쓰는 개성 없는 글이 나오게 된다.

글쓰기란 나를 들여다보고 사람을 세상을 자연을 들여다보면서 인간의 내부에 가장 알차게 갈무리된 소중한 생각을 진솔하게 드러내는 삶의 표현 과정이다.

글쓰기 교육의 목표는 이른바 '삶을 가꾸는 글쓰기 교육'이어야. 단순한 표현 기능 교육에 그쳐서는 안 되며 올바른 가치관 교육도 함께 추구해야 한다. 글쓰기란 단순한 표현 기능 교육뿐만 아니라 솔직하고 올바른 언어 표현을 통해 자신의 삶의 구체적인 모습과 삶의 가치관까지 표현하는 높은 수준의 정신적 활동이다.

아이들에게 글쓰기 교육을 하면 아이들의 마음과 삶이 풍부해 진다. '삶을 가꾸는 글쓰기 교육'은 자신의 삶을 솔직하게 바라보고 느낀 대로 표현하게 하며, 자신의 삶을 건강하게 가꾸어 나가는 가치관까지 심어 주는 것을 목표로 한다.

2. 어떻게 하면 아이의 마음과 삶을 키울 수 있을까?

(1) 생활하면서 보고 듣고 생각한 것을 솔직한 태도로 쓰게 한다.

솔직하게 쓰는 것은 쉬운 일이지만 용기를 내야 하는 일이다. 이렇게 하는 것은 어린이의 순수성과 정직성을 키울 수 있기 때문이다.

(2) 특정한 생각을 주입하지 말고 쓰고 싶은 것을 자유스럽게 쓰게 한다.

편안한 분위기에서 자유스럽게 쓰게 하면 글쓰기가 즐거워지고 실력도 늘게 된다.

(3) 자기가 갖고 있는 생각을 귀하게 여기는 마음을 갖게 한다.

자기의 삶을 긍정하고 자기만이 가진 느낌이나 생각을 소중히 여기도록 한다. 어린이의 개성과 창의성은 삶에 대한 자신과 긍지에서 비롯되기 때문이다.

(4) 실제의 삶에서 우러난 살아있는 느낌과 생각을 쓰게 한다.

책상에 앉아서 생각만으로 글을 쓰면 생생한 글이 아니라 죽은 글이 된다.

(5) 자기 자신의 말로, 살아 있는 일상의 말로 쓰게 한다.

남을 흉내 내거나 어른을 흉내 내는 말을 쓰지 말고 자기 자신의 개성을 드러낼 수 있는 일상의 말을 쓰면 생생한 글이 된다.

(6) 쉽고 아름다운 우리말을 정확하게 쓰게 한다.

외국어공부를 하며 아이들이 우리말의 어법에 맞는 말을 잊고 있다. 우리말을 정확하게 쓰는 습관을 들여야 한다.

(7) 삶을 총체적으로 볼 수 있게 올바른 삶의 자세를 몸에 붙이도록 한다.

자기와 남과의 관계, 부분과 전체의 관계를 인식하고 겪었던 일이나 보이는 현상을 총체적으로 파악하고 판단할 수 있도록 해야 하며 인간만이 갖고 있는 인간스런 감정과 올바른 삶의 자세가 몸에 배도록 한다.

(8) 아이들이 글을 쓰면 반응을 보여주어야 한다.

끝에 짤막한 말 한마디를 적어주거나 감동을 주는 이야기에 표를 해 주기도 하고, 잘 표현한 문장에 밑줄을 그어 준다. 이렇게 하는 것은 아이가 글을 쓰도록 하는데 동기 부여가 될 뿐만 아니라 다음 번 글을 쓰는데 많은 도움이 되기 때문이다.

(9) 교사는 아이들이 가치 있는 글을 쓰도록 지도한다.

교사는 아이들을 지도하며 좋은 글, 가치 있는 글을 가려내야 한다. 그 잣대는 얼마나 감동을 주는 글인가, 아이의 삶이 녹아 있는 글인가, 쉽고 우리 말법에 따라 바르게 쓴 글인가를 따져서 지도해야 한다. 자연과 세상 모든 것을 소중히 여기고, 땀 흘려 일하는 것을 귀하게 여기고, 작은 것에 감동할 줄 알고 주변 사람과 나눌 줄 아는 마음, 이런 마음을 바탕으로 쓴 글이 바로 가치 있는 글이다.

3. 갈래별 글쓰기

문학의 장르에는 시·소설·희곡·수필·평론·동시·동화 등이 있다. 아이들의 글쓰기는 생활글을 기본으로 갈래를 나누고 있다. 생활글은 자기가 겪은 일을 중심으로 쓰는 글인데 자기가 잘 알고 있고 관심이 있는 것을 쓰게 된다. '생활글은 개인적인 이야기만 늘어놓는다고 해서 가치가 없다'라고 말하는 사람도 있다. 그러나 아이들은 이런 생활글을 통해 지금 자신이 겪은 것을 차근히 적는 글쓰기를 익히게 된다. 이렇게 글쓰기를 하며 아이들은 점차 단순한 사실을 나열하는 것을 넘어 가치 있는 삶의 진실을 말하는 단계의 성숙된 글쓰기로 발전한다.

생활글의 갈래에는 서사문, 설명문, 감상문, 기행문, 동시, 일기, 편지 등이 있다. 갈래를 나누어 글쓰기 지도를 하면 갈래의 특징에 맞는 글을 쓰게 되어 글을 더 쉽게 쓸 수 있다.

4. 서사문(겪은 일) 쓰기

(1) 서사문이란

'어떤 일을 사실 그대로 이야기 식으로 나타내는 글'이 바로 서사문이다. 그런데 아이들과 공부를 할 때는 '서사문'이라고 말하기보다는 아이들이 쉽게 알아들을 수 있게 '겪은 일 쓰기'라고 풀어 말해주는 것이 좋다. 서사문은 모든 글쓰기의 기본이 된다. 일기, 견학문, 감상문 등의 뿌리는 서사문이다. 어른들이 쓰는 소설, 동화, 수필 등도 서사문이 발전한 형태이다. 글쓰기지도에서 서사문쓰기는 가장 중요한 글쓰기라고 볼 수 있다. 글쓰기 공부를 시작하면 대체로 겪은 일 쓰기 공부부터 한다. 이 공부를 하면서 아이들은 둘레의 세상에 새롭게 눈이 뜨이고 자기 삶이 열리는 경험을 하기도 한다.

(2) 생활문과 겪은 일 쓰기

'생활문'이란 '일상생활 속에서 글감을 찾아서 형식에 얽매이지 않고 자유롭게 쓴 글'을 말한다. 일상생활에서 글감을 찾아 글을 쓰는데, 느낌이나 생각이 중심이 되는 감상문으로도 쓸 수 있고, 설명하는 글로도 쓸 수 있고, 주장하는 글로도 쓸 수 있다. 물론 사건을 중심으로 글을 펼쳐나갈 수도 있다. 곧 생활 속에서 글감을 찾아 쓰는 이런저런 갈래의 모든 글을 통틀어 '생활문'이라고 하고, '겪은 일 쓰기'는 생활에서 잡은 글감을 생각이나 느낌보다 이야기가 중심이 되어 사실을 있는 그대로, 본 대로, 들은 대로, 말한 대로, 겪은 대로 쓰는 글이라고 말할 수 있다. 생활문은 '무엇'을 쓰는가 만을 두고 붙인 이름이고, 겪은 일 쓰기는 '어떻게' 쓰는가, 까지 살핀 것이라고 말할 수 있다.

'서사문'이란 생활 속에서 직접 겪은 일을 언제, 어디서, 누구랑, 무슨 일을 어떻게, 왜 하였나를 잘 밝혀 쓰는 글이다. 생각으로 쓰는 글이 아니라 집에서, 학교에서, 동네에서, 자연 속에서 보고 듣고 겪고 느끼는 모든 것이 서사문의 쓸거리가 된다. 아이들에게 좋은 글을 쓰라고 하기 전에 아이들의 삶을 넓혀 주고, 많은 것을 겪어 보게 하여 그것을 통해 눈과 마음을 키워내고 뚜렷한 자기 인식을 가지게 해 주자. 무엇이든 몸으로 만나고 겪어 보게 하는 것이 바람직하다.

(3) 왜 겪은 일 쓰기 지도가 중요할까?

겪은 일 쓰기 지도의 목표는 사실을 정확하고 자세하게 쓰게 하는 데 있다. 사실을 정확하고 자세하게 쓰려면 먼저 사실을 정확하게 보고 듣고 볼 줄 알아야 한다. 눈으로 보고 귀로 듣는 것뿐만 아니라 다섯 가지 감각을 모두 동원하여 사태를 파악할 줄 알아야 한다. 이렇게 오감을 통해 받아들인 객관 세계, 삶 속에서 부닥치는 사물이나 사건, 곧 '사실'을 있는 그대로 파악하는 능력을 키우는 것이 겪은 일 쓰기 지도에서 학습 목표가 되겠다. 이런 바탕이 되어있지 않고서는 아무리 느낌을 강조하고, 자기 생각을 내세우라 해도 제대로 된 느낌이나 자기 것이 된 의견을 가질 수가 없기 때문이다. 사건을, 사물을 정확히 객관으로 파악할 줄 알아야만 옳고 그름도 정확하게 가릴 수 있고, 제 자신의 모습 또한 객관으로 살필 수 있는 것이다. 그래서 글쓰기 지도에서는 이 겪은 일 쓰기 지도가 중요하다.

겪은 일 쓰기 지도는 아이들이 제 삶에 관심을 가지고 잘 보고, 잘 듣고, 제 둘레의 사람과 사물들에 관심과 애정을 가질 수 있게 한다. 제 삶에 관심과 애정을 갖게 하여 제 삶의 주인으로 살게 하고, 옳고 그름을 구분할 수 있는 힘, 자기의 표현과 생각의 힘을 키울 수 있게 해주는 공부이기도 하다. 바로 겪은 일 쓰기 지도는 제 삶의 주인으로 자라는 아이, 정확한 아이, 현명한 아이로 자라게 하는데 큰 주춧돌이 되는 것이다.

(4) 겪은 일 쓰기는 어떻게 쓸까?

일이 일어난 차례대로 잘 떠올려 가며 쓰면 된다. '누가, 언제, 어디서, 무엇을, 어떻게 해서, 어찌하였다.'는 여섯 가지가 분명히 드러나게 써야한다. 이 여섯 가지 가운데'어떻게'를 잘 밝혀 쓰는 것이 중요하다.

1) 느낌과 생각을 강요하지 말고 글쓴이가 가졌던 느낌이나 생각이 녹아 들게 한다.

2) 지금 겪는 것처럼 생생하게 자세하게 그려 보이도록 한다.

그 일을 겪었을 때 주고받은 말, 다른 사람이나 나의 행동 따위를 떠올려 더 자세하게 쓴다.

3) 한 일만 쓰지 말고 보고 듣고 느낀 것도 쓴다.

상투적인 표현은 상투적인 말을 쓰지 말고 그 때 그 모양, 그 소리, 그 움직임, 그 느낌을 나타내는데 가장 알맞은 말을 써야 글이 살아난다.

4) 남의 것을 흉내 내지 말고 솔직하게 쓴다.

그 때 그 일을 겪었던 사람만이 쓸 수 있는 말, 그런 말을 쓰면 좋다.

밥 깨끗이 먹기

경기 양평 초등학교 1학년 이상헌

급식을 다 먹고 식판을 치웠다. 선생님께서 놀라셨다. "넌 어떻게 식판이 그렇게 깨끗하니?" 선생님께서 물으셨다. 난 대답을 안 하고 슬그머니 사라졌다. 왜냐하면 이유가 창피했기 때문이다. 나는 나도 모르게 식판이 반짝반짝하게 먹는다. 나는 정말 깨끗이 먹는 아이인거 같다.

✓ 급식시간에 있었던 일을 쓴 것이다. 선생님의 질문에 대답 안하고 슬그머니 꽁무니를 빼는 수줍은 아이의 모습이 보이는 듯하다.

웃기는 날

양평동초등학교 5학년 양영석

내친구 김영진은 웃기는 개그를 많이 안다. 영진이는 특히 웃는 개그가 있다. 영진이는 웃긴 웃음을 익혀 냈다. 영진이는 개그를 참 많이 한다. '난 개

그를 만들자'라고 생각 했다. 개그대신 개그 노래를 했다. 제목 : 엄마의 실수, 올리브 치킨 비비큐

영진이도 그 노래를 조금 알고 있었다. 영진이도 재주가 아주 많은 아이다. 그래서 모르는 사람에게도 개그를 한다.

엄마의 실수-다시 돌아온 과수원 귤이랑 복숭아 파인애플 통째로 다 먹을 순 없을까? 얼려 먹을 수는 없을까 기적이 일어난 거죠 엄마의 실수예요 상큼하게 올 여름은 엄마의 실수 (본젤라또) (아삭 베리도) 나도 영진이의 개그를 따라 잡고 싶다.

✓ 영석이는 책읽기도 글쓰기도 싫어하는 아이다. 책을 읽긴 해도 질문을 하면 답을 잘 못하는 아이다. 이 글은 개그하는 친구가 부러워서 자기도 개그를 만들어 보았다는 이야기이다. 엄마의 실수라는 노래를 중얼중얼 부르면서 이 글을 쓰는 동안 영석이의 얼굴은 싱글벙글 즐거운 표정이었다.

항상 내 편인 아빠

김포서초등학교 3학년 이지윤

아빠는 항상 내 편이다. 동생 해윤이와 싸울 때면 엄마께서는 우리 방에 뛰어오시면서 우리들이 왜 싸우는지 말을 들어보시고 무조건 나만 혼낸다. 그래서 어떨 땐 '동생이 없었으면 얼마나 좋을까?' 이런 생각이 들 때도 있었다. 왜냐하면 내가 안 혼나도 되고, 물건을 항상 같이 안 써도 되기 때문이다. 엄마께 혼이 나거나 매를 맞으면 나는 내 방에 들어가서 문을 잠그고 옆에 있는 물건들을 내 맘대로 차면서 엉엉 운다. 이런 상황에서는 아빠만보고 싶고, 다른 사람은 아무도 보고 싶지 않다. 또 아빠는 예상대로 내 방 문 앞으로 다가와서

"지윤아, 아빠다. 문 좀 열어주렴."

라고 말씀하시면 난 얼른 문을 열어준다. 아빠는 나를 달래주었다.

"괜찮아, 울지 마. 니가 마음이 넓은 언니니까 동생은 이해할 수 있겠지?"

하지만 난 아무런 대답을 하지 않았다. 왜냐하면 용서를 하고 싶지 않았기 때문이다. 하여튼 이 순간만큼은 아빠가 제일 좋고, 아빠도 나를 좋아한다. 그런데 엄마와 동생 해윤이는 나를 미워하는 것 같다. 난 엄마께 말하고 싶은게 있다.

"엄마, 엄마는 왜 똑같이 잘못했는데 저만 야단 치세요? 정말 억울해요 ."

하지만 용기가 나지 않는다. 울고 나면 창피하다. 실컷 울고 있다가 다 울고 나면가족들 얼굴을 보는게 아빠한테도 창피하다. 또 엄마와 동생 해윤이랑 서먹서먹해지는 것 같다. 그래도 내 마음을 알아봐주는 아니, 내 마음을 훤히 들여다 보는 아빠가 있기에 참 다행이라고 생각한다. 아빠한테 고민을 털어놓으면 내 마음에 돌이 막힌게 휑 하니 뚫리는 기분이 든다. 그런 아빠께 정말 감사드린다.

"아빠, 항상 내 편이 되어 주셔서 감사하고 사랑합니다. !!!"

황당한 일 황당한 일

김포서초등학교 6학년 이고윤

얼마 전에 나는 황당한 일을 겪었다. 쉬는 시간에 소변이 마렵지 않아 화장실에 가지 않은 게 화근이였다. 3교시 사회시간이었다. 수업시간 15분밖에 지나지 않았다

그래서 좀 참다가 도저히 참을 수가 없어서 선생님께 화장실을 가도 되냐고 여쭈어 보려고 손을 번쩍 들었다. '아뿔싸 일을 어찌할까!' 소변 마려운 것에 정신이 팔렸는데 갑자기 소변이 마려운 것이 아닌가. 수업이 어떻게 진행되는지 전혀 모르고 있었다. 내가 손드는 그 순간 하필선생님이 질문을 했던 것이다. 선생님은 나를 가리키며,

"이고윤!"

하고 부르셨다. 나는 소변 마렵다는 말도 못하고 가만히 서있었다. 평소에

성적도 좋고 대답도 잘하는 내가 우물쭈물하고 이상하게 여기셨는지 내자리로 걸어 오셨다. 그러고는 내 책을 보시면서

"앞으로 나와서 엎드려!"

라고 하셨다. 내가 소변에 정신이 팔려 다른 쪽수를 펴놓고 있었던 것이다.

앞으로 나가서 엎드릴 때 소변이 마려워 이상한 자세를 하고 있는 것을 보고 선생님이 단소를 드시며 5대를 세게 때리셨다. 그때 바로 소변이 찔끔 나왔다.

앗! 더 이상은 안된다며 정신을 방광에 모아 겨우 참았다. 그때만 생각하면 아찔하다. 지금 이 순간에도 마찬가지이다.

✓ 소변을 참아 본 사람은 누구나 고윤이의 글에 공감이 갈 것이다. 얼마나 힘들었을까하는 생각이 든다. 또한 그날 마치 현장에 있는 것처럼 실감나게 써서 고윤이의 고통을 함께 겪고 있는 착각이 든다. 재미있는 글이다.

(5) 정직한 글에서 가치 있는 글로

제 삶의 구석구석을 살피고 둘레의 사람과 자연에 관심과 애정을 갖게 하는 공부, 처음에는 쓰고 싶은 이야기를 정직하게 마음껏 쓰는 것에서부터 시작을 해서 바른 삶을 담아내는 가치 있는 글로 나아가는 것, 이것이 바로 '삶을 가꾸는 글쓰기' 공부이다.

5. 일기 쓰기

일기 쓰기는 모든 글쓰기 공부의 중심에 있다고 할 만큼, 자기 삶을 꾸려 가는 방법으로나 글쓰기 훈련과정으로서나 매우 중요하다. 그러나 대부분의 아이들은 선생님이나 학부모의 강요로 인해 일기를 숙제로만 인식하기 때문에 지겹고 부담스럽게만 생각하는 경향이 있다. 일기 쓰기의 필요성이나 좋은 점을 인식시켜 주는 것이 필요하다.

저학년은 그림일기부터 시작해서 익숙해지면 생활 일기로 바꾸어 쓰게 한다. 화가 나는 일, 즐거웠던 일이나 인상 깊었던 일을 자기 나름대로 써 보게

하면서 일기 쓰는 것에 재미를 붙여 주어야 한다.

처음에는 글감을 같이 생각해 주는 것이 좋다. 함께 대화를 나누는 과정을 통해서 자연스럽게 글감을 찾아 나가도록 도움을 준다. "오늘은 뭘 쓰지? 쓸 것도 없는데..."라고 말할 때 같은 일을 겪더라도 그 때마다 생각이 다를 수 있음을 이해시킨다. 학교 가는 길, 학교에서, 선생님 말씀 중 특히 기억나는 일, 학원에서 있었던 일, 기쁘거나 슬픈 일, 재미있던 일, 잘한 일, 잘못한 일, 꾸중 들은 일, 칭찬받은 일, 화나는 일, 분하고 억울한 일, 속상하고 무서운 일, 고민거리 등 아이가 글감을 찾을 수 있도록 도와준다.

내 생각, 내 느낌이 중요하다는 것을 인식시킨다.

(1) 일기는 아이들이 스스로 즐겨 쓰도록 하는 것이 가장 바람직하다.

(2) 어떤 내용을 쓰라고 지시하지 말고 자유롭게 쓰라고 해야 한다.

(3) 날마다 일정한 길이로 쓰게 하지 말고 쓰고 싶은 것이 많을 때는 많이 쓰고 적게 쓸거리가 없을 때는 한두 줄로 간단히 쓰도록 한다.

(4) 너무 글씨를 잘 쓰라고 강조하지 말자. 저학년에서 맞춤법을 지나치게 강요하지 않는 게 좋다.

(5) 일기는 선생님이 본다고 해서 보여주는 일기를 쓰는 것은 안 된다.

(6) 꾸며 쓰지 말고 솔직하게 쓰도록 격려한다.

(7) 되도록 자세하게 분량을 채워 써 보게 한다.

6하 원칙 등에 따라 내가 아닌 다른 누군가에게 무슨 내용인가를 잘 알려준다 생각하도 쓰도록 해야. 분량이 늘어날수록 아동 스스로도 길게 썼다는 것에 대해 자신감을 갖게 된다.

(8) 조리 있게 쓰도록 한다.

한 가지 중심 내용을 정하고 제목에 맞게 쓰게 하는 것도 좋다.

(6) 교사가 자주 보아 주고 칭찬한다.

교사는 일기장을 '검사'한다고 하는 데 검사할 것이 아니라 읽어주어야 한다. 아이들의 마음과 생활과 가정환경을 알고 깨달아 교사가 배우는 것이다. 교사와 아이들의 마음이 일치한다면 아이들은 자기가 쓴 일기를 읽어주길 바랄 것이다.

대전 동물원

5월21일 일요일
경기 도척초등학교 2학교 최주은

엄마랑 아빠랑 나라앙 웅이랑 이모, 이모부, 승우랑 대전 동물원에 갔다. 몇시간 되지 않아서 이모, 나, 엄마랑 바이킹을 탔다. 나는 너무 무서워서

"엄마~"라고 소리지르고 이모를 따라서

"와~"하고 소리를 몇 번 지르니까 멈췄다. 나는 바이킹을 탈 때 간이 '쿵' 하고 떨어지는 줄 알았다. 나는 많이 놀랐지만 마음을 가라 않이니까 진정됐다. 나는 바이킹을 탈 때 놀라서 얼굴이 마스크처럼 변했다. 하지만 시원하고 괜찮았다. 대신 다리가 덜덜덜 떨렸다. 다음에 또 탈 것이다.

✓ 주은이는 신이 나서 이 일기를 썼던 것 같다. 동물원에 가서 바이킹을 탄일을 신나게 그리고 있다. 또 바이킹을 따던 표정을 '마스크'같다고 했다. 영화장면에 보았던 마스크모양과 비슷하다고 느꼈나보다.

일기예보

2006년 8월3일

이천초등학교 2학년 윤지현

오늘 비가 온다더니 비는 안 오고 햇빛만 쨍쨍했다. 일기예보가 안 맞다니 잘못하면 우산을 갖고 학원에 갈 뻔했다. 일기예보 대충하나보다.

또 뉴스에서 "오늘 비가 와서 밤에 열대야가 없을 것으로".라고 말했다.

그리고, 특히 경기, 서울, 또 어떤 지역이 비가 안 온다던데 날씨는 미리 어떻게 알까? 점보아? 그러니까 안 맞지. 아무튼 일기예보 신경써야 한다.

✓ 지현이의 글은 뉴스의 일기예보가 맞지 않는 것에 대해 쓴 일기이다. 2학년 아이의 느낌과 생각이 잘 드러난 아이다운 글이다.

6. 설명문 쓰기

설명문은 어떤 물건이나 사실 또는 현상 같은 것에 대해 누구든지 잘 알 수 있도록 풀이하여 쓴 글이다. 자신이 겪는 일 가운데 늘 되풀이되는 일을 적으면 된다.

아이들은 설명문을 쓰면서 자기가 새로 알게 된 지식이나 자기 체험을 정리하고 요약하는 힘을 기른다. 또 어떤 사실이나 생각들을 서로 견주어 보고 분석하며 종합하는 힘도 기르게 된다. 설명문을 쓸 때는 아이들이 잘 알고 있는 것, 남들은 모르는데 자기만 알고 있는 일, 잘 알고 있어서 자세하고 정확하게 쓸 자신이 있는 것, 남들에게 알릴만한 가치가 있는 것을 쓰게 한다.

논설문이 다른 사람을 설득하는 게 목적이라면 설명문은 다른 사람을 이해시키는 게 목적이다.

소개하는 글, 알리는 글, 사전에서 낱말 풀이하는 글 모두 설명문이다.

(1) 설명문의 문장은 동사의 현재형이나 형용사의 기본형으로 쓴다.

(2) 누구나 아는 뻔한 이야기는 감흥이 일어나지 않는다.

설명문도 자신의 경험이 녹아 있어야 읽을 맛도 있고 재미도 있다.

(3) 설명문의 글감은 아이들 자신이 잘 알고 있는 사물이나 사람들에 관한 것이 좋다. 내가 아끼는 물건, 우리 가족, 우리 아버지, 우리 학교, 우리 동네, 우리들의 놀이, 우리 고장의 문화재 등 주변에서 글감을 찾는다.

(4) 생활 속의 구체적 사실이 들어가게 생생하게 쓴다. 설명을 할 때 일반

적인 사실을 뒷받침하는 구체 사실을 들어 글을 쓰면 글이 생생하고 재미있다.

귀신놀이

유치원생 이수진

귀신처럼 머리를 앞으로 숙인다. 그다음 귀신놀이를 한다. 그리고 돌아다니면 된다. 수빈이랑하면 재미가 있다. 상대방이 놀라면 더 재미가 있다.

탈 출

양평초등학교 2학년 방혜규

우선 한 방을 정한다. 술래는 눈을 가리고 사람을 잡는다. 술래가 잡기 전에 한방에서 나가면 탈출! 나가기 전에 술래한테 잡히면 술래(여러사람과 같이 하면 재미있다)

<주의!>

여러 사람과 할 때 큰 방에서 하기

✓ 두 글 다 놀이를 설명하는 글이다. 혜규는 가르쳐주지도 않았는데 덧붙이는 말을 괄호 안에 넣었다. 어린이 다운 설명문이다.

축구화

양평초등학교 2학년 조항진

물건의 이름 : 축구화

모양 (그림으로 그리기) : 자기 발 같다

사용방법 : 신고 끈을 묶는다

사용할 때 주의할 점 : 뽕을 끌지 말자

✓ 자신이 아끼는 축구화를 소개하는 글이다. 설명문쓰기 지도로 아이들에게 물건에 대한 사용설명서를 쓰게 하는 것도 좋다.

내 취미

경기 마장 초등학교 3학년 김현준

그림은 제 취미입니다. 또 그림은 아주 재미있습니다. 학교에서 그리는 그림은 집에서 그리는 것과 같이 모두 재미있고 자신감이 생기는 것이기 때문에 그림을 그리고 싶다. 또 나는 단지 내 꿈을 위해서 연습도 된다. 엄마 그림 그리는 것을 허락하신다면 공부도 열심히 하고 수업시간이 되면 수업 준비를 빨리 하겠습니다. 그림은 자신감에 도움을 주고 재밌고 꿈을 키워 가는 연습도 됩니다. 만약 허락 하신다면 정말 위 글처럼 행동할게요. 약속 꼭!! 꼭!! 하겠습니다.

✓ 그림그리기 취미를 갖고 있는 아이가 자기의 취미를 설명한 글이다. 그런데 설명하는 글을 쓰다가 이야기가 갑자기 바뀐다. 이렇게 글을 쓰다가 삼천포로 빠지는 아이들이 종종 있다.

비빔밥 만들기

김포서초등학교 3학년 이지윤

3학년 1학기 4월쯤에 모둠친구들과 학교서 비빔밥 만들기를 했다. 담임 선생님께서 교실에 새싹을 가져와 키우셔서 새싹이 다 자라 비빔밥 만드는데 넣어 먹었다. 먼저, 진주가 가져온 양푼에 각자 밥을 넣고, 선생님께서 가져오신 고추장과 정성껏 기르신 새싹, 정욱이가 가져온 참기름, 희석이가 가져온 계란 후라이를 넣어 내가 가져온 주걱으로 섞어서 각자 가져온 그릇과 숟가락으로 퍼서 먹었다.

그 때 든 생각이나 느낌은 맛있었고 보람이 있었다. 서로 도운 점은 내가 주걱으로 비빔밥을 섞을 때 팔이 아팠는데 내 단짝 친구 진주가 대신 섞어주었다.

정말 고마웠다. 솔직히 비빔밥을 만들기 전에는 샌드위치를 만들고 싶어서 비빔밥을 만들기 싫었는데 막상 만들어 먹고 나니 너무 맛있어서 생각이 바뀌었다. 그런데 비빔밥을 만들 때 한 가지 아쉬운 점이 있었다. 친구 은비가 나물을 가져오지 않아서 나물을 넣지 못했는데 생각해보니 나물을 넣었으면 더 맛있었을 텐데 안 가져와서 좀 아쉬웠다. 여럿이 함께 싸우지도 않고 서로서로 도와서 그런지 우리 모둠이 제일 빨리 비빔밥을 만들었다. 또한, 빨리 먹고 뒷정리도 함께 도와 정리해서 빨리 끝냈다. 그래서 담임선생님께서 우리 모둠에 자석을 한 개 붙여주셨다. 정말 기분이 좋았다. 왜냐하면 하루 동안에 자석을 많이 받은 모둠이 스티커를 받는데 앞서나가고 있었기 때문이다. 그리고 왠지 모둠을 잘 만났다는 생각을 했다. 1학기때 했던 비빔밥 만들기는 지금도 머릿속에 지워지지 않은 채 남아 있지만 앞으로도 잊지 못할 것이다. 그런데 다른 모둠인 아연이라는 친구는 자기가 가져온 그릇에 비빔밥을 숟가락으로 꾹꾹~ 눌러서 세 그릇이나 먹었다. 정말 보람찬 것 같다. 보람차고 즐거웠던 비빔밥 만들기였다.

✓ 글의 앞 부분은 비빔밥을 만들고 나서 비빔밥 만드는 과정을 설명하는 글이다. 직접 요리를 하고 난 후의 과정을 써 보는 것은 설명하는 글쓰기 훈련에 매우 좋다. 글의 뒷부분은 감상문으로 볼 수 있다.

7. 편지글 쓰기

아이들이 쉽게 시작할 수 있는 글쓰기이다.

따뜻한 마음이 담긴 한통의 편지는 정말 소중하다. 말로는 하기 어렵지만 글로는 마음 놓고 털어놓을 수 있는 것이 편지다. 편지를 통해 서로의 마음을 엿볼 수 있다. 편지는 무엇보다 마음을 열고 진심으로 써야 쓰는 사람도 보람이 있고, 받는 사람의 마음을 움직일 수 있다는 것을 아이들이 알고 쓰게 하면 좋은 편지글이 될 수 있다.

또한 편지글은 아이들이 쉽게 생각하기 때문에 독서 감상문을 쓸 때 주인공에게 편지 쓰기나 책 속의 인물에게 편지 쓰기 등으로 응용할 수 있다.

유빈이에게

양평초등학교 1학년 신선아

유빈아 안녕?

나 선아야. 내가 피아노 학원 다니기 전에 공원에서 만나서 말싸움했잖아. 이젠 우리 친구가 되었네.

유빈아 지금까지 일은 재미있었는데 다혜랑은 많이 친하지 않잖아. 이제 셋이서 사이좋게 지내자. 너는 글씨를 잘 쓰는데 잘 삐져. 오늘도 종이접기를 할 때 삐졌잖아. 그래도 금방 풀어져서 좋아. 나의 편을 잘 들어 주어서 고마워. 수업시간에도 친한 친구 이름 쓰라고 하면 다혜는 쓴 적 없지만 우리 서로는 많이 썼잖아. 나는 그게 참 궁금했다? 다혜를 먼저 사귀고 많이 놀았는데 왜 유빈이랑 더 친할까? 유빈아 우리 다혜랑도 사이좋게 놀자. 우리도 더욱 사이좋게 놀자. 그럼 안녕.

2006년 5월 26일 선아가

✓ 선아는 유빈이와 친구가 된 과정과 그 동안에 있었던 일을 조근 조근 쓰고 있다. 유빈이에게 좋아하는 마음을 표현했는데, 유빈이가 이 편지를 받으면 기분이 어떨까?

수빈이에게

경기도 광주 초등학교 2학년 최주은

안녕? 나 주은이야.

요즘 날씨 추운데 잘 지내고 있니? 감기 조심해.

수빈아, 요즘 내가 너에게 짜증을 많이 내지? 쉬는 시간만 되면 애들이 다 내 자리로 우르르 몰려와서 날 귀찮게 해서 그래. 정말 미안해. 그래도 꾹 참아 줘서 고마워. 내가 앞으로 또 그러면 모르는 척 지나가줘 너 오늘 토론할 때 정말 잘 하더라. 4월4일 마시멜로 데이도 잘 생각해내고... 그리고 넌 학교시험 때도 꼼꼼하게 잘 살피고 써서 별로 틀리지 않고... 그리고 학교 준비물도 잘 챙겨오고, 숙제도 잘 해오고, 배려심도 있고, 칭찬도 많이 받고... 나는 그런 너를 칭찬하고 본받고 싶어. 우리 앞으로 더 친하게 지내자. 그리고 만약 내가 다른 곳으로 이사간다 해도 슬퍼하지 마. 사람은 만나면 해어지고 또 다시 만나니까...그럼 안녕~

2006년 12월 13일 너의 진정한 친구 주은이가

✓ 주은이는 수빈이에게 사과의 편지를 쓰고 있다. 짜증을 냈던 것에 대한 미안함, 참아준 것에 대한 고마움을 잘 표현하고 있다.

8. 주장하는 글(논설문)

주장하는 글은 논설문을 말한다. 자기의 의견이나 주장을 적은 글이다. 요구하는 글, 부탁하는 글, 비판하는 글, 호소하는 글도 모두 논설문에 포함된다.

감상문이 '내 마음이 이렇다'는 것을 밝히는 소극적인 글이라면 논설문은 '다른 사람이 어떻게 해 주기를 바라는' 적극적인 마음을 담은 글이다.

논술문은 자기주장이나 의견을 논리적으로 쓴 글이다. 즉 논설문과 논술문은 같은 개념이다. 다만 글의 종류를 말할 때는 '논설문'이라고 하고 시험의 형식으로 쓰게 하는 것을 논술이라고 하는 것이다.

논설문은 주장거리를 자기 주변에서 찾도록 한다, 절실한 생활 속의 문제를 다루어야 글의 감동도 커지게 된다.

주장하는 글쓰기 방법
① 먼저 어떤 문제에 대해 말하려고 하는 지 생각한다. ② 다음에 쓸 차례를 생각하여 구상을 한다. ③ 서론(처음)에는 글을 쓰게 된 동기 혹은 목적을 쓰거나 문제의 내용을 분석해 보여준다. ④ 본론(가운데)은 하고 싶은 말을 쓴다. ⑤ 결론(끝)은 본론 전체를 요약할 수도 있고, 문제의 해결책을 새로운 방향으로 제시할 수도 있다.

주장하는 글쓰기는 그것을 읽어줄 사람이 누구인지 잘 생각해 보고 써야 한다. 특정한 사람인지 많은 사람인지 미리 생각해 놓고 글을 써야 한다. 대상이 같은 반 친구들, 같은 학교 학생들, 모든 아이들, 모든 어른들 등 등 많은 사람의 경우와 대상이 엄마, 아빠, 선생님 특정한 사람의 경우, 글을 쓸 때도 어른이면 정중하게 예의를 갖추어 써야 한다.

선생님이 아이들에게 가르치거나 명령하는 듯한 태도로 글을 쓰는 것을 올바른 태도가 아니다.

경기도 도척초등학교 2학년 김강문

아빠 나 크리스마스선물로 좋고 빠른 mp3 사주세요 왜냐하면 상철이 형이 그거 잇는데 노래도 들을 수 있고 재미 난 거 많고 노래도 감상할 수 있어요. 앞으로 심부름도 잘하고 울지도 않을 테니까 사 주세요?

✓ 아빠에게 크리스마스 선물을 사 달라고 부탁하는 글이다. 주장하는 글은 이렇게 부탁하는 글부터 출발한다.

양평초등학교 2학년 방혜규

아빠 제가 사고 싶은 것은 뭐든지 사 주세요. 뭐든지 사주면 돈도 아깝지만 아빠와 나는 다사면 마음이 편하잖아요

그리고 엄마 제가 공부도 하고 TV도 보는데 TV끄지 마세요 그 다음 장면이 궁금해서 못 참아요

✓ 부모님께 부탁하는 글을 써 보자고 하니까 이 글을 썼다. 혜규는 자신도 없고 수줍음이 많은 아이이다. 그런데 글쓰기를 통해 자신의 생각을 과감하게 표현했다. 글을 통해 자신의 솔직함을 드러내며 마음이 후련해지는 것은 글쓰기의 좋은 기능이다.

용돈 올려 주세요

도척초등학교 2학년 이도형

엄마께

엄마 안녕하세요? 저는 도형이예요. 엄마 저에게 공부좀 가르쳐 주세요. 그리고 용돈도 조금 올려 주세요. 왜냐하면요? 바른생활 성적이 않좋았기 때문이예요. 그리고 왜 용돈을 올려 달라면요. 샤프를 사고 나면 과자를 못사먹기 때문이예요.

안녕히 계세요.

2006년 12월 13일

귀여운 도형이올림

✓ 편지글 형식으로 엄마에게 요구하는 것을 쓴 글이다. 편지쓰기 형식도 잘 갖추었고, 요구하는 의견과 그에 따른 이유를 잘 설명한 글이다.

엄마에게 요구하는 글!

곤지암초등학교 2학년 김가연

※ 꼭 들어주실 것!

1. 용돈을 올려주세요! 왜냐하면 만날 준비물 챙길때 엄마가 적당히 안주

면 못 살 수 있고 집에 갈때 배고프니까 사려고!

2. 친구네 집에 놀러가게 해 주세요! 왜냐하면 컴퓨터도 안 고쳐주시니까 친구네집에서 숙제같이 하게요!

3. 컴퓨터를 고쳐 주세요! 왜냐하면 숙제도 못하고 궁금한 걸 못 찾고 심심하니까

4. 원하는 것 좀 사주게 해주세요! 왜냐하면 이제 곧 방학식하고 개학식하고 졸업식하고 새학년 될텐데 아직도 애기꺼 사 주시면 어떡해요!

✓ 의견과 이유를 또박또박 잘 쓰고 있다. 논술쓰기의 시작은 이렇게 저학년에서는 요구하는 글, 부탁하는 글부터 출발한다. 자기의 의견을 말하고 왜 그렇게 생각하는지 이유를 대는 습관이 되면 주장하는 글쓰기지도를 하고 다음으로 논술쓰기지도를 하면 된다.

친구끼리는 놀리지 말자!

탄벌초등 1학년 송옥근

민식이는 운동을 잘한다. 민식이가 나를 "송옥근은 달리기랑 줄넘기를 못한대요"라고 놀린다. 나는 민식이가 나보고 운동을 못한다고 놀리지 않았으면 좋겠다. 나를 놀릴 때마다 창피한 마음이 슬퍼진다. 그래서 친구끼리는 놀리지말고 사이좋게 지내야 한다고 생각한다.

✓ 의견과 이유가 잘 나타나 있는 글이다.

제목: 밤에 잘 안 보이는 옷을 입지 말자

3학년 김강민

여러분 밤에 잘 않보이는 옷을 입지 맙시다. 왜냐하면 옷이 잘 안보여서 사고가 날 수도 있고 다칠수 도 있어서다. 밤에는 야광옷 비즈가 있는 옷을

입어야 사람이 어디에 있는지 다 알 수 있어서 야광옷과 비즈옷을 입어야 된다. 그러키 때문에 찻길에 잘 않보이는 옷을 입고 다니면 않됩니다

✓ 밤에는 눈에 잘 띄게 야광옷과 비즈옷을 입어야 한다는 주장을 담은 글이다. '비즈옷은 비쌀텐데... ' 아이의 번득이는 재치가 돋보이는 글이다.

내가 바라는 나라

서울 난우 초등학교 4학년 정지연

언젠가 텔레비전에서 영화를 보았는데 넓고 푸른 바다와 들판이 나오는 장면이 있었다. 그 곳이 어디인지 궁금했는데 엄마께서 호주라고 하시며 '참 공기가 좋아서 살기도 좋겠다.'라고 하셨다. 만약 내가 살고 싶은 나라를 고를 수 있다면 나는 어떤 나라에서 살고 싶은지 생각해보았다.

엄마 생각처럼 나도 자연이 깨끗하고 나라가 넓었으면 좋겠다. 요즘 비염이나 아토피 피부염이 늘어나는 것이 환경이 오염되었기 때문이라고 한다. 환경이 깨끗한 나라에서는 그런 병이 없을 것 같다.

또 돈이 많고 경제가 부강한 나라에 살고 싶다. 그러면 국민이 모두 잘 살고 가난한 사람이 없을 것이다. 불쌍한 노인이나 고아도 없을 것이고 병원비가 없어서 고생하는 사람도 없을 것이다. 전쟁 걱정이 없는 안전한 나라에서 살고 싶다. 세계에 하루라도 전쟁이 없는 날이 없다고 한다. 힘이 센 나라가 힘이 약한 나라에 쳐들어가는 것이다. 전쟁이 일어나면 군인이 아닌 사람들도 많이 죽고, 사는 것이 매우 어려워진다. 내가 하고 싶은 일도 할 수 없고 부모님과 헤어질지도 모른다.

나라는 내 마음대로 고를 수가 없다. 그러니 우리나라 환경이 깨끗해지고, 경제가 튼튼해지고, 다른 나라가 쳐들어오지 못하게 힘도 기르면 살기 좋은 나라가 될 것이다. 그렇게 되면 이민을 가려는 사람도 많이 줄어들 거라고 생각한다.

✓ 주장하는 글을 쓸 때 주장은 누구나 인정할 만한지, 실제로 이루어질

수 있는 것인지 생각해서 쓰는 것이 좋다. 또한 근거는 주장을 잘 뒷받침해야 한다.

이 글은 내가 바라는 나라에 대해 쓴 글인데 주장을 쓰고 그 주장에 알맞은 근거(까닭)를 잘 대고 있다. 처음, 시작, 끝이라는 기본 형식에 맞추어 쓴 제법 잘 쓴 글이다.

제8강

갈래별 글쓰기 2

1. 감상문

서사문은 겪은 일을 시간의 흐름에 따라 차례로 펼쳐서 쓴 글이다.

감상문은 우리가 생활하면서 마음에 떠오른 느낌이나 생각을 쓴 글이다. 느낌이나 생각만 따로 떼어서 쓰는 것은 아니고 그 느낌이나 생각이 우러나게 된 자리(겪은 일)를 먼저 쓰고 난 다음에 밝혀 쓴다. 결국 서사문 안에 자연스럽게 감상이 들어가게 된다. 감상문은 서사문과 주장하는 글 사이를 연결해 주는 고리 구실도 한다.

감상문을 쓸 때는 관념적인 느낌과 생각위주로 쓰지 말고 체험을 바탕으로 한 자기말로 써야 한다. 자기 마음이 담긴 소소한 생활이야기는 읽기에도 재미있다. 책을 읽고 난 후에 독서감상문, 영화를 보고 난 후에는 영화감상문, 음악을 듣고 난 뒤에는 음악감상문을 쓴다. 이 외에도 감상문은 얼마든지 쓸 수 있다.

베토벤과 모차르트의 음악을 듣고

강하초등학교4학년 김소현

베토벤의 운명은 조금 무섭다. 주제인 '빰빠라밤'이 흥미롭다. 처음에는 무겁다가 조금 있으면 살짝 부드럽고 가벼워진다. 운명을 연주하는 사람은 힘도 많이 들 것 같다. 모차르트의 아이네 클라이네 나흐트무지크는 운명과 다르게 부드럽고 가볍고 흥미롭다. 그리고 누굴 쫓아가는 느낌이 난다. 음악을 듣고 있으면 즐겁고 기분이 좋아진다.

✓ 음악을 듣고 감상문을 써보라고 하면 대개 난감해 한다. 그러나 감상문에 대한 설명을 해 주면 대개 두 가지 반응이 나온다. 알아들었다는 듯이 글을 쓰기 시작하는 아이들과 한숨을 푹푹 쉬는 아이들이 있다. 음악을 감상할 줄 아는 아이는 느낌을 쓰기가 쉽지만 음악이 귀청 떨어질 정도로 시끄럽다라고 생각하는 아이는 글을 쓰기가 쉽지 않다. 그래서 감상문을 쓰는 것보다 더 중요한 것은 음악을 들을 수 있는 귀를 열도록 도와주는 것이다.

자연을 지키는 아이('흰떡갈나무 이야기' 비디오를 본 느낌)

양평초등학교 4학년 윤희라

나는 '흰 떡갈나무'에서 여자 아이가 참 인상적이다. 흰 떡갈나무를 위해 벌목꾼들을 막기 위해 무거운 나무를 들고 길에 놓고 흙을 길에 깔고 별걸 다했다. 하지만 벌목꾼들은 막지 못해 흰떡갈나무가 자연을 위해 자기의 몸을 바쳤다.

여자아이는 최선을 다해 자연을 지켰다. 나도 여자아이처럼 자연을 소중하게 여길 것이다.

✓ 애니메이션 영화를 보고 감상문을 쓴 것이다. 이렇게 감상문은 다양한 활동을 하고 쓸 수 있는 글이다. 희라는 주인공 여자아이에 대한 좋은 인상을 받았나보다.

2. 독서감상문

(1) 독서감상문이란

독서감상문이란 책을 읽고 난 뒤, 읽은 책의 줄거리를 한 번 더 생각해 보고, 책을 읽었을 때의 느낌과 생각을 글로 정리해 보는 것이다. 독서감상문은 무엇보다 자연스럽게 자신의 느낌을 쓸 수 있게 해야 한다. 감상을 그림으로 그리기, 그림 그리고 글쓰기, 편지글 형식이나 동시 형식으로 쓰기, 책을 소개하는 글쓰기 등으로 표현할 수 있다.

그런데 독서감상문 쓰기는 정말 만만치 않은 일이다. 아이들에게 독서감상문을 써 보자고 하면 한숨을 푹 쉬는 경우가 많다. 왜 그럴까? 한숨을 푹 쉬는 아이들은 '독서감상문이란 어떤 것이며 어떻게 써야한다'는 것을 막연하게 알고 있는 경우이다. 즉, 독서감상문이란 대체로 '책 읽은 동기, 줄거리, 나의 생각을 정리해야 하는, 긴 글'이라는 선입견을 가지고 있기에 한숨을 내쉬는 것이다. 책 읽은 동기가 주로 어른들이 읽으라고 해서 읽게 된 경우가 많으므로 '선생님이(또는 엄마가) 읽으라고 해서 읽게 되었다.'하는 정도다. 또 이야기를 줄이려면 어떻게 해야 할지 몰라, 책을 펴고 처음 문장을 베끼고 중간쯤 문장을 베끼고 마지막을 베낀다거나 책의 마지막에 요약이 되어있는 경우에는 그것을 베낀다. 느낀 점은 '재미있었다', 혹은 '재미없었다', 하는 정도인데 그렇게 쓰면 어른들이 다시 쓰라고 하니 답답할 수밖에 없는 것이다. 그러니 독서감상문 쓰기가 고역이 될 수밖에 없다.

(2) 독서감상문을 쓰기 전에 먼저 생각해야 할 것들

1) 아이들과 함께 책을 재미있게 읽는 것이 중요하다.
2) 좋은 책을 읽힌다.
3) 아이들 단계에 맞는 좋은 책을 읽힌다.
4) 읽기 전 지도가 필요하다. (권하는 사람의 태도, 마음가짐)
5) 쓰기를 강요하지 않는다. 틀이나 분량을 정해 주지 않는다.

책을 재미있게 읽었다는 것은 내용을 잘 이해했다는 뜻이다. 저학년의 경우에는 선생님이 다소 서툴더라도 목소리 연기를 하면서 읽어주면 재미있어 한다. 즐겁게 책을 읽으면서 아이들이 책 속에 빠져들어서 책 속 인물이 되어 보고, 자신이 경험한 비슷한 경우를 떠올려보기도 해야 살아있는 자신만의 독서감상문을 쓸 수 있다. 책을 재미있게 읽고 난 뒤에 중요한 것은 아이들과 함께 어떤 이야기를 어떻게 나눌 것인가? 주로 책 속 인물에 대해서 먼저 이야기를 나누고, 그 다음 인물이 처한 상황에 대해 이야기를 나눈다. 이 때 아이들의 생각이나 느낌을 구체로 잡아주는 것이 좋다.

(3) 독서 감상문 쓰기

1) 글머리는 자연스럽게 시작하도록 한다. 간단한 책에 대해 소개하는 형식, 책을 읽게 된 동기, 기억에 남는 대목이나 이야기 등을 시작을 한다.

2) 간단한 줄거리를 쓰고 감상을 적는다.

인상적이었거나 중요한 부분을 중심으로 특별히 줄거리 소개 없이 자기 생각, 느낌 위주로 써 내려가는 방법도 있다.

3) 책을 읽고 다양한 경험을 함께 나누어 보고 나서 쓰면 더 풍부한 글을 쓸 수 있다.

'캄펑의 개구쟁이'를 읽고

양평초등학교 3학년 김재엽

이 책을 지은 지은이는 라트이다.

'캄펑의 개구쟁이'는 자신의 어린 시절을 나타낸 것이다. 라트는 동생이 있지만 나는 누나가 있다. 루인공 라트는 10시쯤에 켄타바레 마을에서 태어났다. 주인공은 메오르 형제와 친구가 되었다.

주인공이 할례를 할 때는 기분이 이상했을 것이다. 라트가 메오르 형제와 주석을 퍼 갔을 때 아빠가 때릴 일까지는 없었을 텐데. 나도 아빠한테 늦게 들어와서 혼난 적이 있었다. 주인공은 도시로 이사를 갈 때, 메오르 형제와 배웅해 주었는데, 메오르 형제가 참 친절한 것 같다.

나도 메오르 형제 같은 친구가 있었으면 좋겠다.

라트야 도시에 가서 공부 잘 해.

✓ 재엽이는 이 책을 아주 재미있게 읽고 썼다. 글쓰기를 싫어하는 아이이지만 자신의 생각을 솔직하게 잘 표현한 감상문이다.

'갯벌이 좋아요'를 읽고

정발초등학교 1학년 김한서

갯벌이 좋아요를 읽을 때
꽃발게가 너무 용기를 내는 것을 보니까
너무 재미있었다. 나는 갯벌이 좋아요가
제제일 재미있는 것 같다.

✓ 초등학교 1학년에게 독서감상문을 쓰라면 이렇게 짧게 쓴다. 그러나 아이다움이 물씬 나는 좋은 감상문이다. 길게 쓴다고 좋은 글이 아니다.

'행복한 왕자'를 읽고

2학년 조항진

작은 제비야 너는 눈 올때까지 열심히 일을 했고 목숨을 걸어 다른 사람도 구했고 편지도 갈다 주었으니깐 넘 참 아름답고 행복해 작은 제비야 너는 참 자랑스러워. 잘 살아.
11/30 항진씀

✓ 감상문은 책을 읽고 자신의 생각과 느낌을 솔직하게 쓰면 된다. 제비가 자랑스럽다고 생각한 항진이는 자신도 모르는 사이에 좋은 가치관이 형성되고 있는 것이다.

'나보다 작은 형'을 읽고

3학년 박준형

민기야 안녕

나는 준형이야. 너 만들기 숙제 형보고 시키지 마. 나는 만들기가 어려울 때 숙제를 엄마가 도와주셔. 쉬운 것은 나 혼자 해. 너도 형보고 해 달라면 발전이 없어. 그리고 너희는 형제잖아 우리는 남매야. 우리는 다른 점이 많아. 너는 형이랑 싸우지 않잖아. 우리는 엄청 많이 싸운단다. 또 너는 형을 걱정하는데 우리는 걱정 안 해. 다음에 또 쓸게 안녕

✓ 감상문을 쓸 때 자기 주변이랑 비교하며 쓰면 좋다. 준형이는 동생과 자주 싸우는데 이 책을 읽고 반성을 하는 글을 썼다.

'태양을 훔친 화가 빈센트 반 고흐'를 읽고 반응일지 쓰기

양평초등 4 변효지

책에 대한 전체적인 감상

- 빈센트의 삶이 잘 드러난 것 같고, 그림의 색깔이 변하는 게 인상적이었다.

가장 인상적인 작품에 대한 감상

- 빈센트의 귀 잘린 자화상이 가장 인상적이다. 그 까닭은 빈센트의 조금 비극적인 삶이 잘 나타난 것 같아서이다.

빈센트에게 하고 싶은 말

- "다시 태어난다면 그때는 자신의 재능을 살려서 비극적인 인생을 살지 마세요"라고 말하고 싶다.

빈센트의 삶이 나에게 주는 의미나 교훈

- '비극적인 삶을 살지 말고 가족을 소중하게 여기자'

✓ 독서감상문을 쓰는 방법은 여러 가지가 있는데 효지는 반응일지 형식으로 쓴 글이다.

'할머니를 따라간 메주'를 읽고

인창초등학교 4학년 김재엽

할머니께

할머니 안녕하세요?

할머니가 엄마 때문에 속상한 거 알아요. 그래도 엄마가 메주를 담그지 말라고 해도 엄마가 하시는 말은 무시해 버리고 그냥 메주를 뜨세요. 그리고 흙이 없고 엄마가 화를 내도 떠나시지는 마세요. 그리고 서울에서는 은지가 할머니가 뜬 된장은 된장찌개를 끓여 맛있게 먹고 있으니까 걱정마세요. 그리고 은지가 할머니께 이다음에 메주 만드는 방법을 가르쳐 달라고 했을때 할머니는 기쁘셨지요 그러니까 힘내세요.

✓ 할머니에 대한 애틋한 마음이 잘 나타나 있는 글이다.

'폭력'을 읽고 느낀 점

동초등학교 5학년 양영석

나는 형한테 당하거나 한 적이 있다. 때리고 발로 차고...

아...형이 그런 짓만 안했어도 나는 이러지 않았을텐데. 형이 나를 귀찮게 해서 잠잘 때도 예기를 하기 싫다고 해도 자꾸 하라고 한다. 나는 그 점이 안 좋다. 나는 그런 일이 없었으면 좋겠는데 자꾸 그런 일이 생기게 한다. 그리고 느낀 점은 이제 이런 일이 없게 하고 형이 그런 것을 또 하면 못하게 한다. 이게 내가 생각하는 전부다.

✓ 표현력이 좀 부족한 앞 뒤가 잘 안 맞는 글이다. 그러나 아이의 솔직함을 읽을 수 있다. '폭력'을 읽고 아이는 폭력은 없어져야 한다는 생각을 형과 결부시켜 표현했다.

아이들이 쓴 글을 읽어 보고는 독서감상문에 대해 고정관념을 갖고 있는 분은 '에게? 이게 독서감상문이야?'하는 생각이 들기도 할 것이다. 그러나 앞에 있는 글들은 오랫동안 공부한 '최종 결과물로서의 독서감상문'이 아니라, '배워가는 과정 속에 있는 독서감상문'이다. 그렇다면 '최종 결과물로서의 독서감상문'은 언제 쓸 수 있을까? 그것은 즐겁고 가벼운 마음으로 '배워가는 과정 속에 있는 독서감상문' 쓰기를 충분하면 저절로 쓸 수 있다고 생각한다.

독서감상문을 어떻게 써야할지 몰라 쩔쩔 매는 아이들에게는 또래 아이들의 보기글을 읽어주는 것도 좋다. 틀에 박힌 독서감상문이 아닌, 자신의 생각을 솔직히 써 내려간 또래의 글을 읽어주면, 아이들은 자신도 비슷한 생각을 했던 것을 떠올리고 '별 것 아니네.'하는 기분으로 조금씩 글을 써내려 갈 것이다.

'강아지똥'

권 예 원(신일초 3)

이 세상의 모든 물건은 각자가 자기 할 일을 가지고 있다. 연필은 글씨를 쓰고, 지우개는 글을 지우고, 의자는 사람을 앉히고,TV는 사람을 즐겁게 해준다. 이처럼 모든 물건이 각자 할 일이 있다. 우리가 흔히 밟고 다니는 이땅도, 만약 땅이 없으면 사람도 없다. 왜냐 하면 많은 사람들이 땅을 밟고 다니기 때문이다.

땅은 우리에게 큰 도움을 준다. 물론, 하늘도. 하늘엔 구름도 있고 새도 날아다닌다. 이처럼 우리가 쓰고 있는 작은 물건도 자기가 해야 할 일이 있다.

여기서 흙과 강아지똥이 대화할 때 흙은 자신이 쓸모가 없다고 했다. 하지만 결국은 집을 짓는데 이용이 된다. 강아지똥은 자신을 아무 쓸모도 없는 더러운 똥으로만 생각한다.

하지만 민들레에 의해서 강아지똥은 자신이 꽃들에게 얼마나 쓸모가 있는지 알게 된다. 강아지 똥은 자신이 희생되는 게 소원이었다. 결국 착한 강아지똥은 민들레의 거름이 되어 예쁜 꽃을 피웠다. 그 민들레 속에는 강아지똥의 착한 마음이 들어있을지도 모른다.

'돼지책'을 읽고서

이 상 아(신도초3)

돼지책을 읽었다. 재미도 있었는데 남편과 아이들은 "밥 줘." 그러곤 자기들은 밥만 먹는다. 난 그 책을 읽으면서 그 아저씨가 싫었다. 남편은 돈만 벌어주면서 아내가 집안일을 다한다. 그러는데 남편은 부인한테 너무 힘들게 해서 부인이 이런 편지를 썼다. "너희들은 돼지야." 이렇게 편지에 써있었다. 그리곤 부인은 없어졌다. 엄마가 불쌍했다. 그래서 집은 온통 돼지우리였다. 밥이 다 떨어지자 밥을 찾아다녔다. 그리고 문이 덜컹 열리더니 부인이 있었다. 식구들은 막 엄마를 돕고 아빠도 도와서 다시 사람으로 돌아왔다. 부인은 너무 행복했다. 이것으로 이야기는 끝났다. 내가 어른이 되어 결혼을 했는데 이 책처럼 되면 바로 짐을 쌀 거다.

3. 입장 바꾸어 생각해 보기

※ 교재 : 「나쁜 어린이표」

✓ 얘들아. 어떤 아이가 있는데 청소 시간에 청소는 안 하고 화분을 깨뜨렸어. 그 아이는 어떤 아이 같아?

– 나쁜 아이요. (대체로 아이들은 이분법으로 대답을 하는 경우가 많다. 물론 이런 공부를 여러 번 하다 보면 그렇게 대답하지 않는다. '어떻게 하다

가요?'하고 상황을 묻는다. 여기서는 처음 공부하는 아이들과 나눈 이야기이다.)

✓ 그래. 나쁜 아이지. 너희들이 선생님이라면 어떻게 하겠어?

– 당연히 혼내죠. 야단치지요. 걔네 엄마한테 화분 사오라고 해요.

✓ 그렇겠지. 그래서 선생님이 왜 화분을 깨뜨렸냐고 그 아이를 막 야단쳤어. 그 아이 마음이 어떨까?

– 기분 나빠요. 속상해요. 울고 싶어요.

✓ 그런데 그 아이가 왜 화분을 깨뜨렸는지 알아? 얘가 대걸레를 들고 있었는데 뒤에서 어떤 애가 밀었거든. 그래서 넘어지면서 화분을 깨뜨린 거야.(이쯤에서 책을 읽은 아이는'어? 나쁜 어린이표인데?'하고 아는 척을 합니다.) 아무튼 화분을 깨뜨렸으니까 나쁜 아이지?

– 아니요. 그건 나쁜 아이가 아니에요. 어쩔 수 없잖아요.

✓ 그 아이 기분이 어떨까?

– 억울해요. 진짜 기분 나빠요.

✓ 그러면 선생님은 어떤 분이야?

– 나빠요.

✓ 왜?

– 잘 알지도 못하면서 혼냈잖아요.

✓ 그런데 그 아이는 왜 선생님한테 말을 못했을까?

– 말대꾸한다고 더 혼나요. 저도 그런 적 있어요. (자신의 경험을 얘기하게 된다.)

(실제수업사례 : 조용명선생님)

이 정도까지만 이야기를 나누고 책을 읽는다거나, 아니면 다음 시간까지 책을 읽어오라고 한다. 그리고 책을 읽고 난 뒤에 등장인물에 대해 이야기를 나눈다. '나쁜 어린이표'는 책을 읽고 나의 생각 쓰기를 해도 좋고, 책 속 다른 인물이 되어 일기 쓰기를 해도 재미있어 한다.

※ <주인공 바꾸기> - **나쁜 어린이표**

경식이의 일기

이찬화(오정초3)

나는 우리 반 반장이다. 반장인 만큼 난 똑똑하고 공부도 잘 한다. 그래서 항상 착한 어린이표를 받았다. 그런데 과학경진대회날 아침 학교에서 건우가 드라이버를 갖고 와서 막 자랑을 하는 것이다. 마침 연필깎기가 고장나서 내 드라이버로 고치려고 했는데 귀찮아서 빌려달라고 했다. 그런데 자기가 한다고 하는 것이다. 내가 그것 하나 못하겠느냐고 달라고 하니까 시비를 거는 것이다.

결국 나는 선생님께 혼나고 나쁜 어린이표를 받게 됐다. 이 때 건우 녀석을 때리고 싶었다. 하루 종일 기분 나쁜 채로 과학실로 갔고 신경이 쓰여서 완성도 못하고 집으로 돌아왔다. 집에선 작품을 완성하지도 못하고 나쁜 어린이표를 받아서 혼이 났다. 기회가 오면 난 복수를 할 것이다.

※ <주인공 바꾸기> - **학교에 간 개돌이**

수진이의 일기

이지원 (대명초 2)

나는 개를 진짜 진짜 싫어한다. 내 짝꿍은 준우다. 나는 아침 일찍 일어나 단정한 옷차림을 하고 학교에 일찍 갔다. 웬일인지 학교 갈 때 기분이 더욱 좋았다. 그런데 나의 중요한 행복은 금방 없어졌다. 문을 '드르륵' 여는 순간 내 짝꿍 옆으로 주루륵 친구들이 있었다. 나는 친구의 사이의 틈을 노려보아서 재빨리 갔다. 그 순간 '아악' 소리를 질렀다. 내 앞에 못생긴 개가 내 얼굴을 '헤,헤' 빨고 있었다. 징그러웠다. 나도 다음에 준우한테 물폭포로 복수를 할 것이다.

※ 모범 사례 2

'나쁜 어린이표'와 함께 읽고 얘기를 나누기 좋은 것으로 '늑대가 들려주는 아기 돼지 삼형제'가 있다. 이 책은 아기돼지 삼형제 이야기를 늑대 입장에서 들려주는 이야기다. 이 책을 읽기 전에 아이들과 나눈 이야기다.

✓ 여러분, '늑대'하면 무슨 생각이 떠오르나요?
– 무서워요. 나빠요. 간사해요. 교활해요. 싫어요. 못 생겼어요.
✓ 그러면 '늑대'가 이 이야기를 들으면 기분이 어떨까요?
– 기분 나쁘겠지요, 뭐. 짜증나겠지요.
✓ 어떤 아이가 '나'를 모르는 사람한테 '나'에 대해서 얘기를 할 때 '걔, 진짜 나쁜 아이다. 얼굴도 못 생기고 못된 짓만 해.' 이렇게 얘기한다면 내 마음은 어떨까요?
– 가만 안 둬요. 죽여 패버려요. (몹시 분한 마음을 드러냅니다.)
✓ 늑대는 왜 돼지에 집을 찾아갔죠?
– 설탕 한 컵을 구하려구요.
✓ 왜 지푸라기 집이 무너졌죠?
– 늑대가 재채기를 해서요.

이렇게 '선입견'이나 '오해'에 관한 것들을 이야기한다. 자신이 처한 입장에 따라 생각이 다를 수 있다는 것도 함께 이야기를 나눈다. 그리고 이야기를 읽고 나서 늑대 입장에서 기사문을 작성해 보는 것도 좋은 감상문 지도이다.

✓ 내가 늑대가 되었다고 생각하고 이 책을 읽어보기로 해요.
그럼 이제 늑대가 설탕을 얻기 위해 갔던 길을 따라가면서 이야기를 떠올려 볼까요? 늑대는 왜 아기돼지네 집을 찾아갔나요?
– 설탕 한 컵을 구하려구요
✓ 왜 지푸라기 집이 무너졌죠?

– 늑대가 재채기를 해서요

✓ 그렇죠 늑대는 심한 감기에 걸려 있었거든요.

늑대는 두 번째 아기돼지를 먹었는데 왜 먹었죠?

– 나뭇가지로 만든 집이 무너진 속에 죽은 돼지가 있었는데 먹을 것을 밖에 두면 상할 것 같아서 먹었어요.

✓ 그래요. 늑대에게 돼지는 음식이 되죠. 그렇군요.

늑대는 세 번째 아기돼지네 집에서 화가 났어요 왜죠?

– 자기 할머니에 대해 함부로 말을 해서요

✓ 신문 기사를 보고 늑대는 억울하대요 왜죠?

– 신문 기자들이 자신을 커다랗고 고약한 늑대라고 누명을 씌워서요

✓ 맞아요. 같은 일이라도 이렇게 입장에 따라 서로 다르게 이야기할 수 있네요.

여러분 중에서 혹시 이런 일이 있었으면 이야기 해 볼까요?

– 동생이 예뻐서 뽀뽀를 했는데 동생이 우는 바람에 동생 괴롭힌다고 혼난 적이 있어요.

– 엄마가 힘든 것 같아서 설거지를 했는데 잘못해서 접시를 떨어뜨려 깨졌는데 엄마는 장난치다가 깨뜨린 줄 알고 오히려 야단을 쳤어요.

– 잔디밭에 공 주우러 들어갔는데 잔디밭을 함부로 뛰어다닌다고 혼 난 적이 있어요.

✓ 그랬구나. 그럼 이번에는 늑대 사건을 늑대 기자의 입장에서 신문기사로 써 보기로 하자.

– 어떻게 써요?

✓ 신문기사는 누가, 언제, 어디서, 무엇을 , 어떻게, 왜 했나가 들어가도록 써야 해요.

– …. (자신 없어 함)

✓ 그럼 '알렉산더 울프'라는 이름을 가진 한 늑대가로 시작해 보자. 할 수 있겠지?

– 네(조금 용기를 얻음)

다음의 두 글은 이야기를 나누고 나서 늑대의 이야기를 기사문으로 작성한 예이다.

설탕 한 컵이 부른 비극

양평초등학교 2학년 이상헌

'알렉산더 울프'라는 이름을 가진 한 늑대가 동네에서 돼지네 집에 가서 돼지 두 마리를 먹어 치우고 셋째네 집에서 폭력을 하는 큰 사고가 있었습니다. 잡힌 알렉산더 울프는 잘못이 없다고 주장하지만 경찰은 아니라고 믿고 계속 수사를 하고 있습니다.

✓ 기사문을 작성해 보는 것도 좋은 감상문쓰기 지도방법이다.

강상초등학교 3학년 이남윤

'알렉산더 울프'라는 이름을 가진 한 늑대가 며칠 전 경찰에 체포되는 사건이 있었다. 돼지 마을에 살고 있는 늑대는 할머니 생신 케이크를 만들다가 설탕이 떨어져 이웃에 살고 있는 아기돼지네로 설탕을 얻으러 갔다. 감기에 걸린 늑대는 재채기를 하는 바람에 첫 번째, 두 번째 아기돼지 집이 날아갔다. 세 번째 집은 튼튼하게 지어서 다행히 집은 날아가지 않았다. 그런데 재채기를 하는 순간 경찰에 의해 체포되었다. 신문기자들은 이야기를 재미있게 꾸미려고 늑대가 입김을 세게 불어 집을 부수고 돼지를 잡아먹었다고 이야기를 꾸며서 썼다.

✓ 감상문을 기사문으로 썼는데 기사문 쓰기를 통해 내용을 잘 정리하여 요약하고 있다는 것을 알 수 있다.

기사문은 사실을 있는 그대로 표현하는 훈련이 된다. 또한 사실을 객관적으로 보는 능력이 생긴다.

늑대가 들려주는 빨강 망토 이야기

고은빛(광장초 1)

나 늑대가 어떻게 살아있냐고? 하느님이 불쌍하다고 살려주셨지. 아무튼 불공평해. 니네들은 날 나쁜 늑대로 알았지? 내가 안 나쁘단 증거로 월래 이야기를 가리켜 주지.

나는 숲속에서 놀고 있었지. 그러다 빨강 망토를 두른 아이가 맛있는 걸 들고 가고 있었지. 난 이 숲속으로 이사 안 왔을 때였지. 난 동물들이 안 놀아조서 친구가 없어서 그 아이한테 말을 시킨 거야. 그리고 갈라고 하니 섭섭해서 빨강망토 아이를 따라갔지. 그런데 어제 12시까지 TV를 본 다음 잠을 잤기 때문에 큰 하품이 나오는 거였어. 나무꾼 아저씨가 날 나쁜 놈인줄 알아서 이랬지. “이 놈 늑대. 썩 물러가라.” 이러는 거야. 그러면서 도끼를 휘둘었지. 난 죽기 싫어서 도망갔지. 다행히 빨간망토 아이는 못 들어서 다행히 날 아직 착한 늑대인 줄 알았지. 빨강망토를 두른 아이는 얼마 안 가서 꽃을 땄지. 그러면서 이렇게 말했지. “할머니가 좋아하실 거야.” 나는 감동받았지. 할머니를 사랑하는 빨강망토에 마음을 말이야. 난 용기를 내어 나랑 친구가 되어줘 라고 말할려고 뛰어갔지. 그런데 그만 토끼덫에 발이 걸려버렸지. 빨강망토아이는 꽃을 다 따고 가서 내 일을 몰랐지. 나는 다행이 손톱덕분에 살았지. 나는 너무너무 빨강망토아이와 친구가 되고 싶어 머리를 짰지. 난 이렇게 말했지. “아! 맞다. 그러고 보니 산속에 감기가 걸린 할머니가 있으시던데, 그 집으로 가면 되겠다. 여긴 그 할머니 밖에 안 살거든.” 나는 그 할머니댁으로 얼른 뛰어 갔어. 나는 문을 똑!똑!똑! 두드렸지. 그러니까 할머니가 “빨강망토니?”이랬지. 나는 “늑대에요.”라고 말하면 안 열어줄꺼 같아서 빨강망토아이 소리로 “네”했지. 그런데 그때 내가 아주 아주 큰 하품을 한 다음 입을 다닸지. 그런데 할머니를 삼켜버렸지. 나는 어쩔수 없시 배보고 이렇게 말했지. 죄송해요, 하고 했지. (늑대 그림을 그리고 ‘죄송해요’라는 말을 여러번 썼네요.) 내가 잠이 자고 싶어서 할머니 잠옷을 입었지. 내가 침대에 누울 때 빨강망토가 문을 두드렸지. 나는 할머니 소리를 냈지. "빨강망토야, 들어오렴."이랬지. 빨강망토는 할머니를 좋아하니까 행복하라고 빨강망토를 먹었지. 사냥꾼이 이걸 보고 날 죽였지. 그러구선 꺼냈지. 할머니랑 빨강망토를. 날 믿을 수 있겠지.

✓ 주인공이 아닌 등장인물을 주인공의 자리로 옮겨보는 것은 상대방을 이해하는 좋은 공부다. 삶이란 '인간과 인간이 얽히고 설키어 있는 것'이라고 한다면 내가 이런 저런 인간관계에 얽혀있기에 기쁘기도 하고 슬프기도 하고 괴롭기도 한 것이 아닐까? 그래서 동화를 포함한 모든 문학 작품이 따지고 보면 소통의 문제를 다루고 있고, 사랑과 화해를 주제로 하는 것이 아니겠는가. 아이들에게 주인공의 삶만 있는 것이 아니라 숨겨져 있는 삶도 있다는 것을 알게 함과 동시에 감수성을 훈련하는 것도 훌륭한 공부인 것이다.

4. 대회에서 상 타는 것에 연연해 말 것. 그리고 비교하지 말 것.

많은 학부모들은 학교 신문에 실린 글이나 교지에 실린 글, 독후감 대회에서 상탄 글을 잘 된 글이라고 믿고 있으며, 거기에 잣대를 들이대는 분들도 있다. 그리고 자신의 자녀도 글이 실리기를 바라게 된다. 물론 신문이나 교지에 글이 실리는 것, 그리고 대회에서 상 타는 것이 쓸데없는 것이라는 뜻은 아니다. 아이가 글을 썼는데 그 글이 활자화 되었을 때, 아이에게 분명 기쁨이 있다. 성취감도 있고 뽐내고 싶은 마음도 있고 자신감도 얻을 것이고 다른 사람들로부터 인정받는 부분도 있다.

문제는 글쓰기의 목표를 신문이나 교지에 실리는 것, 혹은 상 타는 것에 두지 마라는 것이다.

아래의 글은 학교 교지에 실린 한 어린이의 글을 그대로 옮겨 적은 것이다.

네 자매의 행복

가난하지만 서로 도와 열심히 살아가는 네 자매의 행복이 넘치는 천사같은 마음씨가 잘 그려지고 있는 점이 이 책의 줄거리다.

마음씨 착하고 아름다운, 세 동생을 보살펴 주는 메그, 책읽기를 좋아하고 꾸밈없는 둘째 언니 죠, 피아노와 남을 잘 돌보아 주는 셋째 언니 베스, 그림을 잘 그리는 귀여운 막내 에이미, 이 네 자매는 생김새와 성격, 그리고 재주도 다르지만 사귀고 싶은 친구들이다. 특히 몸이 많이 아팠지만 가난한 아이들을 돌보느라 쓰러진 베스 언니의 착한 마음씨에 감명받아 내 마음속의 시기와 질투심이 사르르 녹는 것처럼 가슴이 후련해지기까지 했다. 그런데 한 가지 이상한 점이 있다. 부자인 로렌스씨 댁에서 가난한 훔멜 부인과 아이들을 돌보아 주었으면 했는데, 네 자매만 보살펴 주었다. 물론 로렌스 할아버지와 로리의 호의에 감사는 드리지만 훔멜 부인 집에도 찾아가서 병으로 힘든 부인을 위로 해주고, 맛있는 음식을 아이들에게 주었으면 얼마나 좋았을까? 베스의 품에 안겨 죽은 아이도 의사에게 빨리 치료를 받도록 했으면 죽지 않았을 텐데, 하는 아쉬움이 남는다.

이 밖에도 등장하는 모든 사람들이 너무 친절했다. 특히 가난한 속에서도 착하게 살고, 밝은 생활로 네 자매가 용기를 얻고 열심히 살아가는 것을 읽고 나도 네 자매처럼 아름다운 마음씨로 살아가야지, 하고 마음속으로 다짐하지만 며칠이 못 가서 개구쟁이가 되고 만다.

또 그림을 잘 그리는 막내 에이미는 내 동생하고 똑같다. 귀엽고 예쁜 내 동생과 가끔은 다투기도, 질투도 하지만, 마음속에는 작은아씨들처럼 희망과 즐거움이 넘치는 가정으로 만들고 있다.

난 그 중에도 로리와 춤을 춘 죠와 친해지고 싶다. 왜냐하면 학교에서도 난 멋쟁이이고 예뻐보이고 싶고 친구들 앞에서 제일 잘하고 싶기 때문이다. 그래서 가끔 옷가지고 짜증을 내면 엄마에게 꾸중을 듣기도 하지만 로리처럼 멋진 남자와 예쁜 드레스를 입고 파티에 가서 춤을 춰 보고 싶기도 하다.

우리 집도 작은 아씨들의 가정처럼 희망과 즐거움이 넘치는 가정으로 만들고 싶다. 네 자매를 우리 집에 초대할 수만 있다면 우리 학교, 놀이터 또 소꿉놀이도 하면서 재미있게 놀고 싶고 내가 가장 사랑하는 우리 엄마, 아빠, 내 동생에게도 소개해 주고 싶다.

오늘밤 꿈속에서 작은 아씨들을 만나서 즐겁고 재미있게 놀았으면 좋겠다.

✓ 위의 글은 '작은 아씨들'이란 책을 읽고 한 초등학생이 쓴 독후감이다. 교지에 실린 것을 보니 1학년짜리 아이의 글이다. 1학년 아이가 쓴 글이라는 것이 믿어지지 않는다. 요리조리 따져 읽을 필요도 없이 위 글은 어른이 써 준 글이라고 단정할 수 있다.

이 글이 주는 문제점을 꼽아보겠다. 가장 큰 문제는 독서감상문에 대해 잘 모르는 학부모들에게 좋지 않은 영향을 미친다는 점이다. 독서감상문에 대해 잘 아는 부모님들도 있지만 모르는 학부모들은 이 글을 읽고 감탄을 한다. '세상에, 초등학교 1학년짜리가 어떻게 이렇게 글을 잘 쓸 수 있지? 어쩌면 이렇게 생각이 깊지? 어떻게 이렇게 길게 쓸 수 있지?' 여기서 그치면 그나마 다행이다. '우리 애는 아주 아기네, 아기.' 하면서 자신의 자녀를 깎아내리고 때로는 '이것 좀 봐라. 너하고는 차원이 다르다' 하면서 아이의 자존심을 짓밟기도 한다. 결국 평범한 아이에게 그 피해가 돌아간다. 그렇다면 아이에게는 어떤 영향을 미칠까? 반드시 이렇지는 않겠지만, 늘 누군가 자신이 해야 할 일을 대신 해 주기를 바라고, 바람직하지 않은 헛된 명예에 집착하는 아이가 될 수도 있다.

위의 경우처럼 어른이 쓴 글이 실리기도 하지만, 아이가 솔직히 자신의 이야기를 잘 쓴 경우도 있다. 그런가하면 특별히 잘 쓰지 않았는데 학교 신문에 실리는 수도 있다. 그러니 그걸 너무 부러워할 필요는 없다.

5. 자신의 생각이 떠오르는 지점에서 글쓰기

이제까지 자신이 느낀 것을 중심으로 간단히 정리하는 공부를 했다. 이렇게 책을 읽고 부담 없이 자신의 생각을 정리하는 공부를 하는 한편, 사건의 줄기를(줄거리) 찾는 공부도 틈틈이 한다. 줄거리를 정리하는 공부도 처음에는 말로 하는 것이 좋다. 처음 글쓰기를 할 때, 중요한 사건만(줄거리) 잡아내는 것은 참 어렵다. 이때는 우선 말로 정리를 하는 것이 좋다. 교사의 역할은 '이음말'로 연결하면서 중요한 것과 중요하지 않은 것을 가려낼 수 있도록 도와준다. 처음 시작할 때는 짧은 글로 하는 것이 좋다.

그런대로 줄거리 정리가 되는 아이들은 사건의 흐름을 따라 가다가 어느 지점에서 자신의 생각이 떠오르면 그것을 적게 한다. 그리고 다시 사건의 흐름을 좇아간다. 이런 식으로 글을 쓰면 대체로 책의 내용도 차분히 정리되는 것을 느끼고, 자신의 생각이 매우 많다는 것을 깨닫는다. 즉, 아이들이 처음에는 자신의 생각을 정리하는 것이 어려워서 전체의 느낌으로 뭉뚱그려 '재미있었다, 재미없었다, 슬펐다'하고 표현하던 것을, 이야기를 중요한 사건으로 몇 개 나누고 그 사이 사이에 끼어들어있는 생각을 정리하면서 자신의 느낌이 좀 더 구체화 되는 것을 알게 된다.

'세종대왕'을 읽고

이우진 정발초교 1학년

세종대왕은 글자를 모르는 백성을 불쌍하게 생각했어요. 그래서 글자를 만들었어요.

세종대왕이 글자를 만들어 준 것이 고마워요. 나는 내 생각만 하는데, 세종대왕은 백성들을 더 많이 생각한다. 나랑 틀린 사람이다. 세종대왕은 멋진 사람이다. 세종대왕은 책을 좋아한다. 나도 책을 좋아한다. 특히 마법천자문을 좋아한다. 글자 만드는 게 훌륭하다. 배우고 싶다.

✓ 문맥에 맞는 글을 쓰는 것은 쉽지 않다. 특히 저학년은 더욱 그렇다. 그러나 읽는 사람은 우진이가 무얼 말하고 있는지 다 알 수 있다. 그래서 "잘 썼다"고 칭찬하는 것이 좋다.

'여우의 전화 박스'를 읽고

고은아(광명초 3)

여우의 전화박스는 무엇보다 엄마여우가 아기여우를 많이 사랑하는 것이 잘 나온 책이다. 누구나 찡한 마음이 생기는 책이었다.

엄마 여우는 아기 여우와 즐겁게 지냈다. 그런데 아기 여우가 시름시름해졌다. 그러다 싸늘해졌다. 나는 그때 제일 울 것 같았다. 내 목은 막혀있던 것 같았다. 눈에는 눈물이 가득 찼고 너무나 슬펐다. 하지만 엄마여우보다는 아니겠지.

엄마 여우는 어느 날, 해질녘에 가까스로 고개를 들었다. 그런데 어디서 불빛이 비췄다. 가보니 거기에는 전화박스 안에서 사내아이가 엄마와 통화를 하였다. 사내아이가 하는 말에 엄마 여우는 아기여우가 하는 말처럼 받아들이며 말을 하였다. 나는 엄마 여우가 쓸쓸 할 것 같은 마음이 갑자기 너무나 많이 생겼다. 남편이 세상을 떠났지만 아기 여우라도 있으니 세상을 즐겁게 보냈는데 아기 여우마저 세상을 떠났으니 쓸쓸 할 것 같다. 엄마 여우의 슬픈 마음은 아무도 모르겠지. 나도 모르니까. 엄마 여우가 아주 슬프다는 것만 느끼지 얼마나 슬픈지는 모르겠다.

엄마 여우는 언제나 전화박스에 갔다. 근데 어느 날 사내아이가 도시로 간다하였다. 물론 엄마 여우는 슬프지만 진심으로 기뻐하는 마음도 있었다. 남편 여우, 아기 여우, 이제는 사내아이까지 가버리니 엄마 여우는 얼마나 슬플까? 사내 아이의 어머니는 아파서 서울 종합병원에 있다.

나는 이 책을 읽을 때마다 슬프고 마음이 찡하다. 엄마 여우가 옆에 있다면 이렇게 말해주고 싶다.

"슬퍼하지 마세요. 아기여우는 언제나 마음 속에 있어요. 그러니 너무 슬퍼하지 마세요. 천국, 지옥이 있다면 천국에서 만날거예요. 그러니 아기 여우를 보냈다고 생각하지 말고 씩씩하게 사세요."

✓ 은아의 글은 아주 훌륭한 감상문이다. 모범글로 읽어주면 좋다.

6. 고학년의 독서감상문 쓰기 - 꼼꼼히 따져 읽기를 먼저 한다.

고학년 아이들도 독서감상문을 즐겁게 쓰려면 책을 재미있게 읽고 내용을 잘 이해하는 것이 먼저이다. 그리고 이제는 더 나아가 책을 꼼꼼하게 따져 읽는 것이 중요하다. 저학년 때에는 수동의 자세로 책을 읽었다면 고학년이 되어서는 적극적인 자세로 비판적 사고를 하면서 책을 읽어야 한다. 독서감상문이 책을 읽고 자신의 생각을 적는 글인데, 자신의 생각이 많으면 쓸 거리도 많지 않을까? 다시 말해, 독서감상문을 어떻게 쓸까, 하는 문제를 고민하기에 앞서, 책을 어떻게 읽을 것인가, 하는 문제가 먼저이다. 책을 읽으면서 '왜?'의 문제와 '과연 그럴까?'하는 문제를 생각하면서 읽어야 한다. 예를 들어보겠다.

꼼꼼히 따져 읽는 『내 짝꿍 최영대』

이성원(광남 5)

이 책에 나오는 최영대는 반에서 놀림 받고 구박 받는 아이이다. 말도 잘 못하고, 하는 행동도 바보 같고 옷도 더럽고 얼굴도 꾀죄죄하다. 이런 영대가 안쓰럽다. 왜 이런 모습으로 학교를 다니는지는 모르겠지만 이렇게 영대를 놀리는 아이들도 잘못했다고 생각된다. 입장을 바꿔 생각을 해보면 자신이 놀림 받고 구박을 받는 아이가 된다. 자신도 언젠가는 이렇게 될 수도 있는데 왜 모자라고 바보 같은 아이를 놀리는지 모르겠다.

이런 아이들이 수학여행에 가서 선생님에게 한 번 혼나고 영대를 대하는 태도가 180도로 바뀐다. 그런데 바로 이 점이 좀 마음에 와 닿지 않는다. 요새 아이들은 한 번 혼 좀 났다고 180도 변하지는 않기 때문이다. 많은 사람들이 해피앤딩을 좋아하기 때문에 작가가 좀 심하게 과장을 해서 쓴 것이 아닐까 싶다.

끝부분을 보면 영대가 아이들에게 구박을 받지 않고 행복하게 지낸다. 이런 면에서 보면 영대가 행복해 보이지만 아닐 수도 있다고 본다. 아이들이 선생님께 혼나지 않으려고 그럴 수도 있기 때문이다.

『내 짝꿍 최영대』는 우리에게 많은 교훈과 감동을 주고 있지만 『까마귀 소년』과 비교해서 꼼꼼히 따져보면 아쉬운 점이 많다.

이 책 내용과 비슷한 책으로 일본 사람이 쓴 『까마귀 소년』이라는 그림책이 있다. 땅꼬마 까마귀 소년은 1학년 입학해서부터 5학년까지 철저하게 친구들과 선생님들에게 따돌림 당하며 혼자 외롭게 지낸다. 혼자서 어떻게 그 긴 세월을 견디며 지내는지가 잘 나와 있다. 6학년때 이소베 선생님이 새로 이 학교에 전근을 오면서 까마귀 소년의 삶이 바뀐다.

이소베 선생님은 까마귀 소년의 그림과 글 등을 벽에 붙여놓고 칭찬을 해주었다. 대화도 많이 했다. 6학년 마지막 학예회에 까마귀 소년이 나와 여러 가지 까마귀 소리를 들려준다. 그리고 이소베 선생님은 말씀해주셨다. 그 동안 땅꼬마가 어떻게 해서 그 소리들을 배우게 되었는지.

아이들은 길고 긴 6년 동안 땅꼬마가 따돌림을 당하면서 외롭게 지냈을 시간을 생각하면서, 자신들이 얼마나 땅꼬마를 못살게 굴었는지를 생각하면서 울었다. 어른들조차 눈물을 훔치면서 참 장한 아이라고 말했다. 그 후, 사람들은 땅꼬마를 까마귀 소년이라고 불렀다.

마지막에 까마귀 소년은 다른 친구들보다 더 의젓하고 당당한 모습으로 그려져 있다. 이에 비하면 내 짝꿍 영대의 모습은 너무 초라하고 힘이 없어 보여 아쉽다. 휫바람을 불며 산골 마을로 돌아가는 까마귀 소년처럼 영대도 당당하게 빛나는 인물로 그려질 수 있었다면 더 좋았을 것 같다. 그래도 영대가 행복해졌다니 다행이다.

✓ 친구를 따돌리던 아이들이 반성을 하여 그 친구를 감싸준다는 이야기는 분명 감동을 준다. 그리고 작가가 이야기하고 싶었던 것도 그것일 것이다. 대부분 저학년 아이들은 이 동화를 읽으면 '맞아, 맞아. 친구를 왕따 시키면 안돼. 그리고 잘못을 뉘우친 아이들은 정말 착한 아이들이야. 나는 친구를 따돌리지 않을 거야.' 하면서 감동을 한다. 책을 읽고 깨달은 점, 혹은 배워야 할 점을 확실히 얻게 된다. 그러나 따지고 보면 현실에서는 어떤가? 성원이 말대로 선생님한테 한번 혼났다고 과연 아이들이 180도로 바뀌는가? 성원이는 '내 짝꿍 최영대'를 읽은 뒤, 마냥 감탄만 하지 않고 그것을 정확히 짚어냈다. 뿐만 아니라 '까마귀 소년'과 견주어서 최영대의 결말이 아쉽다고 하였다. 이렇게 책을 견주어 읽어 보고, 생각할 거리를 잘 찾는다면 훌륭한 독서감상문이 나올 것이다. 교사가 할 일은 아이들이 비판적 사고를 하면서 책을 읽을 수 있도록 자극을 주고 도와주는 일이라고 생각한다. 그리고 토론

거리로 충분히 토론을 하고 난 뒤 글을 쓰면 좋은 글이 나온다. 비판적 사고로 책을 읽는다는 것은 단순히 문제점을 찾아내고 흠집을 내기 위한 것이 아니라 그러한 사고를 통해서 문제 해결 능력을 키워나간다는 뜻이다. 성원이는 어떤 문제가 생겼을 때, 이러저러한 것들을 잘 생각해보고, 문제를 잘 해결할 줄 아는 사람으로 성장할 것이다.

7. 비판적 사고로 책 읽기의 예

'무지개 물고기'라는 그림책이 있다. 반짝이는 은비늘 때문에 책이 한눈에 들어오고, 그래서인지 많은 아이들이 좋아하는 책이다. 책을 읽어보면 은비늘이 더욱 빛나 보인다. 무지개 물고기가 자신이 아끼는 은비늘을 친구들에게 나누어 준다. 이 책의 주제는 '나누는 삶, 더불어 사는 삶'에 대한 것이라 할 수 있다.

〈무지개 물고기〉의 줄거리

아주 아름다운 은비늘을 가진 무지개 물고기가 있었다.
젠체하며 다른 물고기와 놀지 않았다.
파란 꼬마 물고기가 비늘이 정말 멋지다며 너한테는 많으니 하나만 달라고 한다.
무지개 물고기가 버럭 소리를 지르며 주지 않자, 친구들에게 일러바친다.
그 뒤로 아무도 무지개 물고기와 놀려고 하지 않는다.
그래서 쓸쓸한 물고기가 되었다.
어느 날, 무지개 물고기는 불가사리에게 고민을 털어놓는다.
자기가 예쁜데 왜 아무도 자기를 좋아하지 않느냐고.
불가사리는 문어 할머니를 찾아가라고 한다.
동굴 속 문어 할머니는 파도가 '너의 이야기를 다 전해 주었다'는 말과 함께 비늘을 다른 물고기에게 하나씩 나누어주라고 한다.
그러면 가장 아름다운 물고기가 되진 못하겠지만, 지금보다 훨씬 행복해

질 거라고 한다.

무지개 물고기가 '싫어...'하는 말을 꺼내려는데 문어 할머니는 먹물을 뿌리고 사라진다.

그런데 파란 꼬마 물고기가 다시 나타나서

"무지개 물고기야, 제발 화내지 마. 난 그냥 작은 비늘 한 개만 갖고 싶었을 뿐이야."

라는 말을 하고, 무지개 물고기는 마음이 흔들린다.

그래서 무지개 물고기는 꼬마물고기에게 하나를 나누어 준다.

그 뒤로 기분이 묘해지는 것을 느낀다.

오래지 않아 다른 물고기들도 무지개 물고기 주변으로 몰려들고

무지개 물고기는 비늘을 뽑아서 나누어 준다.

그리고 이제 다른 물고기들 사이에서 편안함을 느끼고

그제야 친구들이 무지개 물고기에게 같이 놀자고 한다.

무지개 물고기는 기쁜 마음으로 친구들한테 헤엄쳐 간다.

아래의 글을 읽기 전에 반드시 책을 먼저 보고, 스스로 생각할 거리를 찾아보고 어떻게 따져 읽을지도 고민해 본다.

1. 무지개 물고기는 착한 물고기인가?
2. 파란 꼬마 물고기는 왜 은비늘을 달라고 했는가?
3. '빛나는 은비늘'이 상징하는 것은 무엇인가?
4. 문어 할머니의 상담 태도와 조언에 공감하는가?
5. 비늘을 주지 않아 무지개 물고기를 따돌리던 파란 꼬마 물고기가 또 다시 비늘을 달라고 하는 것은 과연 옳은가?
6. 무지개 물고기를 따돌리던 다른 물고기들이 비늘을 나누어주자 그제야 함께 놀아준 것에 대해 어떻게 생각하는가?

8. 비판적 독서감상문쓰기 예

'목걸이'를 읽고

양평초등학교 5학년 이지은

목걸이는 마틸드가 잔느에게 빌린 목걸이를 잃어버려 거액을 들여 똑같은 목걸이를 사준다는 이야기다. 마틸드는 어리석다. 파티에 간다고 너무 치장을 하여 결국 목걸이를 잃어버렸기 때문이다. 루아젤은 너무 착해서 탈이다. 그렇게 많은 돈을 들여야 하는 파티에 왜 가게 허락했는지 참 이상하다. 악세서리가 필요하다고 할 때 나 같으면 "그럼 가지마." 라고 소리쳤을 것이다. 잔느는 빌려줬을 때 가짜라는 것을 말해주어야 했을 것이다. 이 이야기에 나온 인물들은 약간씩 어리석다. 내가 커서 마틸드처럼 파티에 가게 된다면 난 거절할 것이다. 난 이책을 읽고 솔직해져야한다는 것을 알게 되었다.

마틸드아줌마에게

5학년 윤남준

마틸드 아줌마 안녕하세요? 저는 윤남준이라고 하는 아이예요.

아줌마! 아줌마는 생각을 잘 못하신 것 같아요. 파티에 입고 갈 옷을 남편에게 졸라 새로 사고 목걸이도 친구에게 빌렸지만 그런 것은 가끔가다 1년에 한 두 번 밖에 안 쓰잖아요. 저라면요 차라리 파티에 안가고 옷을 산돈 500프랑으로 남편과 외식을 하며 데이트를 하겠어요.

물론 아줌마가 파티에 얼마나 가고 싶은지는 알지만 살림을 빠듯하게 하면서 옷을 사면 그 한순간에 모든 것을 잃어버리는 거예요. 또 친구 잔느에게 그 다이아몬드 목걸이가 비싸 보이니 다른 것을 하고 가는 게 낫고 최소한 그 목걸이가 몇 프랑인지는 물어 볼 거예요. 아줌마 그런데 하나 깨달은 게 있어요. 바로 끈기죠. 아줌마는 그 10년 동안 열심히 일만 했어요. 그래서 빚을 다 갚았죠. 전 그 끈기에 감동먹었어요. 그러니까 앞으로 그 끈기 잃지 말고 사세요.

윤남준 올림

'마사코의 질문'을 읽고

고창초등학교 6학년 우한빈

일제 강점기 시대에 자신들이 우리나라 사람들을 비인간적으로 괴롭혔다는 사실을 반성하지 못하는 일본인들... 마사코가 할머니에게 물었을때 그 할머니는 반성을 하지 않고 후손들에게 제대로 된 역사적 사실을 알려주지 않았다.

지금도 일본아이들은 역사적 사실을 알면서도 미국이 왜 자신의 나라에만 원자폭탄을 터트렸냐며 말할것이다... 일본은 우리나라에서 식민지 생활을 했다. 독일도 유대인들을 괴롭히고 나서 지금도 많은 사람들이 개인적으로도 유대인에게 사과를 하고 독일정부도 유대인국가들에게 사과를 많이 하고 돈도 보내준다. 하지만 일본은 전혀 반성의 기미가 보이지 않는다. 오히려 독도가 자기네 땅이라는등 북한이 미사일발사를 하면 선제공격을 하겠다는 둥 아직도 우리가 식민지로 보이나.. 우리는 일본국민이 이 사실을 다 알고 우리나라에게 사과하기 전까지는 후손들에게 이런 사실을 알려햐 한다. 그리고 한국정부는 일본에게 사과할 것을 요구하고 일본은 독도에서 손을 떼고 일제강점기 때 빼앗긴 우리나라 문화재를 다 돌려주고 배상금을 주어야 한다.

'너도 하늘말라리야' 감상문

고창 초등학교 6학년 이강산

너도 하늘말라리야' 이 책을 읽고서 참 많은 감동을 느꼈다.

아무리 어려워도 꿋꿋이 이겨나가는 이 철가득한 주인공들...이 세 주인공이 겪은 아픔 중에 소희와 바우의 마음속 아픔이 가장 크다고 느껴진다.

미르의 이혼가정의 문제도 가벼운 아픔은 아니지만 아무래도 그것보단 소중한 부모님을 잃고 말까지 잃은 소희와 바우가 더 큰 아픔을 받은 것 같다.

소희와 바우는 각자 자신들에게 다친 큰 재앙과도 같은 마음속의 아픔을 견디기 위해서 각자 아픔을 몸과 마음으로 겪고 아픔을 이겨내는 방법을 구한다.

두 인물 모두 아픔을 마주보고 당당히 맞선다는 하나의 생각을 가지고 있지만 소희는 아픔에 맞서고 바우는 좀 다르게 마주서서 당한후 아픔을 덜어낸다.

이 둘을 보완하면 소희의 아픔에 당당히 맞서는 것 과 다른사람의 아픔을 본 후로 자기 아픔을 밖에서 들여다보는 바우의 아픔을 이겨내는 방법을 혼합해서 자기 아픔에 맞서고 객관적으로 밖에서 들여다 보는 방법을 구할 수 있다.

난 이들의 방법에 동감한다. 아픔에 일방적으로 당하거나 끝없이 달아나기만 하는 것보다 아픔을 마주대한다는 것이 더 나을 것이다.

그리고 혼자서만 세상의 모든 아픔을 지니고 있다고 폐쇄적인 상태로 아픔을 더욱 키우는 것 보단 밖에서 들여다봐서 아픔의 원천을 파괴하는 것이 더 나을 것이다.

소희는 자기 마음속에 진주를 키운다고 생각하고 자신이 부자처럼 여겨 상처를 겁내지 않는다고 한다. 자부심으로 아픔을 튕겨내는 소희는 정말 대단한 아이다.

이런 것은 쉽지가 않다. 오히려 바우처럼 마음을 닫아버릴 수도 있는데 말이다.

바우는 자기 아픔을 밖에서 들여다본다고 한다. 바우는 좀 늦은 감이 있지만 마음의 창을 조금이나마 열은 것 같다.

우리나라 작가들의 소설들을 보면 이런 류의 성장 소설들이 매우 많다.

상계동 아이들이니 괭이부리말 아이들... 이런 책도 정말 좋은 책들이다.

나는 이 책들을 읽어보았는데 언젠가 엄습해 올지 모르는 마음속 아픔들이 나를 공감하게 하였다.

이런 책들에는 '마음속 아픔'을 겪는 아이들이 많이 등장한다.

마음속 아픔이란 무엇일까? 신체적이나 정신적으로 고통을 받을 때 정신적으로 충격을 먹어 우울함이나 슬픔을 느끼는 것이라는 게 내 생각이다.

이런 마음속 아픔을 겪고서 꿋꿋하게 버텨내서 이겨내는 사람이 있는 반면 이 아픔에 한없는 절망을 해 꺾여버리는 사람이 있다.

젊어서 고생은 사서 한다지만 그 고생도 이겨내지 못하면 힘든 것이다.

내가 이런 고통을 받는다면 주저앉아버릴지도 모른다.

이렇게 버텨낸 주인공들이 매우 어른스럽고 쉽지 않은 일을 한 것이라 생각한다.

그 후에 미르와 소희, 바우의 모습이 궁금하다...

제9강

학년별 특징과 글쓰기 지도

1. 학년별 글쓰기 지도

(1) 국어과의 목표는

1) 언어활동과 문학의 본질을 총체적으로 이해한다.

2) 국어를 정확하고 효과적으로 사용하도록 한다.

3) 국어 문화를 바르게 이해하고 국어의 발전과 민족의 언어문화 창달에 이바지 할 수 있는 능력과 태도를 기르는 것이다.

(2) 국어과의 내용체계는 듣기, 말하기, 읽기, 쓰기 국어지식, 문학 영역으로 나누고 있다.

1) 학년별 내용의 선정, 조직의 기본원리는

① 쉬운 것 → 어려운 것

② 개인적인 것 → 사회적인 것

③ 흥미유발 → 지식의 인식 → 지식의 조절

④ 규범적인 것 → 상황적인 것

⑤ 일상적인 것 → 전문적인 것이다.

2. 좋은 글을 쓰려면

(1) 독서와 좋은 글쓰기

좋은 책을 읽으면 그만큼 지식의 폭이 넓어지고 교양의 수준이 올라간다. 글쓰기 능력이 자신도 모르게 크게 향상된다. 독서는 사고력, 문장력, 작문력을 배양하는데 결정적인 역할을 한다.

그러나 아무 책이나 분별없이 마구잡이로 읽는 것은 시간낭비이고 해가 된다. 그래서 좋은 책을 골라 읽어야 한다.

1) 많이 읽는다.

많이 읽어야 한다. 가능한 좋은 글을 골라서 많이 읽는 것이 좋다. 건강을 위해 영양가 있는 음식을 골라 먹듯 좋은 작품을 정독하는 것이 중요하다. 평소 머릿속에 많이 집어넣고 저장해 두면 나중에 그것들을 끄집어내 유용하게 쓸 수 있다.

2) 많이 쓴다.

끊임없는 연습만큼 좋은 방법은 없다.

3) 많이 생각 한다.

많이 생각하고 깊이 생각한다. 독창적인 창의력을 기르고 무한한 상상력을 발산하는 것이 중요하다.

4) 주의 깊게 관찰 한다.

같은 사물이라도 주의 깊게 관찰하는 습관을 갖는 것은 좋은 글을 쓰는데 많은 도움을 준다. 특히 보다 생생한 현장 묘사를 할 경우 관찰력은 필수적이다.

5) 많이 경험한다.

경험이 다양하고 풍부하면 좋은 글을 쓰는데 많은 도움이 된다. 같은 주제로 글을 쓸 경우, 그 주제와 관련된 경험을 가진 사람은 그렇지 못한 사람보다 훨씬 실감나게 글을 쓸 수 있다. 관념적이거나 추상적으로 쓰면 생생한 감동의 글을 쓸 수 없다.

3. 1학년의 특징과 글쓰기 지도

(1) 어린이들의 일반적 특성

· 우리 나이로 일곱 살 또는 여덟 살 되는 시기로 넓은 세상에 대한 호기심을 나타내며 학교에 가는 것에 큰 기대를 한다.

· 아직 자기중심적인 사고에서 벗어나진 못하고 있지만, 조금씩 벗어나기 시작하려고 하는 시기이다. 그래서 친구들하고 이야기할 때 친구의 말을 들으려 하기보다는 자기 이야기만 하는 일이 많다.

· 상대를 배려할 줄 아는 마음이 아직 부족해서 싸움이 일어나기도 하고 선생님의 질문에 빨리 대답을 못하는 친구를 기다려 주지 못하는 일도 많다.

· 상상한 것과 현실을 혼동하기 때문에 자기도 모르게 거짓말을 하는 수도 있다.

· 가까이 있는 친구이면 아무하고나 잘 어울린다.

· 좋고 나쁨, 옳고 그름의 분별에 대한 어떤 기준이 아직 세워지지 않은 시기다. 낯선 사람도 친절하게 대해주면 다 좋은 사람이라고 생각하기 쉽다.

· 그림책을 좋아하고 판타지 요소가 들어 있는 것에 깊은 관심이 많다. 그러나 아직 알고 있는 어휘가 부족하고 집중할 수 있는 시간이 짧기 때문에 읽기에 어려움을 겪기도 되기도 한다.

(2) 글의 특징

1) '나'가 우선이 된다.

나는 아침에 가는데 비가 왔습니다 (이수진)

✓ 이 글을 우리 말법에 맞게 쓰려면 "내가 학교에 갈 때..." 이렇게 써야한다. 그러나 1학년 어린이 글은 자연스럽게 "나는.."하고 나온다. 아직 자기중심적인 사고가 강하기 때문이다.

수진이처럼 글을 썼다고 해서 그것을 "내가"로 고쳐주는 것은 잘못된 지도 방법이다. 다만 문장을 마치고 나서는 온점을 찍어야 한다는 것을 지도한다.

1학년 아이들을 지도할 때 기억해야 할 것은

(3) 1학년, 이 정도는 알게 해 주세요.

1) 문장이 끝나면 온점을 찍는다.
2) 입말로 써도 좋은 글이라는 것을 안다.
3) 우리글은 띄어쓰기를 한다.
4) 자기가 겪은 일을 말하는 대로 쓰면 글이 된다는 것을 알고, 겪은 일을 간단히 적을 수 있다.
5) 자신의 글에 제목을 달 수 있다.
6) 자신의 그림을 설명하는 글을 쓸 수 있다.
7) 간단한 감사의 편지나 쪽지를 쓸 수 있다.
8) 알맞은 갈래: 서사문, 시, 일기

(4) 나열한다.

글쓰기 처음 시작하는 어린이들 글의 뚜렷한 특성으로 글을 처음 쓰기 시작하는 아이들은 글을 쓸 때 사실을 죽 늘어놓는다. 아직 시야가 넓지 않고 자기 눈에 보인 것만을 위주로 쓰고 자기 생각을 넣지 않기 때문이다.

> 나는 학교에 갔습니다. 나는 이태성이 보였습니다. 나는 뛰어갔습니다. 나는 이태성하고 같이 갔습니다. (김도균)

> 나는 어제 학교에서 나무를 봤다. 그리고 꽃도 봤다. 또 나비도 봤다. (이상헌)

> 나는 어제 운동장에 나가서 그림을 그렸습니다. 애들도 잘 그렸습니다. 나는 개나리도 그렸습니다. 나비도 날아다녔습니다. 사람도 있었습니다. (박주혜)

(5) 문장의 앞뒤가 맞지 않는 것을 모른다.

1학년 아이들은 자기가 썼지만 어디가 이상한지 어디를 고쳐야 하는지 모르는 경우가 많다.

이런 때 어른의 기준으로 그 글을 고쳐준다고 해도 아직 완전히 자기 것으로 소화시키기는 어렵다. 조금 지켜보는 것이 좋다.

> 의좋은 형제를 읽었다. 형과 아우는 논에서 모내기를 도와주고 풍년이 들었다. 형과 아우가 낫으로 베었다.(이태성)

✓ 보기 글을 보면 이 아이가 무슨 말을 하려고 했는지 짐작은 할 수 있지만 그러나 잘 이해가 되지 않는다. 하지만 1학년 아이가 이렇게 글을 쓴 것에 대해 크게 문제 삼을 일은 아니다. 오히려 용기를 주는 것이 필요하다.

(6) 하고 싶은 말이 앞선다.

보통 글을 쓸 때는 자기가 겪은 사실을 쓰고 그 일로 해서 갖게 된 자기의 생각이나 느낌을 적게 된다. 그런데 1학년 아이들의 경우는 자기가 하고 싶은 말을 앞세우는 일이 많다.

> 선생님께
> 선생님 안녕하세요
> 애들 가르쳐서 힘드시죠?
> 가끔 놀아 주세요 놀이터서 놀아주세요. 미끄럼틀 태워 주세요
> 안녕히 계세요.
> 11월 25일
> 이태성 올림(이태성)

> **제목 : 수업시간**
> 수학시간에 모양을 가지고 놀았다
> 그런데 오늘은 쉬는 시간이 10분인데 10분이 넘었다. 그래서 공부시간에 공부를 못했다. 마음이 속상했다.(김도균)

(7) 제목과 다른 말을 하거나 처음 하던 말과 다른 말을 한다.

아이들은 제목을 쓰고서는 제목과 전혀 다른 이야기를 쓴다. 그리고 앞뒤가 안 맞는 글을 쓰거나 한 이야기 쓰다가 다른 이야기를 쓴다. 반드시 한 가지 이야기만 쓰라고 강요하지는 말자. 아직 1학년이므로 그대로 다 받아

드리는 것이 좋다. 이렇게 쓰다가 차차 화제를 한 가지로 몰아가는 능력이 생기게 된다.

> **1학년 이미진**
>
> 유진아 안녕?
> 왜! 어린이 대공원에서 계속 만난거지 생각이 안나 유진아 그럼 안녕.
> 미진씀

> **높임말을 합시다**
>
> 1학년 이주영
>
> 돈을 빼기면 돈이 없어져서 안 좋은데 존댓말을 쓰면 엄마, 아빠, 이모 등 듯기 좋으니까 쓰는게 좋은것같다. 존댓말을 외우면 말할때마다, 요를 이져버리지 안으니까 외우는개 좋겠다.

> **책읽은일**
>
> 1학년 정다혜
>
> 난 책을 읽었다. 제목은 꼭꼭 숨어라였다. 책은 재미있다. 두더지를 못찾았다. 생쥐는 못찾겠다 꾀꼬리를 했다.

> **방귀만세를 읽고**
>
> 1학년 이수진
>
> 요코가 방귀를 뀌어서 재미있었다.
> 그런데 테츠오는 나빴습니다. 왜냐하면 요코를 놀렸잖아요. 요코는 착해요.
> 그런데 요코랑 테츠오는 시를 잘 썼습니다.
> 방귀만세는 재미있다.

> **토끼의 귀가 커진 까닭은?**
>
> 토끼는 힘이 약해요 그래 빨리 도망을 가려면 귀가 잘 들려야 해요.(이진)

> **하 늘**
>
> 이 진
>
> 하늘은 보기 좋다. 위를 보면 푸른 하늘을 볼 수 있으니 그리고 새야얀 구름이 없어도 하늘은 곱다. 하늘은 또 좋은 점이 있다 모나 비행기도 있으니까? 끝

(8) 자기가 쓴 글이지만 뜻을 모르는 경우도 있다.

가끔 아이들이 써 온 글을 읽다보면 무슨 말인지 모를 때가 있습니다. 그것은 맞춤법이 아주 많이 틀려서 읽기 어려운 경우도 있는데 그럴 때는 아이에게 읽어보라고 하면 아주 줄줄 읽어 내려가기도 합니다. 물론 자기가 틀리게 써놓고 그것을 못 읽는 경우도 있지요.

그 밖에는 어떤 단어나 문장을 써놓고도 물어보면 모를 때가 있습니다. 그러면 "이런 이야기이니?" 하고 다시 물어보면 고개를 끄덕이거나 가만히 있는 일도 있습니다.

> 내가 술래가 되었다. 술레는 니키선이나 발레리나나 수상 스키나 똥 싸는 아줌마나 무궁와꽃이나 여러 가지 배배이에서 놀이를 하는데 술레가 앞에 있는 수상스키 같은 것을 말로 하면 발레리나는 무용처럼 놀이한다.

✓ 이 글에서는 '배배이'가 무슨 말인지 알 수 없다. 1학년 아이들은 그냥 떠오르는 대로 글을 쓰기 때문에 쓰면서 곧 잊어버린다. 또 쓰는 자기 자신도 뜻을 생각하면서 쓰는 것이 아니고 순간 떠오른 말을 써 놓고 말았기 때문에 자기가 써놓고도 무슨 말인지를 모를 때가 있다. 또 어느 정도 안다고 해도 그것을 말로 설명하기가 어려워서 대답을 못하는 일도 있다.

(8) 건의하는 글쓰기

교장선생님께

양평초등 1 박주혜

교장선생님 건의하고 싶어요. 너무 추워요. 난로를 피워 주세요. 왜냐하면 교실이 너무 추워요.

부모님께

양평초등 1 신선아

엄마 귀여운 강아지인형 사주세요. 귀여운 강아지가 있으면 동생이랑 더 재미있게 놀 수 있잖아요.

4. 2학년 글의 특징과 글쓰기 지도

1학년 때와 달리 훨씬 문장력이 좋아지는 시기이다. 어느 정도 조리가 생기고 어느 때 어느 곳에서 있었던 일과 언제나 있는 일을 구별한다. 어디서부터 어디까지 글을 써야겠다고 하는 장면 구분을 세울 줄 안다. 놀이한 것, 공부한 것도 아주 좋은 글감이라는 것을 안다. 친숙한 일을 글감으로 해서 겪은 일을 쓸 수 있다.

이 시기는 읽거나 들은 내용을 글감으로 삼아 간단한 글을 쓸 수 있는 시기다. 그림을 보고 몇 개의 문장으로 그림을 설명해 볼 수도 있다. 가족이나 친구를 소개하는 글 같은 기초적인 설명글을 쓸 수 있다. 자신의 글을 소리내어 읽으면서 점검해 보는 것도 좋다.

(1) 조금 염두에 두고 지도할 일들.

1) 다른 친구들이 쓴 글을 보기글로 많이 보여 주는 것도 좋은 방법이다.
2) 문장 부호는 따로따로 익히게 하는 것보다는 글을 쓰는 가운데 자연스럽게 익히도록 하는 것이 좋다.
3) 원고지에 직접 쓰도록 하는 것도 좋다.

4) " "와 ' '의 쓰임을 알고, 주요한 문장 부호의 모양과 위치를 안다.
5) 모든 낱말은 띄어 쓰며, 말하는 것처럼(말의 단위로)띈다는 것을 알게 한다. 띄어쓰기를 어려워하는 경우, 강요하지는 말자. 자연스럽게 익히게 된다.
6) 글 전체를 자세히 쓰기는 어렵다. 자신이 가장 재미있어하는 부분, 가장 말하고 싶어 하는 부분만 자세히 적어보도록 격려해 주는 것이 좋다.
7) 놀이한 것, 먹은 일 따위로 친숙한 글감을 찾도록 도와준다. 글감이 편중되는 경우 글감의 확장만을 요구할 것이 아니라 생활을 짚어 봐 주는 지도가 필요하다.

> 9월23일 일요일
>
> **제목 : 심심한 날**
>
> 도척초등학교 2학교 최주은
>
> 아빠가 새벽6시에 벌초를 가셔서 일어나니까 웅이만 혼자 깨서 장남감 자동차를 가지고 "붕~끼익, 붕~덜컹~끼익" 마며 놀고 있었다. 웅이와 나는 혼자 말을하며 혼자 노는 것은 잘한다. 엄마도 일요일에 늦잠자는 버릇을 고쳐야 한다. 배에선 '꾸르륵' 거리고 웅이는 안방 벽에다가 볼펜으로 물고기 그리며 낙서하고 엄마는 깨워도 기지개만 켜지 계속 자고 심심해서 죽을것만 같았다.
>
> 차라리 엄마 눈치보면서 벽에다가 낙서하고 엄마가 깨면 웅이 탓으로 떠밀까? 그런 생각도 든다. 엄마가 깨자 엄마랑 나는 지우개로 낙서를 열심히 지우고 웅이는 된통 혼이 났다. 오늘도 즐거운 하루였다

✓ 주은의 생활을 잘 보여주는 글이다. 흉내내는 말을 넣어 구체적으로 잘 썼다. 그런데 제목이 '심심한 날'인데 끝에 '오늘도 즐거운 하루'였다라고 쓴 것은 이해가 안 간다.

6월6일 화요일

제목 : 현충일의 조기

도척초등학교 2학교 최주은

집에서 조기를 달았다. 엄마는 조기가 무엇인지 알면서도 아빠가 태극기를 달고 거실에 TV를 보고 있는데 엄마가 갑자기 냉동실에 있던 생선 조기를 가지고 와서 달으라고 했다. 그때 웅이가(내동생이)태극기를 하나 더 가지고 와서 그 태극기는 배란다에 의자에 걸쳤다. 우리가족도 유관순 언니처럼 대한민국을 너무너무 사랑하나 보다 대한독립만세!!!

✓ 주은이는 생활에서 글쓰기 소재를 잘 찾아내는 좋은 습성을 가진 아이다. 또한 조기와 현충일을 연결시켜 재미있게 글을 썼다. 문학적 소질이 풍부한 아이의 글이다.

9월24 일요일

이천초등학교 2학년 윤지현

오늘 아주 재미있었다. 왜냐하면 내 동생 수용이와 아랫집 서영이, 내가 놀았기 때문이다. 먼저 나뭇가지 떨어진 것을 20개 줍고 낙엽을 세네개 주워서 철봉 밑에 깔고 셋이 가위바위보를 해서 진 사람이 닭이 되어 철봉에 매달려서 닭이라고 치고. 둘은 가짜로 불을 지피며 숫불구이가 될 되까지 기다리고 둘이 딴 데 보는 순간 도망치는 게임이다. 그런데 이때 딱 엄마가 집에 들어오라고 해서 그래서 닭을 놓쳤다. 아쉽지만 재미있는 하루다.

꿈을 이루기 위해 할일

양평초등학교 2학년 방혜규

나의 꿈은 간호사가 되는 것이다.
간호사가 되려면 무서움과 부끄러움이 없어야 한다.
병원놀이를 많이 해서 간호사가 되야 한다.
주사기 같은 것을 사서 노력을 한다
방혜규 드디어 간호사가 되다 호호호

✓ 내 꿈은 무엇인가에 대해 써 본 글이다. 이 글을 쓰며 이미 혜규는 간호사가 된 듯 기분이 좋아졌다. 글을 쓰며 꿈을 구체화시키게 되므로 글의 힘은 대단한 것이다.

책을 읽고 소개하는 글

몽골의 전통악기 마두금

2학년 박주혜

'수호의 하얀말' 책은 몽골에서 있었던 이야기야. 수호는 하얀 망아지를 데리고 왔어. 수호는 망아지를 잘키워서 훌륭한 말이 되었어. 그래서 하얀말하고 같이 말타기대회에 나가서 1등을 했어 궁금하면 이 책을 읽어봐

후 회

2학년 설의빈

아야! 아야!
엄마한테 맞은 설의빈
엄마 때리지마
나 엄마가 심하게 때려서 아퍼

하지만 나도
내 잘못은 인정해야지

나는 왜
공부안한 거지?
그리고 티비를 왜 많이 보지?
또 컴퓨터를 왜 이렇게 많이 하는 거지?
그게 후회돼

또! 공부도 안하고 티비나 컴퓨터만 하지
또! 또! 엄마한테 맞을라 조심해야지

'여우의 전화박스'를 읽고

2학년 조항진

엄마여우야 너는 참 착하고 귀여운 엄마여우야.
너는 나중에도 복받고 다른 사람에게 칭찬을 많이 받을 것 같아.
나는 못받는데 참 좋겠다. 잘 있어.

5. 3학년의 글의 특징과 글쓰기 지도

(1) 일반적 특성

보통 언어학자들은 우리 나이로 3, 4학년 시기인 10세 정도를 모국어를 완성시키는 시기로 보고 있다. 보통 이 시기가 되면 자기 나름대로의 언어 체계를 갖게 된다. 일상용어 사용에 어려움을 느끼지 않기 시작하는 때이기도 하다. 대부분의 아이들이 적극적이고 명랑한 아이다운 성격을 띠게 된다. 아이들은 슬프고 우울한 것보다는 기쁘고 즐거운 것을 훨씬 빨리, 그리고 오래 기억한다. 또 상상과 현실의 구분을 이때부터는 좀더 정확하게 할 수 있다. 그래서 동화의 세계에서 벗어나 실제에 적응하게 되고 소박하게나마 현실 인식이 싹트기도 한다. 자기표현이 훨씬 적극적이 되어서 부모나 선생님을 당황하게도 하고, 자기만의 장소나 자기만의 비밀 노트 같은 것을 갖고 싶어도 한다.

이때부터는 친구를 사귀는 일도 훨씬 적극적이 되고 소위' 내 편'이 생기기도 한다. 아래 학년에서 가까운데 있는 동무들과 친하게 지냈다면 이때부터는 멀리 있어도 나랑 잘 맞는 아이와 친하게 지내려고 한다. 그래서 먼 곳에 있는 친구 집에도 놀러가기도 하고 친구 집에서 이것 저것을 해보기도 한다.

친구들과 어울리다 보면 자칫 생활의 리듬이 깨질 수도 있지만 늘 짝을 지어서 행동하려고 한다. 힘센 친구가 동무들 사이에 존경을 받기도 한다.

책을 좋아하는 아이와 그렇지 못한 아이가 서서히 구별된다. 책을 좋아하는 아이는 책만 끼고 살거나 좋아하지 않는 아이는 두 쪽만 읽어도 벌써 하품을 한다. 아이의 특성에 관심을 갖고 책읽기 지도를 해주는 것이 좋다. 남자 어린이의 경우는 과학에 대한 책에 아주 흥미를 보여서 편독을 하는 경향이 나타나는 경우도 있다.

또 신화나 전설을 좋아하는 시기와 실제의 사건을 다룬 이야기를 좋아하는 시기로 넘어가는 과도기적인 시기이다. 그렇기에 위인들의 행적을 담은 이야기에 관심을 보이며 모험을 그린 이야기도 좋아한다. 정의감이 싹트기 시작하는 때이며 선악의 구별도 어떤 기준에 의거해서 판단하려고 하고 자기 행동도 그 기준에 따라 판단할 수 있는 능력이 생기기 시작한다.

대체로 인생이 즐거운 시기로, 의욕이 넘쳐서 뜻하지 않은 사고를 치는 경우도 있다.

(2) 조금 염두에 두고 지도할 일들.

1) 쓸거리를 정해서 그것을 쓰는 차례를 한번쯤 생각해 보게 한다.
2) 이어주는 말의 쓰임이 다른 것을 알게 한다.
3) 실제 체험의 중요성을 강조하며 개념으로 쓰는 글을 조심해야 한다.
4) 자기가 하는 말로 쓰는 것이 중요하다는 것을 알려준다.
5) 문장 부호의 바른 쓰임을 알게 한다.
6) 가장 중요한 데를 파악하게 해본다.

N서울타워

3학년 김재엽

어제 N서울타워에 갔다. 버스를 타고 남산 한옥마을에 갔다. 한옥 마을에서 구경하다가 타임캡슐공원에 갔다. 공원을 둘러보고, 시냇가를 따라서 내려갔다. 한옥마을에서 나와 남산동에 가서 케이블카를 탔다.

N서울타워에 갔다. 높이 236M, 산에 높이는 243 합쳐서 479이다 캐나다에 CN타워(553M) 중국에 동방영주탑(480M)로 세계 3위 수준이다. N서울타워에 올라가서 서울 구경하고 내려왔다.

유리컵

내가 세 살 때, 유리컵을 깨 먹은 일이 있다.
유리컵 깨지는 소리가 재미있어서 했는데 엄마가 왔다.
"빨리 뱉어"
엄마가 소리치셨다.
그땐 재미있었지만 지금은 별로다

엄마 저만 많이 때리지 마세요

3학년 박준형

엄마 왜 저만 많이 때리세요?

저가 더 많이 맞아서 너무 아팠어요. 다음에는 똑같이 때리세요. 그리고 손바닥 조금만 때리세요.

'파스칼의 실수'를 읽고

파스칼은 심한 거짓말쟁이다.

내가 파스칼이라면 학교에 늦은 이유를 말 하고 용서를 빌 것이다. 또 내가 파스칼이라면 엄마와 프랑수아에게 미안하다고 말할 것이다. 나는 이렇게 심한 거짓말을 하지 않을거고 지금까지 한 거짓말을 반성할 거다.

6. 4학년의 글의 특징과 글쓰기 지도

각 개인의 차이가 두드러지는 시기이다. 글쓰기지도에 특별한 관심을 기울여야 할 때다. 이 시기에 보이는 성격은 아이의 고유한 성격으로 자리 잡기 쉽다. 예를 들어 이때 지각을 자주하는 아이는 앞으로도 지각을 예사로 할 가능성이 높다. 그러므로 좋은 생활 습관을 가지도록 해 주어야 한다.

자아가 확실하게 생기면서 자기가 좋아하는 스타일의 옷을 입으려고 하고 유행이나 패션에 민감한 반응을 보이기도 한다. 그리고 자기 합리화를 위한 거짓말도 능청스럽게 한다.

자기하고 맞는 아이들과는 아주 친하게 지낸다. 이때 친했던 아이들과 헤어지는 것에 상처를 받기도 합니다. 친했던 친구가 전학을 가게 되면 대단히 낙심하기도 한다.

교과의 내용이 확 어려워지기 때문에 노력하지 않으면 안 되는 시기입니다. 공부방을 따로 마련해 주는 것이 좋다. 그리고 일정한 시간만큼 학습을 하는 습관을 들이도록 해주어야 한다.

한편 체력이 증가하고 수직분화가 생기는 시기이다. 그래서 서로의 역량을 인정하면서 지배, 복종의 관계가 생긴다. 지위에 따른 책임을 완수할 수 있고 자기 말에 대한 책임도 질 줄도 안다. 자기가 아는 것에 대한 자기 주장을 쉽게 철회하지 않으려고 하는 경향이 있다.

글쓰기에서는 자기가 쓴 것보다 훨씬 더 잘 표현할 수 있는 능력이 있으면서도 귀찮아서 대충 빨리 쓰고 놀고 싶어 한다. 괜히 멋 부리는 문장을 써보고 싶어 하고 겪은 일을 쓰는 것을 시시하게 여긴다. 아직 자기 주장을 논리적으로 펴내지는 못하지만 추리력이 발달해서 이야기의 뒷부분을 상상해서 써 보는 일 따위를 즐거워한다. 화제도 넓어지고 이야기의 내용도 풍부해지는 반면에 말을 하거나 글을 쓸 때 의성 의태어에 의지하는 일이 조금 줄어든다.

또 추상화(抽象化)하는 능력이 생기며 추상적인 것의 의미를 파악할 수 있게 된다.

(1) 3, 4학년 글의 특징

1) 하고 싶은 이야기를 차분하게 써내려간다.

3, 4 학년 아이들의 글은 1,2학년 아이들의 글과 차이가 많다. 물론 여전히 1,2학년 아이들처럼 꼭 할 말만 직감으로 짤막하게 쓰는 아이들도 있지만 대체로 하고 싶은 이야기를 차근차근 써내려 간다.

2) 글이 밋밋해 지기 시작한다.

차츰 더 아이들이 생활이 바빠지기 시작하고 또 너무나 반듯해서 재미없는 교과서 문장에 익숙해지면서 아이들의 글도 밋밋해지는 경향이 많이 나타난다.

3) 남의 처지를 생각할 줄도 알게 된다.

저학년 때의 자기중심성에서 차츰 벗어나는 시기로 다른 사람의 처지나 형편을 헤아려 주기도 한다.

4) 보고 들은 글감을 시간을 거슬러 올라가서 다시 생각해 볼 수도 있다.

5) 관찰 기록문을 쓸 수 있다.

이웃돕기

양평초등학교 4학년 윤희라

우리주변에는 여러 장애우가 있다. 그 장애우를 위해 우리가 할 일은 봉사활동, 성금내기 등이 있다. 나는 저번에 봉사활동을 했다. 봉사활동에서 장애인들을 봤다. 우리가족과 다른 사람과 봉사활동에서 놀아주고, 같이 수제비를 만들고 알뜰시장도 하고 놀았다. 그걸 할 때마다 장애우를 돕는게 아니라 내가 즐겁게 노는 것 같았다. 이렇게 봉사활동을 하면서 내가 더 즐겁게 노는 것 같았다. 또 학교에서 성금을 내라고 할 때 나는 무조건 낸다. 1000원이든 3000원이든 조금이라도 내야 내마음도 뿌듯하고 기쁘다. 장애우들 때문에 많은 경험을 하고 기쁘고 너무 좋다. 그리고 항상 찡그린 표정도 장애우들 때문에 활짝 펴지지 않을까 생각된다. 우리나라 모두가 장애우들을 도와 활짝 웃었으면 좋겠다. 장애우도 돕고 나도 기쁘고 뿌듯하고 1석2조다.ㅋㅋ

우리나라에서 장애우가 별로 없었으면 좋겠다. 장애우로 태어난 사람은 얼마나 힘들까 생각하면... 우리나라는 활짝 웃는 나라가 되면 좋겠다. 장애우들이 제발 보통사람처럼 됐으면 좋겠다. 그래서 같이 놀면 좋겠다. 장애우들 화이팅!!

✓ 희라는 장애우를 도와주었던 일을 글감으로 글을 썼다. 장애우를 바라보는 시각이 밝고 건강하다. 이 글을 쓰는 아이는 느낌이나 생각이 우러나게 된 자리로 돌아가서 그 때의 느낌을 적고 있다. 서사문을 쓸 때는 일이 일어난 차례대로 써야 생각하기도 쉽고 쓰기도 쉽다. 그러나 간혹 글감에 따라서는 지금 있었던 일을 말하면서 다시 과거의 일로 거슬러 올라가 쓰기도 하는데 이런 것을 특별히 어떤 기법으로 지도하지 않아도 아이들은 글감에 따라서 자기 스스로 방법을 찾아내서 쓰기도 한다.

나의 취미

양평초등학교 4학년 변효지

나의 취미는 컴퓨터 게임과 텔레비전 보기 그리고 그림그리기가 있다.

컴퓨터에서 주로 하는 게임은 온라인 게임을 하고 레벨을 올리는 게임을 한다. 그리고 야채부락리 등의 게임을 한다.

내가 텔레비전에서 주로 보는 종류의 프로는 만화이고 투니버스나 퀴니에서 본다. 그리고 주로 짱구를 본다.

> 내가 주로 그리는 그림은 만화가 아니면 사람을 그린다. 내가 만화를 주로 그리는 이유는 그냥 사람만 그리는 것보다 말주머니 넣는게 더 재밌고 좋기 때문이다.
> 내가 하는 야채부락리는 캐릭터들이 야채모양이고 귀엽게 생겼다. 그리고 표정이 참 재밌다.
> 만화 짱구는 5살 말썽쟁이 짱구가 말썽을 부리는 것이 참 재밌고 웃기다. 짱아라는 동생도 있는데 짱구와 닮아서 귀엽게 생겼다.
> 컴퓨터 게임과 텔레비전 프로는 참 재밌다. 그리고 그림 그리기도 재밌다.

✓ 자신의 취미를 소개하는 글이다. 설명을 할 때 취미를 뒷받침하는 구체 사실을 들어 하고 싶은 말을 차분히 쓰고 있다.

> **자전거 도둑**
>
> 4학년 김성호
>
> "랄라랄라~ 즐거운 자~전거 타기!"
> '구구구궁, 따라라란'
> 자전거가, 자전거가 없어졌다. "럴수 럴수 이럴수가" 하는 수 없이 그 날은 배드민턴만 쳤다.
> 다음날 아침이 밝았다. 그리고 오후에 나는 또 자전거가 없길래 자전거 도둑을 2시간 동안 찾았다. 그리고 드디어 자전거를 찾았다 싶었는데 다른 자전거였다. 모양이 비슷해서 착각한 거였다. 그런데 이제 정말 도둑을 잡았다. 한 9살과 7살쯤 되어 보였다. 나는 꿀밤 한 대씩 주고 그러지 말라고 그랬다. 자전거를 아무데나 논 내 잘못이 큰 것 같아서 앞으로는 집안에다 잘 둘 것이다.

✓ 동네에서 겪은 일을 떠 올려 쓴 글이다. 문장이 어색한 부분이 조금 있지만 즐겁게 쓴 글이다. 자전거를 찾으려고 노력하는 과정이 상세하게 그려져 있다면 더 좋은 글이 될 것이다.

7. 5학년의 글의 특징과 글쓰기 지도

삐아제의 구분에 따르면 형식적 조작기에 들어서는 시기이다. 논리적 사고를 할 수 있는 때이므로 논리적인 의견 전개가 가능하다. 주장하는 글이나 논설문 공부를 시작할 수 있다.

정신생활의 범위가 넓어지며 도덕적 의식이나 책임감이 높아져서 개인 감정을 억누를 줄도 알게 된다. 어른의 권위를 인정하기 시작하고 공부 잘 하는 사람에 대해서 존경의식을 갖는다. 지적 호기심이 높아져서 자신의 관심 분야에 깊이 들어가 보려고 하며, 또 자신의 질문에 대해서 정확한 지식이나 설명을 곁들여서 해주는 답변을 좋아한다.

자기 의견을 정확하게 표현할 수 있는 반면에 남을 조롱하거나 빈정거리는 일을 즐기기도 하는 시기이다. 이성에 대한 관심이 싹트면서 상대에 대한 관심을 정반대의 말이나 행동으로 표현하기도 한다. 남자 어린이들은 여자 어린이들보다 힘이 센 것에 대해서 우쭐해 하며 여자들을 무능하다고 생각한다. 반면 여자 아이들은 그런 남자 아이들을 난폭하고 야만적이라고 생각한다. 마음이 담긴 칭찬인지 아닌지 확실히 알게 되며, 칭찬을 위한 칭찬에 이제는 속지 않는다.

초등학생의 휴대 전화사용에 대하여

5학년 김민정

요즘 전체 인구 4700만 명 중에 3500만 명이 휴대전화를 사용하고 있다고 한다. 그리고 그 중 초등학생 12만 명이 휴대전화를 사용하고 있다고 한다.

나는 초등학생이 휴대전화를 사용하는 것에 대해 찬성한다. 왜냐하면 초등학생이 휴대전화가 필요없다는 법은 없다. 그리고 휴대전화가 있으면 부모님이 좀 더 안심이 될 것이다. 그리고 물론 게임, 노래, 문자 등을 많이 이용해서 돈이 많이 나올 것이다. 그럴 경우 정액제 요금을 이용하면 낭비를 줄일 수 있다. 그리고 공중전화를 이용하는 것보다는 휴대전화를 이용하는 것이 더욱 편할 것이다. 그리고 휴대 전화가 있으면 문자, 게임을 잘 사용하지 않고 되도록이면 오는 전화 그리고 거는 전화를 사용하면 그나마 더욱 낭비하지 않을 것이다.

휴대전화가 그렇게 많이 필요하진 않을 것이다. 전자파 때문에 우리 몸에도 안 좋고, 또 전화비가 많이 나오면 부모님께서 굉장히 곤란해 하실 것이다. 그리고 휴대 전화 때문에 공부가 많은 방해가 될 수도 있다.

그러므로 앞으로는 휴대전화가 꼭 필요할 때 샀으면 좋겠다.

✓ 초등학생의 휴대폰 사용을 찬성한다는 의견이다. 그런데 뒷부분에 '휴

대전화가 그렇게 많이 필요하진 않을 것이다.'라는 말은 어울리지 않는다. 차라리 이 부분은 빼는 것이 부드럽겠다. 아이들마다 글 쓸 때마다 나오는 습관이 있는데 '그리고'란 말이 지나치게 많이 나오고 있다. 이런 것은 글다듬기를 통해 고치는 것이 옳다.

8. 6학년의 글의 특징과 글쓰기 지도

지적 능력이 많이 향상되어 있다. 주관을 떠나 객관적으로 사고하는 힘이 생겼습니다.

객관적인 자료를 모아 각 자료들의 상호관계에서 필연적이라고 생각되는 것을 결론으로 삼을 줄 안다. 귀납 추리가 가능한 것이다.

이치를 따지는 것을 좋아하기 때문에 어른들에게도 꼬치꼬치 묻고 따지고 싶어하지만 어른의 권위는 인정한다.

기억력이 최고조에 올라 있는 시기이다. 자신에 대해서 어느 정도 파악하고 있기 때문에 힘으로든 다른 것이든 무리한 상대에게는 대들지 않는 특성이 있다. 규범이나 규칙에 흥미를 느끼면 놀이를 하면서도 새로운 규칙을 만들어 내는 것을 즐거워한다. 자기에게 시킨 일을 동생에게 다시 시키는 일을 보이기도 한다.

자립심이 많이 생겼으므로 친구들과 어울려 쇼핑을 가거나 놀이 공원 같은 곳을 다녀오기도 한다.

자신만의 공부스타일이 거의 정해졌고 사회에 대한 관심도 높아지는데, 신문 읽는 것에 흥미를 느끼며 관심을 끄는 사회적 문제에 자신의 의견을 개진하기도 한다.

(1) 5, 6학년 글의 특징

5,6학년 아이들은 아래 학년 아이들보다 세상에 대한 관심이 부쩍 커지고 보는 눈이나 생각도 훨씬 넓고 깊어진다. 그리고 옳고 그름에 대한 판단도 더욱 선명해 진다. 현실 사회에 조금씩 눈을 뜨고 자기 나름의 이해도 생기고 비판의 눈, 자기주장을 내세울 수 있게 된다. 글감의 범위도 아주 넓어져

서 우리 집, 우리 식구, 내 동무, 우리 학교에서 좀 벗어나 사회적인 일에 눈을 돌릴 수도 있다.

그러나 마음 문을 열기가 어려워지고 속내를 잘 드러내지 않으려고 한다.

어른들이 싫어할 것이라거나 혹은 이 글로 인해서 부당한 대접을 받을 것 같은 것은 이미 스스로 눈치껏 안 쓰기도 한다. 글에 멋을 부려 보고 싶어하기도 하고 글이 관념으로 굳어지기도 한다. 사물을 보는 아이들의 눈을 밝혀주고 의식을 일깨워 주는 지도가 더욱 절실한 시기이다.

1) 또렷한 자기 생각을 갖고 있다.

5,6학년 정도 되면 이렇게 둘레의 일에 관심을 갖고, 거기서 느낀 것을 바탕으로 자기 생각을 펼쳐 보일 수 있다. 그리고 그렇게 할 수 있도록 지도하는 것이 좋겠다.

2) '관념'으로 글을 쓰는 경우도 많다.

3) 단순히 설명으로, 쓸데없는 멋 부리기, 대충 건성건성 쓴다

4) 쓸데없는 격식에 갇혀 있는 글을 쓴다.

5) 감정의 흐름에 따라 글을 쓰기도 한다.

나는 외모를 중시하는 태도에 대해 반대한다.

6학년 박수현

요즘 사회의 모습은 겉으로만 판단하는 것이 많다. 예를 들면 잘 생기면 잘해주고 못생기면 못해주는 것이다. 나는 그것이 정말 나쁘다고 생각한다. 왜냐하면 착해도 미움받는 미운오리새끼처럼 독을 품고 대한다면 이 세상은 잘 생긴 사람만 살아야 하는 세상이 될 것이기 때문이다.

예전에 한 친구가 있었는데 걔는 잘생기고 공부도 잘하고 정말 좋은 친구이다. 하지만 걔보다 얼굴은 못생겼지만 더 착하고 더 성실한 애가 있었다. 그런데 애들은 잘생긴 친구한테 몰려 들었고 못생긴 애를 왕따시켰다. 나는 무조건 잘 생기기 보다는 내면이 착한 것이 진짜 아름다움이라고 생각한다.

그래서 나는 잘났건 못났건 평등하고 서로 즐겁게 지내보는 것이 가장 좋다고 생각한다. 모두가 평등한 때가 빨리 왔으면 좋겠다.

나의 취미

6학년 이지은

나의 취미는 밸리댄스이다

밸리댄스는 여성들의 춤이자 표현하는 것이다.

또한 밸리댄스는 살이 빠지며 다이어트, 유연성을 길러주며 스트레스 해소도 된다.

밸리댄스의 특징은 슈미이다. 슈미는 앞으로 흔들기, 상의 흔들기등이 있으며 상의와 하의를 따로 흔드는 것이다.

나는 1주일에 한 번 밸리댄스를 한다. 열심히 하면 금방 배우면서 실력이 좋아지고 게으름을 피우면 오랫동안 배워야 하며 재미가 없어진다.

밸리댄스에 필요한 의상은 벨트이다. 비싼 것은 10만원정도이고 싼 것은 5만원 정도이다. 내 주위 사람들이 밸리댄스를 열심히 하며 좋은 몸매를 잘 가꾸어 나갔으면 좋겠다.

선생님 너무 하신거 아니에요?

6학년 조은경

나는 00학원을 다닌다. 전 과목 수업을 받고 있다.

우리 학원 선생님은 수학전공이라고 한다.

하지만 수학도 제대로 안 가르쳐 주시면서 못하면 버럭버럭 소리만 지르시고 남자, 여자 차별하면서 어쩔때는 살짝 때리신다.

"선생님 진짜 너무 하세요."

학원 수업마다 "잠깐 풀어놔", "이거 답 불러" 그러시고는 나가신다.

그리고 나서 밖에 나가서는 쇼파에서 주무시거나 담배를 피시고 있다.

정말 제대로 수업 한 번 못 받았다.

나는 엄마에게 학원 선생님에게 말하라고 말씀드렸다. 엄마께서는 직접 가셔서 선생님께 말씀드린다.

그 다음날 선생님께서는

"은경아, 뭐 모르는 거 있니?" 이렇게 물어보신후 2일~3일후는 다시 원상태로 돌아온다. 친구들 부모님들도 말해봤는데 똑같다고 한다.

전에 학원도 끊어서 이 학원으로 왔는데 내가 엄마에게 계속 말하자 엄마는 수학을 그만 다니라고 한다. 나는 결국엔 수학학원을 안 다니고 다른데를 다닌다. 전과목 중에 영어만 그 학원을 다닌다.

"선생님, 아직도 그러세요? 어떻게 영어시간에서까지 친구들이 선생님 욕하세요? 아직두 그러나요? 정말 너무 하시는 거 아니에요??

9. 글쓰기 지도, 이것만은 지키자

① 신뢰감 형성이 첫 번째 열쇠다.
② 아이들을 믿어라.
③ 글과 친해지게 하라.
④ 즐겁게 쓰도록 하라.
⑤ 부담 없이 쓰도록 하라.
⑥ 글 쓰는 과정에도 관심을 가져라.
⑦ 편하고 자연스러운 분위기로 만들어라.
⑧ 한번에 완성되는 글은 별로 없다.
⑨ 감동할 준비를 하라.
⑩ 가르치는 사람도 글을 써라.

좋은 보기 글이 실린 책

- 〈엄마의 런닝구〉 한국 글쓰기 연구회
- 〈새롬이와 함께 일기 쓰기〉 이성인 엮음
- 〈비 오는 날 일하는 소〉 이호철 엮음
- 〈내가 처음 쓴 일기〉 윤태규 엮음
- 1,2학년 산문집
  〈아무도 내 이름을 안 불러 줘〉 한국글쓰기연구회
- 3,4학년 산문집
  〈아주 기분 좋은 날〉 한국글쓰기연구회
- 5,6학년 산문집
  〈주먹만한 내 똥〉한국글쓰기연구회

제10강

논술이란 무엇인가

1. 논술은 어떤 글인가?

(1) 자기의 의견을 적는 글

논술은 어떤 문제에 대해 자신의 생각을 논리적으로 서술하거나 말하는 것이다. 즉, 주어진 논제에 대해 다양한 논거를 가지고 자신의 주장이나 견해를 논리적이고 증명하는 것이다. 논술에는 진술논술과 구술논술 두 가지가 있다.

진술 논술은 어떤 문제에 대해 생각한 내용을 쓰기로 나타낸 것으로 글쓰기 기술을 활용하고 보통 줄여서 '논술문','논술'이라고 한다. 구술 논술은 말하기로 표현하므로 말하기 기술을 활용하게 되는데 줄여서 '구술'이라고 말한다.

논술을 하려면 사고력, 논리력, 창의력, 표현력이 필요하다. 그 중 사고를 주축으로 하기 때문에 평가를 할 때도 당연히 사고력을 우선적으로 평가한다. 표현력도 중요하지만, 매끄러운 문체보다는 거친 문체라도 생각이 들어간 글, 그럴싸하게 남의 의견으로 치장한 글보다는 간단해도 자신의 생각을 밝혀 쓴 글이 좋은 점수를 받을 수 있다.

(2) 논술문은 객관적인 글인가? 아니면 주관적인 글일까?

객관적인 글의 대표적인 예로는 설명문을 들 수 있다. 설명문은 객관적 사실에 근거하여 독자에게 알릴 목적으로 쓰는 글이다. 당연히 쓰는 사람의 의견이나 감상은 배제되어야 한다. 반면에 주관적인 글의 대표적 예로는 시, 수필을 들 수 있다. 자신이 생각한 것을 다른 것에 구애받지 않고 쓰는 글이다. 논술문은 설명문과 수필의 특성을 모두 가지고 있다.

논술문은 자신의 주관이 뚜렷하게 나타나야 한다. 어떤 문제든지 꼭 맞는 정답이 있는 것은 아니다. 글 쓰는 이의 독창적인 문제의식과 결론이 논술문의 생명이며 존재이유다. 또한 논술문은 '주관을 객관화시키는 글'이어야 한다. 쓰는 이의 뚜렷한 문제의식과 주장 못지않게 그것을 객관화 시킬 수 있는 치밀한 논리적 구조와 설득력 있는 설명, 예시 등이 필요하다.

논술은 일반 작문과 달리 논리적 틀을 갖추어야 한다. 논술은 사고를 조직화해서 표현하는 글이므로 주장을 객관적 설득 형태로 간결하고 명확하게 전달하기 위해 서론, 본론, 결론이라는 틀을 사용한다. 서술의 형태는 조직적이며, 건조체의 경향을 띤다.

논술하는데 있어 아는 것이 많으면 주장을 펼칠 때도 유리하고 적절한 근거를 선별하기도 쉽다. 논술은 자신의 주장을 객관적 지식에 바탕을 두기 때문에 주어진 논제에서 논점을 분석하려면 사전 지식, 즉 배경지식이 필요하다. 배경지식은 풍부한 독서와 원활한 사고를 통해 축적되는 것이므로 장기간이 소요된다. 그러므로 미리미리 계획을 세워 공부하는 것이 좋다.

논술의 지식을 객관적으로 활용하기 위해서는 독서를 할 때 비판적 사고력을 길러야 한다. 자칫하면 궤변만 늘어놓는 논술이 될 수 있다.

논술 지도를 체계적으로 하면 논술능력을 크게 향상시킬 수 있다. 단편적으로 생각하던 것을 심사숙고하고, 단순하게 생각하던 것도 종합적으로 생각하게 된다. 문제를 깊이 있게 다각도로 사고하는 능력을 진술문으로 완성하는 능력이 길러지고 나면, 지식정보 자료를 독해하고 주장을 강화하는 기술을 가르쳐야 한다.

(3) 독해력의 중요성

초등3~5학년은 초급, 초등6~중등2학년은 중급, 중등3~고등2학년은 고급 단계로 나누어 단계적으로 지도하는 것이 좋다.

고등 3학년은 논술기술을 차근차근 쌓아올리는 것 보다 구체적으로 여러 문제를 실제 다루어야 한다.

논술을 성공적으로 수행하려면 사고력만큼 독해력도 중요하다. 독서지도는 책 단위로 접근하는 반면 논술지도는 종합적 지식 정보를 습득하기 위해 교과서, 단행본, 잡지, 신문, 인터넷자료 등에서 알맞은 내용을 발췌하여 편집한 자료 단위로 접근한다. 교과서는 자료로서 가장 중요한 역할을 하므로 일차적으로 교과서의 내용을 독해하고 그것을 근거삼아 주장하는 논술이 바람직하다. 다음 여기에서 나아가 다른 자료까지 확대되는 것이 마땅하다.

(4) 논술시험은 왜 보는 걸까?

1) 논술은 대학에서 공부를 할 때 학문 활동의 기초가 되기 때문이다. 학문을 한다는 것은 진리를 탐구하는 일인데 진리 탐구에 그치지 않고 더 중요한 작업이 있다. 그것은 '정당화하는 능력'을 기르는 것이다. 대학에서는 논문의 형태로 공부한 것을 표현하게 된다. 논문은 근거를 대는 글이고, 정당화하는 글인 것이다.

2) 논술이 필요한 까닭은 단순하게 학문 활동을 위해서만이 아니라 합리적인 의사소통 능력을 갖추기 위한 훈련 과정으로써도 매우 중요하다.

3) 어떤 일을 할 때 직무 수행의 기본 능력을 갖추는 과정이 바로 논술 훈련 과정에서 이루어질 수 있다고 보기 때문이다. 우리 사회에도 이제는 단순하게 지식을 측정하는 것이 아니라 지혜를 측정하는 하는 일이 중요한 문제로 등장했다.

논술은 단순하게 대학에 들어가기 위한 도구가 아니라 긴 인생에서 중요하고 기본적인 능력을 기르는 중요한 과정인 것이다.

4) 대학입학시험에서 논술시험은 학생들의 비판적 사고능력과, 창의적 문제해결능력을 평가한다.

① **사고력** : 실제 생활이나 학습에서 얻은 지식을 논리적으로 분석하고 재구성하는 사고(비판적 사고력 요구)

② **창의적 문제해결능력** : 알고 있는 지식을 현실에 적용하여 창의적으로 문제를 해결할 수 있는 능력

2. 통합논술 – 창의적 문제 해결력 요구

과목별, 유기적 사고력을 재는 통합논술은 정형화된 유형에서 벗어나 창의적인 해결을 요구한다. 제시문도 시, 소설, 연구 보고서, 신문기사, 지도, 그림, 그래프, 도면 등으로 다양해졌으며, 특정 교과라고 말할 수 없는 폭넓은 교과 영역을 통합하는 경향을 보이고 있다.

환경 문제와 관련된 사회적 문제 및 예술, 기술 문명과 인간 삶의 변화에 대한 역사적 상상력, 문학 작품의 감상과 윤리적 선택, 인문과학과 자연과학의 관계 등 개별교과의 지식 이해에만 그치지 말고 여러 과목을 통합적으로 사고하고 하나의 주제를 다양한 시각으로 분석하는 습관을 들여야 한다.

평소 독서, 신문읽기 등을 통한 깊은 사고력을 기르고, 문학, 역사, 철학, 고전의 독서를 통해 기본적인 제시문 이해능력을 키우고, 수학, 과학 영역의 기본개념, 수학적이고 과학적인 추론능력도 동시에 기르는 것이 바람직하다.

3. 논술과 작문구분

(1) 논술 : 사고 위주 영역이며 논리적 사고력을 중심으로 접근한다.

사고력 측정에 적합한 범위까지의 글에 한정되어 있다.
문제에 대한 답변이므로 논점을 파악하여 논지를 펼친다.
주장을 어떤 논리로 전개해서 결론까지 냈는지 평가한다.

(2) 작문 : 표현 위주의 영역이며 유연한 표현력 중심으로 접근한다.

특정의 글에 한정되지 않고 모든 장르의 글을 포함한다.
대상에 대한 자신의 생각이나 느낌을 자연스럽게 펼친다.
창의력, 참신성, 매끄러운 정도 등의 글 솜씨를 평가한다.

4. 논술과 논설문구분

① 글의 갈래를 말할 때는 논설문, 시험의 형식으로 논설문을 쓰게 하는 것은 논술이라고 부른다.

② 논설문은 남이 자기 글을 읽고 '이렇게 생각해 주었으면 좋겠다, 또는 이렇게 행동해 주었으면 좋겠다'는 설득을 목적으로 한다.

③ 논술은 시험을 치르는 형식으로 쓰는 글이기 때문에 시험에서 요구하는 말할 거리를 찾는다.

④ 시험이 성립이 되려면 '객관적이고 공정한 판단 근거'가 있어야 한다. 그래서 대부분의 논술 시험은 지문과 발문 안에서 '의견'을 찾아내도록 요구하고 있다.

⑤ 논술 시험문제를 보면 거의 지문이 한두 개, 요즈음은 서너 개까지 제시되고 있다. 그 지문에서 어떤 문제나 출제자가 요구하는 그 무엇을 찾아내서 자기 의견을 풀어내는 것이다.

⑥ 논설문은 주장 거리를 자기 생활에서 찾는다면 논술은 제시된 상황에서 주장거리를 찾는다.

⑦ 자신의 주장을 내세우고 글을 쓸 때, 논증의 방법을 통해 글의 기본 구조를 갖추는 일도 중요하지만 자신이 강조하고자 하는 개념을 정확하게 정의하고 풍부하게 설명할 수 있도록 해야 한다.

(논증 : 어떤 주장을 내세우고 그것이 옳다는 것을 증명하는 기술방법.)

(1) 논술 : 주장을 논리적 근거에 입각해 체계적으로 펼치는 것이다.

- 주장을 효과적인 한 편의 완결된 글로 표현하는 것이다.
- 일정한 지식을 제재로 하지만 글재주를 평가하진 않는다.
- 문제를 해결하는 노력의 하나로 독창적 견해를 내세운다.

(2) 논설 : 주장을 일정한 구성 방식에 의해 강하게 제시하는 것이다.

- 주장을 사물의 이치를 들어 서술하여 동의를 얻는 것이다.
- 자신의 의견이 타당하다는 것을 근거를 통해 설득한다.

• 문제에 대한 독자 생각을 자신이 원하는 방향으로 이끈다.

5. 논술의 설명방법

(1) 수사학에서 서술방법과 관계가 있는 담론형식이 있다. 담론은 현실에 관한 설명을 산출하는 언어표현 방식이다. 문장의 담론형식에는 설명, 논증과 설득, 묘사, 서사 등이 있다. 설명과 논증, 묘사와 설득은 상관성이 깊다.

• **설명** : 대상을 풀이하여 알려주는 정보 전달의 진술
• **논증** : 주장을 논리적으로 타당하게 설명하는 진술
• **묘사** : 보거나 느낀 것을 그림을 그리듯 객관적으로 표현하는 진술
• **서사** : 사실이나 사건을 있는 그대로 표현하는 진술

(2) 논설은 설명과 논증의 형태를 혼합해서 만든 서술방법이다. 논술은 논설의 서술방법을 차용한 것이므로 교사는 설명 방법에 대해 지도하는 것이 필요하다.

설명을 잘하기 위해서는 설명하려는 대상에 관한 속성을 잘 알아야 하는데, 방법에는 지정, 정의, 비교와 대조, 분석, 예시, 분류 등이 있다.

• 지정은 설명할 대상의 특징이나 관계를 설명하는 것이다. 지정훈련은 주어진 대상에 대해 알고 있는 사실을 동원하여 설명하는 것으로 논술할 때 주관적 의견을 막힘없이 표현할 수 있는 힘을 길러준다.
• 정의는 어휘의 뜻을 분명하게 규정하여 설명할 대상이 무엇을 뜻하는지 그 정확한 의미를 설명하는 것이다. 정의훈련은 논술할 때에 그 정보를 가져다가 적절하게 활용하는 힘을 길러준다.

(3) 논술할 때에 어떤 대상을 설명할 때에는 두 가지 이상의 근거로 뒷받침하는 것이 좋다. 설명할 내용의 틀을 마련할 때 대비의 방식을 사용하면 효과적이다.

비교와 대조는 어떤 대상을 다른 것과 대비하는 방식으로, 비교는 대상간의 공통점을 설명하는 것이고, 대조는 대상간의 차이점을 설명하는 것이다.

(4) 인과분석은 원인과 결과를 밝혀 문제에 접근하며 문제점을 해결하고자 할 때 사용하는 설명방법이다. 인과 분석은 원인을 규명하고 해결을 해결방법을 찾아내는 데 효과적인 방법인데, 원인과 해결을 논리적으로 분석할 배경 지식과 비판력이 있어야 한다. 인과분석 위한 기초는 배경지식이므로 다양한 독서나 생활 체험이 뒷받침되어야 한다.

(5) 예시와 분류의 방법

- 예시는 설명할 대상과 같은 부류에 속한 구체적 예를 몇 가지 들어서 설명하는 것으로 근거 있는 사실이나 책에서 읽은 보편적인 것이 좋은 예이다.
- 분류는 설명할 대상을 동질성에 따라 여러 개의 집단으로 나누어 구조화시키는 것이다.

(6) 형식체계의 교육

① 서론-본론 -결론의 완결된 구조를 갖추고 주장이 분명해야 한다.
② 논술 문제와 지문에 대한 정확한 이해가 필수적이다.
③ 한글 맞춤법, 띄어쓰기, 원고지 사용법 등의 논술의 형식을 갖추는 기본적 표현 규칙을 준수해야 한다.

(7) 한글 맞춤법 알기

한글 맞춤법은 국어 생활에 필요한 국어 정서법이다. 한국어를 한국 언어 사회의 규범이 되도록 어법에 맞게 표기하는 방법이다.

(8) 띄어쓰기

글을 쓸 때에 내용의 이해를 쉽게 하고 뜻의 전달을 정확하게 하기 위해서 의미 단위를 벌려 쓰는 것이다. 어휘 형태와 조어 방법을 알아야 하고 어휘 개념 규정과 어휘 구분 방식도 알아야 하며 원칙과 허용 규정도 알아야 한다.

(9) 원고지 사용법

제 목	- 제목을 쓰는 줄의 아래1줄 위 1줄을 비운다. - 제목은 줄의 가운데에 쓰고 좌우로 칸을 비슷하게 남긴다.
성 명	- 제목 아래 쓰고 난 후에 아래 1줄을 비운다. - 성명이 들어가는 줄의 끝에서 2칸을 띄운 위치에 쓴다.
문 단	- 문단을 시작할 때에 반드시 앞 1칸을 비운다. - 문단이 끝날 때까지 맨 앞 칸을 모두 붙여 쓴다.
숫 자 영 문	- 기본적으로 1칸에 2개씩 넣는다. - 줄 끝에 칸이 모자라도 끊지 않고 이어 쓴다.

6. 문장과 단락 교육

(1) 바른 어휘의 선택

논술에서 어휘를 사용할 때에 중점적으로 고려해야 할 사항

① 중복되는 어휘를 수정해야 한다.

② 적절한 어휘를 사용해야 한다.

③ 어법에 맞는 어휘를 사용해야 한다.

(2) 문장의 세부 요건

① 일관성 : 문장의 균형, 시제의 일치, 성분의 호응

② 명료성 : 분명한 표현, 구체적 표현, 분명한 의미

③ 경제성 : 반복의 삭제, 명시적 진술, 간결한 표현

7. 단락 요건 갖추기

(1) 논술의 단락은 '서론', '본론', '결론' 형태로 놓인다.

각 부분의 논의를 담당하는 단락은 논의의 특성에 맞게 배열되고 서술된다. 한 편의 글은 단락의 구성 관계로 이루어져 있다. 단락은 몇 개의 문장이 모여 하나의 중심 생각을 나타낸다. 이때에 단락의 중심 생각을 소주제 또는

중심 문장이라고 한다. 또 소주제를 받치면서 하나의 단락을 구성하는 여러 개의 문장을 뒷받침 문장이라고 한다.

(2) **단락의 통일성 요건** - 각 단락은 하나의 소주제로 이루어지므로 한 단락의 내용은 소주제 중심으로 전개해야 한다는 것이다.

(3) **단락의 긴밀성 요건** - 각 단락 내의 뒷받침 문장들은 소주제를 벗어나면 안 되니까 화제가 자연스럽게 연결되어 있어야 한다는 것이다

(4) **단락의 완결성 요건** - 각 단락의 하나의 중심 생각을 펼친 구성이므로 소주제를 뒷받침하는 문장들을 충분하게 제시해야 한다는 것이다.

8. 논술 개요의 설계

(1) 논리적 개요 짜기

논리적 개요는 먼저 논제를 파악한 후에 짠다. 개요의 양식은 주제와 주제문을 정하고 서론- 본론- 결론에 들어갈 내용을 간략하게 작성한다.

개요를 짤 때에는 기준을 따른다. 이것은 본론을 구성할 부분을 설계하는 데에 관여한다. 우선 대 항목을 정해서 주제를 펼칠 내용을 2가지 이상의 주요 논점으로 나눈다. 그리고 각 대 항목의 논점을 더 구체적으로 분석하여 2가지 이상의 종속 논점으로 나누어 소 항목으로 만든다. 이때에 소 항목 간에 내용적으로 일관성이 있도록 각각 부호나 숫자를 표시한다.

(2) 논리적 명제 교육

명제는 논리적 글의 기본 단위이다. 그래서 명제는 논술에서 문장이라는 개념 대신에 사용하기도 한다.

(3) 논리적 근거 활용

논거에는 사실논거와 소견논거가 있다. 논거는 논술의 과정에서 채택하는 논리적 증거이다. 사실논거는 논의를 성립하는 근거라고 할 수 있다. 논거가

괜찮은 것이라도 주장을 뒷받침하는 종류가 아니면 제외시켜야 한다. 논의와 무관하거나 별로 알맞지 못한 내용의 논거라면 그 글의 논거일 수 없다.

소견 논거는 이론적 근거라서 내용이 지식의 일종이다. 소견 논거는 전문가의 의견이나 학설을 주장의 근거로 삼는다. 논술에서 소견 논거는 인용의 형태로 나타나는데, 이것 역시 출처를 밝혀야 한다.

논거의 조건 - 논거는 입증하려는 논의와 관련되어 있어야 논거라고 할 수 있다.

① 논거는 객관적 타당성을 가져야 한다.
② 논거는 주장을 뒷받침하는 것이어야 한다.
③ 소견 논거 쪽으로만 치우치지 않아야 한다.

교과서의 내용을 가지고 논거 훈련에 접목시키면 좋다. 각 교과목마다 단원에서 성취해야 할 학습 목표와 내용이 있다. 이것을 논거를 수집하는 훈련과 논거를 학습하는 훈련의 자료로 삼으면 내용도 이해하고 학습 활동의 성과도 올리는 일석이조의 효과를 거둘 수 있다.

사실 논거로 쓸만한 것은 신문이나 인터넷 자료에서 많이 발견할 수 있다.

반면에 의견 논거는 이론적 면이 강하므로 교양이나 분야별 전문 서적에서 찾는 것이 훨씬 낫다.

본질적 지식의 소재는 책 단위로 접하고 시사적 소재는 신문 기사나 사설을 통해 축적하면 된다.

9. 요약하기

요약의 훈련 초기에는 열거식 구성이 들어있는 자료를 활용한다.

(1) 요약은 한 편의 글을 짧게 압축하는 것이다.

읽는 과정에서 단락별로 들어있는 중심 생각에 밑줄을 친 부분을 차례로 모은다.

각각의 중심을 찾으면 밑줄을 치고 그것을 순서대로 옮겨서 간결한 표현으로 다듬으면 요약이 완성된다, 요약은 필자의 견해를 간추리는 것이라서 왜곡하면 안 되므로 필자의 논리대로 문맥의 순서를 그대로 놓아야 마땅하다.

이것으로 글 전체 내용을 한 단락 정도의 분량으로 정리한다. 이때 요약의 분량은 50~200자 한도 내로 조절해야 군살이 없이 핵심 있는 내용의 요약이 된다. 그리고 나서 간결체 문장으로 되었는지 살피면서 다듬는다.

(2) 논술에서 가장 중점적으로 활용하는 자료는 교과서와 서적 종류이다.

교양과 지식이 많이 들어있어서 논술 지도의 여러 면에서 활용하기 좋다. 또 논술 독서에서 도움이 되므로 주요 자료는 사고력과 독해력의 증진에 중요한 역할을 한다. 책 다음으로 많이 활용하는 자료는 신문의 기사문이나 사설 자료이고 그 다음이 인터넷에 올려져 있는 독서 자료이다

(3) 신문 매체의 활용

논술 지도를 위해 교사는 신문을 읽고 활용에 적합한 내용의 자료를 수집하여 보관해야 한다. 최근에 사회적 쟁점이 되고 있는 또는 학생 세대에 공감이 갈만한 문제를 추출하여 자료로 만든다. 시사적 문제는 최근에 쟁점이 되고 있는 것을 논리적으로 서술하고 있는 기사 종류에서 찾는다. 원론적 문제는 신문마다 대두되는 사설이나 칼럼에 포함된 인문적 사실에서 발췌한다.

(4) 시청각 자료 선별

시청각 자료는 텔레비전에 방송하는 자료를 가리킨다. 일반 정규 방송, 교육 방송, 위성 방송 등의 자료가 해당된다. 그러나 시청각 자료를 논술의 자료로 활용하려면 논리적 구성의 것만 선별해야 논술 학습에 활용하는 데에 유용하다.

시청각 자료 중에 다큐멘터리는 내용이 대체로 논리적 구성으로 이루어져 있어 논리성을 습득할 수 있는 전형적 보조 자료이다.

다큐멘터리는 특정의 뚜렷한 주제를 가지고 방송이나 영상 매체를 활용하여 구성한 사실적 기록물이다. 특별 기획된 프로그램인 경우에는 특히 전달하고자 하는 주제가 분명하다. 그래서 해설을 자세히 듣고 화면을 보면 이해

하는 동안에 논리적 구성 논리적 문체 논리적 해결 방법 등을 익힐 수 있다. 대부분 다큐멘터리는 60분 내외로 진행하므로 1회 수업 시간을 배당하여 보고 나서 의견을 나누면 된다. 내셔널지오그래픽이나 디스커버리 채널 논픽션 채널 등을 참고로 한다.

10. 초등 논술지도 어떻게 할 것인가?

(1) 의견 세우기

논술이란 '자기의견을 쓰는 것'이다. 논술은 단순한 '문장 기술'이 아니라 '지식을 정리하고 부리는 기술' 또는 '논리적 사고력'에 해당한다. 모든 교과 활동에서 학생들이 자기 의견을 말하고 그것을 논리적으로 풀어가는 과정을 중요시 한다면 논술에 대한 기본 토양은 잘 갖추어진 것으로 볼 수 있다.

(2) 생활 속에서 훈련이 되어야 한다.

아이들이 자기 의견을 눈치 보지 않고 말할 수 있는 바탕이 마련되어 있어야 의견을 잘 말할 수 있다. 논술 공부를 잘하게 하려면 아이들의 이야기를 귀담아 들어주고 의견을 무시하지 않아야 한다. 평소에 아이들이 무슨 말이라도 하려고 하면 "네가 뭘 안다고…." "어른들이 알아서 할일이니 너는 공부나 해." 하는 식으로 억누르다가 아이들에게 '토론 시간'이 되었다고 자기 생각을 발표하라고 하면 아이들은 할 말을 찾지 못하거나 아니면 자꾸 뜬구름 잡는 이야기만 하게 된다. 집에서는 마구 윽박질러서 말도 못하게 해놓고 글쓰기 독서 공부하는 곳에서만 논리적으로 말하고 생각하라고 하는 것은 답답한 일이다. 열린 분위기에서 하고 싶은 말을 하고 자란 아이가 논술도 잘 하게 되는 것이다.

(3) 형식보다는 내용이 더 중요하다

1) 논술문의 구성과 통일성

일반적으로 취하는 논술문의 구성은 서론-본론-결론의 삼단 구성인데, 이러한 구성의 특징이 무엇이고 왜 이러한 구성이 합리적인지를 지도할 필요가 있다. 아울러 삼단 구성을 취할 때 서론에서 다루어야 내용, 본론에서 다루어야 할 내용, 결론에서 다루어야 할 내용을 정리하고, 특히 본론에서 논술문을 어떠한 방식으로 전개해 갈 것인지를 지적할 필요가 있다.

논술문의 통일성에서는 논술문이 하나의 주제를 효율적으로 드러내기 위해서는 각 부분들이 어떻게 조직되고 자리를 잡아야 하는지를 지도하고 통일성을 높이기 위해서는 주제와 긴밀하게 관련되어 있는 내용의 생성과 선정이 중요하다는 점도 지도해야 한다.

2) 형식을 강조하지 말 것

초등학생의 논술지도에 있어서 지나치게 형식에 얽매이는 것은 옳지 않다. 논술을 지도할 때 겉으로 드러난 형식인 서론-본론-결론, 중심 문단과 보조 문단, 주제문의 위치 같은 것들을 강조하는 지도에 치우치는 경우가 많다. 논술문은 내용과 형식이 잘 조화를 이루어야 하는 글이지만 그 가운데서는 내용이 더 우선이다. 자기가 할 말을 또렷하게 정하지 않고 형식만 맞추어 글을 쓰면 가치도 없고 의미도 없는 글이 되고 만다.

글의 형식이나 글을 쓰는 기법보다는 '폭 넓게 생각하는 방법'을 알려주는 것이 필요하다. 이를 테면 지금 자기가 하고 있는 말이 주어진 주제에 합당한 것인지, 또 자기 의견을 말하기 위해서 든 근거가 적절한 것인지, 어떤 대상에 대한 비판이 올바르게 되어 있는지 따위를 알아보는 것이 중요하다. 이 부분이 논술의 핵심이다.

논술은 문제를 파악하고 그것의 해결 방안을 언어로 펼쳐 보이는 것이다. 언어와 사고는 서로 팽팽한 영향 관계에 있다. 사람들은 자기가 아는 말로 생각하고, 생각한 만큼 글로 쓸 수 있다. 자기가 아는 말로, 아는 만큼 쓰는 것이 즐거운 논술 쓰기의 지름길이다. 바꾸어 말하면 아는 것을 넓히는 것이 논술을 잘 하는 비결이다.

(4) 논술이라고 '나'를 아주 감추는 것은 아니다.

일상적으로 논술문에서는 문어적인 표현을 취하지만 이것이 모범적이거나 정답의 절대적인 기준이 될 수 없다. 중요한 것은 필자의 개성적인 표현이 가능한 것이어야 하고, 그것이 논술문의 전개, 즉 의견이나 주장의 전개에 효율적인 것이어야 한다는 것이다. 또 논술적 자아가 드러나는 논술도 많다. 논술적 자아를 감추는 대입 논술은 여러 가지 방법 가운데 하나일 뿐 그것이 절대적인 것은 아니다.

논술문은 논리적인 근거를 들어 필자 자신의 주장을 펼친다는 점에서 객관적인 문체를 유지해야 한다. 논술은 논리를 따지는 객관의 글이지만 동시에 한 개인의 세계관이 반영되는 주관의 면모도 동시에 지니고 있다. 문제는 이 주관성이 어떤 근거로 설득력을 확보하는지가 중요한 것이다. 논제의 성격에 따라 글쓴이가 개입할 수 있는 폭이 달라질 수 있습니다만 평범한 논술이 아닌 '아주 잘 쓴 논술'이 되기 위해서는 개성 있는 자기만의 독특한 생각을 드러내는 것이 글이다,

논술적 자아 - '나'라는 1인칭 대명사
'필자'라는 객관화된 제3자의 인물
'우리'라는 공동체적 대명사
국어의 특징에 의존하여 주체를 드러내지 않는 방법 따위가 있다.

자동화는 필요 없다

윤형욱(양평초등 6)

요즘 우리가 사는 곳곳에는 어느 곳도 빠짐없이 기계들을 사용하고 있다. 세탁기, 정수기, 식기 세척기, 전자렌지, 청소기, 청소로봇 등등 많다. 사람들은 귀찮은 것들은 모두 다 기계에게 시키고 있다.

그로 인해서 많은 사람들이 기계들에게 일자리를 뺏기고 실직을 하게 되었다. 아무리 기계가 편해서 사람들을 실직자로 만드는 것은 어리석인 짓이다.

나는 사람들에게 자동화는 필요 없다고 생각한다.

첫 번째 이유는 노동자가 일자리를 뺏기게 된다. 사람이 하는 것보다 기계는 짧은 시간에 많은 일을 할 수 있다.

두 번째는 자동화로 인해서 사람들이 게을러진다. 사람이 할 일을 기계에게 맡기고 게을러져서 결국 성인병에 걸린다.

물론 자동화의 좋은 점도 있다. 일단 편하다는 것, 시간이 절약된다는 것

> 등이 있지만 그 도가 지나치다면 자신을 망가뜨리는 지름길이 된다.
> 그러니 편한 것이 우리가 원하는 것이지만 그 소원은 우리의 몸에 아주 나쁜 병을 부르는 주문이 된다.
> 자동화는 사람들을 실직자로 만들고, 환자로 만드는 사람들에게 불행을 가져다주는 저주이다.

✓ 이 글을 첨삭지도 해 보세요.

(5) 바람직한 논술 교육의 방향

논술 교육은 궁극으로 합리적이고 논리적으로 생각하고 분별력 있게 생활하는 태도를 기르는데 목적이 있다. 그저 남의 책을 읽고 어른들이 말하는 것, 가르쳐 주는 것을 정리하거나 적당하게 자기 생각이라고 하여 의견을 적는 글이 아니라 진정에서 우러난 자기 생각이나 의견을 쓰는 글이어야 한다.

(6) 글쓰기와 논술

논술은 합당한 논거를 바탕으로 자기주장을 내세우는 글이기 때문에 정서 표현의 글을 쓸 때하고는 다른 지적 능력이 필요하다. 또한 실용적인 글쓰기와도 다르다. 실용적인 글쓰기는 그 글에서 제시한 문제 해결방법이 현실에 적용될 수 있는 것인가가 중요하다. 그러나 논술은 '적용'의 단계까지 나아가지 않을 수도 있다. 내적 논리가 얼마나 튼튼하고 타당한가를 보여주면 되는 글이다.

논리가 튼튼한 글을 쓰기 위해서는 일관성을 잃지 않으면서 자신의 생각을 드러내도록 글을 구성해야 한다. 이렇게 해야 자기가 전하고자 하는 내용을 다른 사람도 잘 알아들을 수 있다.

자기 생각을 남에게 또렷하게 전달하는 힘은 살아가는데 중요한 능력이고 그것을 달성하기 위해 논술 공부를 한다 해도 과언이 아니다.

(7) 그런데 아이들은 왜 논리적인 글을 못 쓰는가?

우선 비판적으로 생각하는 힘이 부족하고, 글에 대한 기본 지식이 부족하고 글을 성의 있게 쓰지 않기 때문이다.

이런 문제를 해결하려면

① 평소에도 사회 문제에 관심을 갖고 거기에 대한 자기 생각을 가져볼 것
② 그런 생각을 조리 있게 말해 볼 것
③ 실제로 문장을 많이 써 볼 것
④ 문법 층위에서 글을 다듬기보다는 논리 중심으로 글을 다듬고 고칠 것

(8) 쉽고 편안하게 가르치자

> "한 아이가 웬일인지 밥을 먹지 않으려고 합니다. 엄마가 아무리 맛있는 음식을 해 주어도 먹기 싫다고 하네요. 이럴 땐 어떻게 하는 것이 좋을까요? 구조적인 사고능력을 발휘해서 엄마에게 좋은 방법을 알려주세요."

아직 어린 초등학생들에게 구조적인 사고능력을 발휘해서 좋은 방법을 생각해 보라는 것은 옳지 않다. 어떤 것이 구조적 사고능력인지 잘 모르기 때문이다. 아무리 쉽게 설명한다고 하더라도 아이들은 어렵게 느낀다. '구조적인 사고능력'을 발휘해서 논술을 지도하는 학습지나 학원에 대해 막연한 신뢰를 하는 것은 금물이다.

아이들이 생각을 하려다가도 알지 못하는 말이 나오니 생각이 거기서 뚝 멈추어 설 수밖에 없다. 논술을 공부한다고 이렇게 어려운 말로 아이들을 괴롭히는 것은 바람직하지 않다.

또 '생각'을 중심으로 쓰는 글이 많다. 우리는 여러 가지 일을 겪고 나서도 생각은 한 마디로 '재미있다'로 정리되는 일이 많은데 그렇게 글을 쓰면 누구나 쓰는 글이 비슷해지고 글 쓰는 힘이 붙지를 않는다. 근사해 보이는 문제가 아니라 재미있게 생각할 수 있는 생활 속의 밀접한 문제를 찾아내는 것이 중요하다.

글쓰기를 가르친다는 것은 크게 본다면 사고를 훈련시키는 것을 뜻하며, 자신이 생각한 것을 글로써 효과적으로 남에게 전달하는 방법을 가르치는 것을 의미한다.

자신의 의사를 말이나 글로 '분명히 표현하는 능력'을 길러 놓는 것은 어떤 사람이 살아가는데 대단히 큰 힘이 된다. 자신의 의견을 요령 있고 설득

력 있게 표현하는 힘을 갖추는 것은 미래를 준비하는 일인 것이다.

(9) 어린이의 논술지도는 언제 시작하면 좋을까?

초등 5, 6학년 정도면 논술지도가 가능한 시기라고 볼 수 있다. 논술은 설명문과 수필의 특성을 갖고 있으므로, 초등 1~3학년 때는 일기, 건의하는 글쓰기, 요청하는 글쓰기 등으로 기초적인 글쓰기 연습을 한다. 초등 3, 4학년에는 알리는 글쓰기, 설명하는 글, 주장하는 글쓰기를 통하여 자기의 의견을 세우는 연습을 하고, 논술의 기초를 훈련한다. 그러다가 5, 6학년정도 때부터 하는 것이 좋다.

어린이들과 논술 공부를 하려면 무엇보다도 그 나이나 관심 수준에 맞는 논란거리를 잘 선택하는 것이 중요하다. 논술의 논제라고 하면 모두 책에서 읽은 지식이나 이론을 쓰도록 하는 것으로 잘못 생각하고 있지만 누구든지 자기 체험을 바탕으로 쉽게 자기 의견을 쓰면서 좋은 생각을 하게도 만드는 문제가 바람직하다.

그리고 그 논제에 대해서 충분하게 알게 한 뒤 글을 쓰도록 해야 한다. 논제만 던져 주고 글로 써봐라 해도 그 문제에 대해서 아는 것이 없으면 글을 쓸 수 없다. 또 그렇게 해서 글을 쓴다고 해도 결국 머릿속에 들어있는 지식을 나열하는 정도밖에 쓸 수 없다. 대상에 대해 충분히 아는 것이 글쓰기에 앞서 할 일이다.

논술사례

※ 학생글

심청이는 효녀인가?

변효지(양평초등 4학년)

심청이는 아버지의 눈을 뜨게 하려고 공양미 삼백석에 팔려 인당수에 몸을 던지게 된다.

심청이를 아끼던 승상부인은 부모를 두고 죽는 것은 도리가 아니라고 효는 부모 곁에서 봉양을 하는 것이라고 했다. 하지만 심청이는 아버지께서 눈을 뜨시면 새로운 삶을 사실거라며 죽겠다고 했다. 나는 심청이의 말도 맞지만 승상부인의 말이 옳다고 생각한다.

내가 생각하는 진정한 효는 부모님의 마음을 잘 헤아리는 것이다. 그러나 심청이는 아버지의 마음은 생각도 하지 않고 마음대로 가버렸다. 심청이는 아버지의 마음을 헤아리지 못했다.

나는 심청이의 행동은 불효라고 생각한다.

✓ 진정한 효는 부모님의 마음을 헤아리는 거라고 의견을 쓴 글이다. 전체적으로 글은 짧지만 자신의 생각을 잘 나타낸 글이다. 어찌 첫술에 배 부르겠는가? 어린 학생들을 지도할 때는 아이가 어떤 생각으로 글을 썼는지를 살펴보고 내용을 풍성하게 쓸 수 있도록 지도한다.

선의의 거짓말이라도 하지 말아야 한다.

조은경(양평초등 6학년)

'선의의 거짓말' 은 남을 기쁘게 좋은 뜻으로 사실이 아닌 내용을 말할 때 하는 것이다.

나는 선의의 거짓말을 해선 안 된다고 생각한다. 선의의 거짓말을 해서 상대방을 기쁘게 할 수는 있지만 그 거짓말을 들통나면 더 망신과 서운함이 클 것이다.

예를 들어, 아빠는 솔직히 말하시는 편이다. 엄마가 옷을 사셨는데 그 옷을 이상하다고 하면 바꾸러갈게 뻔하고 그래서 나는 엄마께 선의의 거짓말을 하였다. 하지만 아빠와 언니는 그 옷을 이상하다고 해서 엄마는 깜깜할 때 시장에 옷을 바꾸러 간 적이 있다. 엄마가 사온 옷을 내가 이쁘다고 해서 기분이 좋았을텐데 다른 사람이 이상하다고 바꾸어 오라고 하면 상대방의 기분은 나쁘다.

그래서 나는 선의의 거짓말은 좋은 점도 있지만 나쁜 점이 더 많다고 생각하여 선의의 거짓말을 하지 않는 게 좋다고 생각한다.

✓ 은경이는 선의의 거짓말을 안 하는 게 좋다는 주장에 대한 근거를 엄마의 옷 이야기의 예를 들었다.

봉사제도 마음에 안 든다

윤형욱(양일중 1학년)

봉사란, 자신의 이익을 생각하지 않고 사회나 다른 사람들을 생각을 하는 것이다.

봉사활동제도를 초등학교에서는 봉사정신을 기르는데 목적이 있지만 중·고등학교에서는 봉사활동의 실천을 중요하게 생각한다.

봉사 활동에 참가하는 동기나 봉사활동 결과에 만족하는가를 알아보았더니 봉사활동에 참가하는 동기 중에서 '봉사활동 점수를 얻기 위해서'가 가장 많은 의견을 차지했다. 그리고 봉사활동 결과에 만족하는가는 '그저 그렇다'가 가장 많았다.

내 생각에 봉사활동제도는 정말로 마음에 안 드는 제도이다. 봉사활동을 하는 이유가 단지 점수를 얻기 위해서라면 전혀 의미가 없기 때문이다. 그러니까 봉사활동제도는 필요하지 않다고 생각한다. 하지만 봉사활동을 한다면 점수를 위해서가 아닌 정말 바람직하게 해야 한다.

만약 점수를 얻기 위해서라면 왜 봉사를 하는 것일까? 봉사를 하는 것은 절대로 점수를 얻으려고 억지로 하는 것이 아니라 진심으로 우러나와 하는 것이 옳다고 생각한다. 만약 점수를 위해서 봉사제도가 생겼다면 당장이라도 이 제도는 없애야 한다.

내가 여기서 더 하고 싶은 말은 딱 한마디이다. 봉사는 절대로 누가 시켜서 하거나 점수 때문에 하지는 말아야 한다고 나는 꼭 말하고 싶다.

✓ 형욱이의 글은 다소 흥분한 기색이 보인다. 논술쓰기에서는 감정을 누그러뜨리고 냉정함을 잃지 말아야 한다.

초등학생의 해외어학연수 과연 바람직한가?

양반석(양일중1학년)

최근 초등학생들이 해외어학연수를 많이 가고 있다. 그것도 초등학생 혼자서 말이다. 부모님 없이 그 어린 것이 낯선 땅에서 낯선 사람들과 함께 살아야 하다니. 이런 일을 잘 극복하는 사람은 어느 정도 잘 살지만, 그렇지 못한 사람은 수없이 많은 고통의 나날만 계속될 것이다. 이런 일이 많아지면 초등학생 어학연수를 보낸 부모님은 걱정이 앞설 것이다.

나는 그래서 해외어학연수는 바람직하지 않다고 생각한다. 그리고 초등학생이라면 더욱 더 안 된다고 생각한다. 초등학생은 아직 배울 것이 많을 나이인데, 이때 해외어학연수를 가게 되면 우리나라에 대해서는 잘 모를 것이고 외국문화를 더 많이 배우게 될 것이다. 더군다나 해외어학연수기간이 짧으면 다행이지만, 만약 1년, 2년씩 길어지면 외국문화에 푹 빠지게 되어 한국문화를 하찮게 여길 것이다. 더 심해지면 해외에서 살고 싶은 마음까지 생길 것이다.

그리고 또 이유는 외로움이다. 어떤 사람은 '뭐 그까짓 거 잊으면 그만이지' 하고 생각할 수도 있는데 이것은 굉장히 큰 문제중 하나이다. 외국가서 아무리 공부를 열심히 해서 성공을 했다 할지라도 '한국에 있는 부모님은 잘 계실까?' 등 너무 그리움이 많아 공부는 안 하고 딴 생각만 하게 될 것이다. 즉 외화만 낭비하는 셈이다.

나는 해외어학연수 반대에 대해 한국문화를 하찮게 여기게 될 것과 외로움이라는 두 가지 이유를 들었다. 그러므로 나는 해외어학연수는 가지 않는 게 좋다고 생각한다.

✓ 첨삭 :

모범글사례

이승연(하남초등 6학년)

사교육은 학교교육과 함께 예습 또는 복습, 더 높은 수준의 교육을 받기위해 생겨났다

그러나 요즘에는 사교육에만 의존하여 공교육에 해를 끼친다는 의견과 함께 사교육의 필요성에 대해 많은 논란이 일고 있다. 우리가족은 '학원에 다니는 것이 좋다'라는 의견으로 토론을 시작하였다.

먼저 아빠가 말씀하셨다.

"음.. 각자 한마디씩만 얘기하고, 그에 대한 해결방안을 함께 모색해보자. 우선 아빠는 학원을 다니게 되면 예습, 복습으로 꾸준한 공부습관이 길러지게 된다고 생각해.. 또 공교육에 안 좋은 점을 보완하여 더 질 좋은 교육을 받을 수 있지.."

그에 이어 오빠가 말하였다. " 아빠 그런데 사교육을 해도 그 장점이 잘 나타나지 않는 부분이 많은 것 같아요.."

다음으로 내가 말하였다. " 오빠 말대루 우리반 아이들 대부분이 학원을 다니는데, 썩 좋지만은 않은것 같아요.. 우선 어떤 학원에서는 시험기간 때 12시까지 공부를 시킨대요. 그래서 친구들이 스트레스가 많이 쌓이나봐요. 얼마 전에는 친구들이 불쌍하다고 느껴진 적도 있었어요.."

엄마도 말씀하셨다. " 승연이 말이 맞아, 학원에서 그렇게 혹사시키면 학교에서는 무슨 교육을 제대로 받겠니? 그리고 학원에서는 선행학습도 많이 시키지? 물론 그렇게 되면 다음 학기를 준비할 수 있겠지만, 현재 학기에 배우던 것을 소홀히 하게 될 거야.."

아빠는 " 얼마 전 tv에서 '사교육열풍 어쩌구 저쩌구..' 라는 주제로 나오더라. 학습열풍에 학부모들이 더 신경을 많이 쓴다고.. 자신이 원하지 않는 학원을 엄마 손에 이끌려 가는 거지, 어린나이에 얼마나 불쌍한 일이니! 아빠 어릴 때는 밖에서 6시가 되도록 뛰어 놀고 그랬는데..다시 생각해봐도 요즘 아이들은 참 불쌍하다니까..."라고 혀를 차시며 말씀하셨다.

지금까지 말하였던 문제점들을 보완할 해결방안들을 생각해 보았다.
처음으로 내가 말하였다." 음..... 저처럼 수학이나 영어 같이 조금 부족한 과목만 선택하여 사교육을 받으면 어떨까요? 시험기간 때도 시간낭비도 덜 할수 있고, 그렇게 되면 더 효율적으로 공부할 수 있을 것 같아요."
아빠가 말하였다." 오~~ 승연이가 좋은 생각한가지 했네. 아빠가 아까 말했듯이, 부모들의 손에 이끌려 가는 것이 아니라 자신의 의사대로 가는 것이 공부에도 능률적이고 좋을거야. "
마지막 으로 엄마가 말씀하셨다. " 그러니까 한마디로 학원은 다니되, 개인의 능력과 의사를 고려하라. 이말이죠? 우리 학준이 승연이도 무작정 학원을 다니기 보다는 여러 가지 사항을 고려해서 다니도록 하자. 알겠지? "
"네!!"
--요즘 이슈 되고 있는 사회문제를 가족끼리 토론했다는 것이 참 뿌듯했다. 또한 토론으로 하여금 학원에 문제점에 대해 깊게 생각해 본 기회가 되었다. 앞으로도 이런 기회가 자주 있었으면 좋겠다.(2006년 12월 28일 맛있는 논술 당선작)

✓ 먼저 가족들의 의견을 정리한 후 해결방안을 제시한 잘 정리된 글이다. 참여 해준 가족들도 상당히 적극적인 모습을 보여주었다. 가족들 의견을 하나하나 나누어 쓰기 보다는 찬성을 찬성끼리, 반대는 반대의견끼리 묶어 문단나누기를 했으면 더 좋은 글이 되었을 것이다.

제11강

논술을 잘 쓰려면

1. 논술을 잘 쓰는 방법은?

논술을 잘 쓰는 방법이 없을까? 글쓰기를 위한 배경지식을 충분히 쌓는 것이 중요하다. 신문의 사설, 칼럼읽기와 일반 서적읽기로 명작소설, 역사, 과학에 관한 책으로 충분한 배경지식을 쌓는다. 또한 교과서의 내용도 꼼꼼히 살펴야 한다. 논술을 가르치다보면 적절한 단어가 생각나지 않아 문장이 흐트러져 고민하는 경우를 자주 보게 된다. 틈틈이 국어사전을 찾아보며 어휘력을 키우는 것도 좋은 방법이다.

논술에 있어 글의 논리성은 중요한다. 논리성은 논리적 사고로부터 출발하기 때문에 평소에 깊이 자세히 생각하는 습관을 갖도록 지도한다. 좋은 표현은 칭찬해주고 논리적 오류나 부적절한 표현을 지적해 준다.

다음은 논술 시험을 채점할 때 어떤 기준으로 채점하는가를 알아보며 이를 중심으로 다음 열 가지 정도의 요령을 살펴보기로 하겠다.

(1) 무슨 말을 하는 지가 분명하도록 하라.

논술 연습을 많이 했다고 해서 자신 없는 이야기를 함부로 늘어놓아서는 절대 안 된다. 가장 중요한 것은 채점하는 사람들이 처음부터 끝까지 쉽게 읽을 수 있도록 해야 한다는 점이다. 채점하는 사람들도 인간이기 때문에 수많은 학생들의 답안을 찬찬히 정독하면서 읽기가 쉽지 않다. 그만그만한 수준의 답안들을 읽고 있노라면 지겹기도 하고 힘들기도 할 것이다. 대충 읽게 되면 그만큼 정수도 대충 어림짐작으로 주게 된다. 그런데 만약 답안의 문장이나 단락의 내용이 무슨 말을 하는지 분명하지 않으면 채점자는 아예 귀찮아질 수도 있다. 읽기가 어렵고 무슨 말을 하는지가 분명하지 않으면 당장 "아니, 이 학생 도대체 무슨 말을 하려는 거야?"라고 신경질적인 반응을 보이면서 냅다 낮은 점수를 주기 쉽다.

우선 읽기 쉽도록 글을 써야 한다. 쉽게 읽혀진다고 해서 내용이 없는 것이 결코 아니다. 내용의 수준이 높은지 낮은지는 그 다음 문제다. 아무리 내용의 수준이 높아도 무슨 말을 하고 있는가를 포착하기 어려운 글은 절대 좋은 점수를 받을 수 없다. 내용의 수준이 낮아도 분명하게 자기 의사를 개진한 글이 내용의 수준은 높은 듯한데 자기 의사를 분명하게 개진하지 못한 글보다 좋은 점수를 받는다는 사실을 잊어서는 안 된다.

그러기 위해서는 가장 자신 있는 내용을 떠올려야 한다. 어디서 본 듯하다거나 그 때 공부한 것이 참 그럴 듯 했던 것 같은데 라는 식으로 어렴풋한 기억이나 지식을 활용하려 해서는 안 된다. 대목 대목의 모든 내용들이 최대한 자신만만하게 제시할 수 있는 것들이어야 한다. 그렇게 되면 크게 논리에 어긋나지도 않고 실수를 하지 않을 수 있다. 달리 말하면 창의성이나 참신성을 높이기 위해 감당할 수 없는 내용을 억지로 담으려 해서는 안 된다는 것이다. 창의성이나 참신성보다 우선하는 것이 물 흐르듯이 서로 어긋남이 없이 쉽게 읽혀지는 논리성임을 명심하라.

(2) 개요 짜기는 완성된 문장으로 하라.

개요 짜기에는 크게 두 가지가 있다. 항목만을 열거하는 식의 개요가 있고, 각 항목을 아예 완성된 문장으로 풀어써서 만드는 개요가 있다. 개요를 짜는 단계에서 아예 완성된 문장으로 하나하나 써야 한다. 왜냐 하면 완성된 문장으로 써 보지 않고 그저 복합 명사형으로 항목만을 적어 보는 것만으로는 실제 본문을 써 나갈 때 글이 될지 안 될지를 확인 할 수 없기 때문이다. 항목 형태로 개요를 짜 놓고서 성급하게 본문 쓰기에 들어가면 생각이 떠오르지 않아 허둥대기 일쑤다. 개요 짜기 단계에서 미리 완성된 문장으로 써 놓아도 잘 되지 않으면 자신 없는 내용임에 틀림없다. 그럴 경우 자신 있게 문장으로 써낼 수 있는 다른 유사한 내용으로 바꾸어야 한다.

완성된 문장으로 개요를 짜 놓으면 본격적으로 본문 쓰기에 들어갔을 때 글을 쓰기가 훨씬 편하다. 물론 개요 짜기에 신간이 더 많이 드는 것은 사실이다. 그러나 이렇게 완성된 문장으로 개요를 다 써 놓으면 본문을 반 이상 쓴 셈이 되기 때문에 결국에는 시간을 효율적으로 활용하는 셈이다.

문제는 문장 개요에서 완성된 문장으로 써 놓은 것들을 어떻게 더 늘리고 보완하면서 요구하는 답안 분량을 알차게 작성해 나가는가 하는 것이다. 완성된 문장으로 개요를 작성하게 되면, 개요를 작성할 때 정확하게 무슨 뜻에서 무슨 의도로 그렇게 썼는가를 잘 알기 때문에 본 답안을 만들어 내는 데로 훨씬 더 유리하다.

(3) 서론에서부터 본격적으로 논술에 돌입한다고 생각하라.

서론은 잔소리하는 곳이 아니다. 많은 학생들이 서론의 첫 문장, 그것도 첫 글자를 무엇으로 시작해야 하느냐로 고민을 한다. 그러다가 은근슬쩍 우회로를 찾아 부드럽게 '폼' 잡으면서 시작하는 경향이 있다. 내용이 논제와 직접 관련되는 것이면 다행인데, 무슨 이야기를 하려고 이런 말부터 끄집어 내는가를 알 수 없는 경우가 많다. 채점자 또는 글 읽는 사람을 어리둥절하게 만들면 안 된다. 아예 서론에서부터 논제에 직접 공격해 들어가면서 써간다고 생각하고 서론을 시작해야 한다.

예컨대 "공자의 인이 갖는 의미를 현대 사회에 비추어 논하라."라는 문제가 주어졌다고 해 보자. 어떤 학생의 경우, "세상에는 많은 사상가들이 있다. 어떤 사상가는 사랑을 외치고, 또 어떤 사람은 이성적인 지혜를 주장한다. 그 중 공자는 특별히 인을 주장했다.……"라는 식으로 서론은 시작한다. 이런 이야기는 누구나 알고 있는 하나마나한 이야기일뿐더러 이미 문제에도 주어져 있는 것이다. "현대 사회는 무한 경쟁의 자본주의적 심성을 요구한다. 그런 가운데 많은 사람들이 삶의 의미를 찾을 수 없다고 하고, 일탈이나 소외, 탈(脫)도덕성을 한탄하기도 한다. 그러면서 이런 현상은 서구의 사상이나 문화 탓이라고 말하기도 한다. 일찍이 동양의 현인인 공자는 인간이면 누구나 우선 사람다워야 한다는 뜻에서 인을 주장했다.……"라는 식의 서론이 더 참신하게 눈에 들어올 것이다. 직접 논제와 관련된 내용을 서론에서부터 문제 삼아야한다. 그래야만 채점자가 처음부터 "음, 뭔가 진지하게 글을 시작하는구먼."하면서 그 글에 호감을 가질 가능성이 크다.

(4) 결론은 결코 장식이 아님을 유념하라.

서론도 그렇지만 많은 학생들은 결론을 어떻게 써야 할지 몰라 허둥댄다. 할 이야기를 다했는데 또 무슨 이야기를 어떻게 덧붙여 글을 마무리해야 한단 말인가 하면서 걱정한다. 그러면서 마치 결론이, 선물을 포장하고 난 뒤 예쁜 종이꽃을 붙이는 마지막 장식 작업인 양, 어떻게 하면 근사하게 끝마무리를 할까 걱정한다.

채점자가 수도 없이 쌓여 있는 채점해야 할 답안지를 보면서 지루한 표정을 짓는다고 가정해 보자. 경우에 따라서는 결론을 먼저 보고 난 뒤 글을 읽기고 할 것이다. 만약 그렇다면 결론에 핵심적인 이야기가 들어 있어야 한다. "핵심적인 이야기는 본문에서 다 했는데요."라고 항변할 수도 있다. 그러나 핵심적인 이야기를 결론에서는 '새롭게' 제시해야 한다. 결론의 첫 문장은 마치 서론을 '새로운 방식으로' 압축한 듯하고, 둘째, 셋째 문장은 본론의 이야기를 '새롭게'압축해서 제시해야 한다. 그러면서 마지막 문장에서 '마치 예리한 붓으로 용의 눈에 눈동자를 찍는 듯한' 완성의 내용이 담겨 있어야 한다.

앞의 서론 이야기에서 제시한 논제(공자의 인(仁)의 현대적 의미)를 다시 예로 들어보자. 결론에서는 어떤 이야기가 가능할까? "이제까지 살펴본 대로 현대 사회는 기계화, 자동화, 대량화, 대중화 등의 현상을 보이면서 비인간화를 가속화한다. 이럴 때일수록 공자의 사상을 무시하면서 계속 나가고 있다." 어떤 학생의 결론이다. 아마도 이 학생은 본론에서 현대 사회의 특징들을 하나하나 열거하면서 공자의 사상이 왜 필요한가를 말했을 것이다. 그러나 이 결론만을 보아서는 어떤 방식으로 공자의 사상을 살려나가야 한다고 말하는지를 정확하게 알 수 없다. 더군다나 마지막 문장은 결론의 요지와 상충되는 내용을 담고 있다. 이래서는 곤란하다.

위에 언급한 학생의 결론은 "디지털 혁명과 인터넷 혁명에 의해 현대 사회는 정보화라는 새로운 방향으로 발전하고 있다. 너무나 빠른 속도로 사회 전체가 변하면서 사람들은 더욱더 자신의 인간다움에 대해 반성할 여유를 잃게 된다. 공자가 말한 인은 자기에 대한 철저한 도덕적인 반성을 전제로 한다. 이렇게 보면 현대 사회가 발전할수록 인을 강조한 공자의 사상이 더욱 절실하게 요구됨을 알 수 있다."의 내용으로 고쳐 쓰는 것이 더 바람직할 것이다.

(5) 문장을 만들 때 명사에 적절한 관형구를 덧붙여 근거를 제공하라.

논술을 읽으면서 글 읽는 사람이 글쓴이의 논리적인 힘을 느끼는 것은 세세한 데에서 자기도 모르는 사이에 이루어진다. 그러려면 문장 하나를 보더라도 논리적인 힘이 실려 있어야 한다. 예를 들어보자. 카프카의 심판을 제시문으로 주고서, 예컨대 "사회의 악과 개인의 도덕성의 관계를 논하라."라는 논제를 주었다고 해 보자. 카프카의 심판은 주인공이 무슨 죄를 지었는지도 모른 채 어느 날 체포되는 과정을 세밀하게 그리고 있다. 체포하러 온 사람조차 자기가 이 사람을 왜 체포해야 하는지를 모르고 그저 명령을 수행할 뿐이다. 이런 분위기를 염두에 두면서 위 논제에 대해 쓴다고 해 보자. "사회의 악은 개인의 도덕성을 힘없이 만든다."라는 문장과 "사회 구성원의 의지와는 상관없이 생겨나는 사회의 악은 사회의 규율을 벗어나 살 수 없는 개인의 도덕성을 힘없이 만든다."라는 문장을 비교해 보자. 뒤의 문장이 훨씬 더 내용도 있고 논리적으로 힘이 있어 보인다. 왜냐 하면 밑줄 친 부분들을 첨가했기 때문이다. 이렇게 그저 '사회의 악'과 '개인'을 대립시키는 것이 아니라 '~한 사회의 악'과 '~한 개인'을 대립시켜 말하게 되면, 명사를 수식하는 관형어가 문장 전체의 근거 역할을 한다.

물론 이렇게 쓰면 문장이 길어져 나쁜 문장이 될 수 있다. 문장이 길다고 해서 무조건 나쁜 것은 아니다. 문장을 짧게 써 뜻이 불분명한 것보다 문장을 길게 써 뜻이 분명한 것이 더 낫다. 물론 위에서 고친 뒷 문장은 이렇게 멋지게 쓸 수도 있다. "사회의 악은 사회구성원의 의지와는 상관없이 생겨난다. 그리고 개인은 사회의 규율을 벗어나 살 수 없다. 그렇기 때문에 사회의 악은 개인의 도덕성을 힘없이 만들기 일쑤다." 이렇게만 쓸 수 있다면 굳이 명사 앞에 긴 관형어를 덧붙여 문장을 못 생기게 할 필요는 없다. 그런데 많은 학생들의 경우, 이런 식으로 문장을 쓰지는 못하다. 그저 별다른 근거도 없이 위 첫 문장처럼 어디서 외운 것을 그대로 옮겨 쓰듯이 하는 것이다.

간단히 말해 명사 앞에 그 명사의 특징을 밝혀주는 관형어를 덧붙여 줌으로써 논리적인 힘을 높일 수 있다는 것을 기억하라는 것이다.

(6) 단락을 바꿀 때 적절한 연결 문장 내지는 연결 어구를 덧붙여라.

한 단락에서 새로운 단락으로 넘어갈 때에는 반드시 그렇게 넘어갈 수밖에 없는 실마리를 만들어야 한다. 이것이 얼마만큼 되는가에 따라 글의 통일성과 논리성이 결정된다. 사실 이렇게 할 수 있는 학생은 아주 드물다. 짜놓은 개요를 보면 다음 단락에 무슨 내용을 쓸 것인가를 미리 알 것이다, 그러면 앞 단락의 내용에서 다음 단락의 소주제로 넘어갈 수 있는 이유와 실마리를 마련할 수 있다. 예컨대 앞 단락에서 "예술은 독창적인 상상력을 바탕으로 해서 만들어진다."라는 주제로 썼다고 치자. 그리고 뒷 단락에서 "예술이 상업주의에 의해 본 정신이 흐려지고 있다."라는 주제로 쓰게 되어 있다고 치자. 그러면 앞 단락의 마지막에 "……그런데 현대에 접어들면서 자본주의가 위세를 발휘하게 되자 예술가들도 자본주의적인 틀에서 좀처럼 벗어나기 힘들게 되었다. 라는 식의 매개문을 만들어 넣어야 하는 것이다. 그래야만 글 읽는 사람이 다음 단락에 어떤 내용이 나오겠구나 하고서 예상을 하게 되고, 그 예상이 맞아 들어갈 때 참 논리적이구나 하고 느끼게 된다.

새 단락을 시작하면서 앞 단락의 내용을 언급하는 것도 중요하다. 예컨대 앞 단락에서 "남을 지배하려는 인간의 욕망이 얼마나 사악한 부작용을 낳는가?"라는 내용을 썼다고 치자. 그리고 새 단락에서 "인간의 지배 욕망을 최대한 줄이는 것이 필요하다."라는 주장을 담으려고 한다고 하자. 그러면 새 단락의 맨 앞에 "이처럼 사악하기 짝이 없는 지배 욕망을 건전한 방향으로 조절하는 것은 쉬운 일이 아니다."라는 정도의 매개문을 넣어야 한다. 그래야만 그 다음에 쓰게 될 '지배 욕망의 축소'에 관한 이야기가 자연스러워 진다.

(7) 단락 수는 최소한 4~5 개가 되도록 하라.

대학 입시의 논술의 분량은 대략 1,600자에서 2,500자 정도다. 서론을 한 단락으로 잡고, 또 결론을 한 단락으로 잡으면, 본론은 적어도 세 단락 정도는 되어야 한다. 그래야만 본격적인 논의를 한다는 느낌을 줄 수 있다. 1,600자 정도의 글이면 본론을 네 단락 정도로 잡는 것이 좋다. 본론을 서너 단락 또는 그 이상의 개수로 처리하면서 각 단락들이 논리적으로 발전해 간다는 느낌을 주게 되면 정말 좋다. 다만 각 단락에서 주장하는 소 논지들이 분명해야 한다. 주장하는 바가 다른 것을 한 단락으로 묶어 처리하는 것도 나쁘지만 별다른 내용도 아닌데 모양 상 단락을 나누는 것도 나쁘다. 적절하게 서너 개의 단락으로 나누면서 단락마다 소논지가 문명해야 하고, 그 소 논지들이 본론이 전개되면서 점점 더 논의가 심화되도록 해야 한다.

(8) 흥분하는 어조는 삼가라.

강력하게 자기의 주장을 내세우는 것과 흥분하는 어조로 주장을 내세우는 것을 혼동하면 안 된다. 낱말마다 색깔이 있고 그 나름의 성격이 있다. 똑같은 내용이라도 어떤 낱말을 선택해서 쓰는 가에 따라 글의 격이 아주 떨어지기도 하고 격조가 높아지기도 한다. 예컨대 "아무리 생각해 보아도 믿기지 않는 터무니없는 사건이다."라는 문장과 "합리적인 사람으로서는 도저히 납득할 수 없는 사건이다."라는 문장을 비교해 보자. 앞 문장은 필자가 하도 어이가 없어서 과연 그럴 수 있는가 하고 열심히 생각해 보았다는 식의 주관적인 논법이다. 뒷 문장은 필자가 생각한 것이 아니라 모두가 납득할 수 없는 객관적으로 보아 엄연히 잘못된 사건이라는 식의 객관적인 논법이다. 논술에서는 가능하면 객관적인 논법의 문장을 구사해야 한다. 흥분하는 어조의 문장이나 낱말은 주관적인 논법을 연상케 한다. 그저 주관적인 자기 생각을 일방적으로 제시할 것 같으면 굳이 논술을 할 필요가 없다. 객관적인 근거를 제시하면서 자기주장의 객관성을 높일 수 있어야 한다. 그러기 위해서는 객관적인 논법을 구사해야 한다.

(9) 되도록 글씨를 깔끔하게 써라.

논술 지도를 많이 해 보니 글씨가 깔끔한 학생 치고 논리력이나 문장력이 서툰 경우는 아주 드물다는 것을 발견하게 된다. 정말이지 논리적으로 따져보면 글씨가 좋다고 해서 글이 좋은 것은 결코 아니다. 그런데 이상하게도 실제로는 글씨가 좋은 학생들이 글도 좋은 경우가 허다하다.

우선 글씨가 깔끔하고 좋으면 채점자들은 글 읽는 마음이 확 밝아진다는 느낌을 받게 된다. 글이 잘 읽혀지는 정도, 즉 가독성(可讀性)이 높아진다. 채점자도 사람인 이상 이런 상쾌한 느낌 때문에 똑같은 내용일 겨우 글씨가 좋지 못해 읽기 힘든 글보다 더 좋은 점수를 주기 마련이다.

(10) 남들이 빨리 쓴다고 신경 쓰지 말라.

논술 시간이 대체로 두 시간 내지 두 시간 반으로 주어진다. 어떻게 생각해보면 그 시간 동안 고문을 당하듯 하겠지만, 차분하게 생각을 가다듬지 않고서는 좋은 논술을 할 수 없다. 시험이기 때문에 남들이 자기보다 더 빨리 더 열심히 써 나가는 것을 보면 약간의 열등감에 사로잡힐 수도 있다. 그렇게 되면 논술은 망치기 십상이다.

특히 본문 쓰기에 빨리 돌입하는 옆 학생들의 모습에 위축될 필요도 없고 위축되어서도 안 된다. 문제를 정확하게 파악하고 또 개요 짜기에 이르기까지 논의의 틀이나 논점 또는 논지를 설정하고 그에 따라 논거를 마련하노라면 많은 시간이 소요되기 마련이다. 심지어 완벽을 기하기 위해서는 시험시간 반 이상을 이 과정에 투여할 수도 있다. 그만큼 준비가 완벽해지면 본문 쓰기는 다른 학생들보다 훨씬 더 빠르게 완료할 수 있다. 물론 아무리 생각해도 어떻게 글을 써야 할지 엄두조차 나지 않아 전전긍긍하고 있는데 다른 학생들이 마치 술술 써 나가듯 하면 위축될 수도 있다. 그렇더라도 아예 신경을 쓰지 않는 것이 좋다. 자기 나름대로 시간을 조절하면서 자신 있게 쓸 수 있다 싶은 내용들을 떠올리도록 노력해야 한다. 차분하게 자기 자신을 믿고서 적절하게 자기 생각이 떠오를 때를 기다려야 한다.

2. 논술 쓰기 방법

(1) 논리적 구상의 방법들

1) 단계적 구상

• 3단계 구상	서론 본론 결론의 단계로 나누어 구상하는 방법
• 4단계 구상	서론 전개 발전 결론 (혹은 도입 발전 전환 정리)의 4단계로 구상하는 방법(3단 구상에서 본론 부분을 조금 더 세분화한 차이)
• 5단계 구상	주의 환기, 화제 제시(논거 제시), 과제 해명, 해명의 구체화, 행동 촉구의 5단계로 글을 구상하는 것. 서론 부분을 좀더 흥미롭게 꾸밀 수 있는 것이 장점이다.

2) 포괄적 구상

• 두괄식 구상	주제가 글의 첫머리에 오는 구상법 (글쓰기에 미숙한 필자는 두괄식 구성으로 정리하는 것이 좋다.)
• 미괄식 구상	글의 결론이 글의 뒷부분에 오게 하는 구상법
• 양괄식 구상	글의 주제가 처음과 양 끝쪽에 놓이는 것.(이때 같은 말을 되풀이해서는 안 된다. 같은 내용이지만 다른 표현으로 할 것)

(2) 주제문을 글의 방향키로 활용하라

논술을 쓸 때 가장 핵심이 되는 것은 '주제'이다. 주제란 글을 쓰는 사람이 나타내고자 하는 중심 생각으로 제시된 논제에 맞추어 주제를 어떻게 잡느냐에 따라 글의 방향과 결론이 결정된다. 주제는 가주제와 참주제로 나눌 수 있다. 가주제는 글의 핵심내용이지만 그 범위가 넓고 막연하다. 보통 제목이 가주제가 되는 경우가 많고 논술에서는 문제에 가주제가 제시된다 해도 과언이 아니다. 이에 비해 참주제는 좁은 주제 진정한 주제라 할 수 있다. 이것은 논술문제에는 제시되지 않는데 논술자가 스스로 뽑아야 한다.

(3) 서론으로 독자를 사로잡으라.

서론은 글의 첫인상을 결정짓는 부분으로 좋은 첫인상을 만드는 것이 중요하다.

1) 호기심을 유발시켜야 한다.

처음부터 흥미 있는 이야기가 시작되면 누구나 관심을 갖고 본론과 결론까지 읽게 된다. 서론에서 호기심을 유발하려면 읽는 사람의 처지에서 생각해 보는 것이 필요하다.

2) 문제제기가 되어야 한다.

논술문은 자기주장을 내세우는 글이기 때문에 항상 문제의 내용이 등장한다. 이것을 논제라고 하는데 서론에서는 이 논제를 보여 주어야 한다. 그래야만 독자들이 '아 이 문제에 대한 이야기가 전개 되겠구나' 하고 예상을 하면서 글을 읽게 된다.

3) 동기와 목적이 제시되어야 한다.

서론에서 글을 쓰는 이유와 목적을 명확히 해 놓으면 독자들도 목적의식을 갖고 글을 읽게 된다. 즉 자신이 왜 그러한 주장을 펼치는지 서론에서 미리 이야기함으로써 독자들이 글의 전체적인 내용을 쉽게 파악할 수 있다.

4) 주제가 암시되어야 한다.

서론에서 결론을 적은 것은 (예를 들면 '나는~에 반대한다.'는 식으로 직설로 적어 놓는 것 따위)는 읽는 사람의 호기심을 앗아간다. 이때에는 주제를 암시하는 정도의 표현으로 해 놓는 것이 독자들의 긴장을 놓치지 않고 끌어올 수 있다.

5) 도입부의 구성을 어떻게 할 것인가

도입부는 독자의 흥미를 유발하는 부분이 필요하다. 그러면서 그것만이 아니라 '앞으로의 글이 어떤 방향으로 흘러 갈 것이다'라는 것을 암시하는 부분이 들어있으면 좋다.

서론의 도입부분을 자연스럽게 시작하게 되는 방법이 여러 가지가 있는데 반드시 이렇게 써야 하는 것은 아니다.

① 용어를 풀이하거나 정리하면서 시작하는 방법
② 최근 일어난 일을 얘기하면서 시작하는 방법
③ 제시문 내용을 바꿔가지고 접근하는 방법

이때는 문제의 배경 설명으로부터 시작할 수도 있는데 배경 설명으로부터 시작할 때에는 너무 장황하지 않도록 주의한다.

④ 일반론으로 인간의 어떤 특수한 문제를 얘기하면서 인간이라는 존재 자체로부터 시작하기
⑤ 속담이나 격언 인용하기
⑥ 구체적인 경험이나 사실, 자기가 겪은 것 '지난주에는 어떤 일이 있었다.' 이런 식으로 해서 시작하는 것
⑦ 독자의 관심을 자극하는 질문을 던지면서, 뭔가 호기심 어린 질문을 던지면서 독자의 관심 끌어오기
⑧ 또 글의 범위, 목적, 방향 따위를 좀 재미는 없지만 충분히 정보를 전달하는 그런 과정을 거치면서 글의 도입을 시작할 수도 있다.

글을 쓰는 것은 서론, 본론, 결론의 순서이지만 글을 구상하고 생각할 때에는 결론부터 먼저 생각한다. 자신이 하고 싶은 말을 먼저 생각하고 거기에 대한 논거가 무엇일까를 생각하면서 본론을 구상한다.

그렇게 본론과 결론이 정해지고 나면 그런 본론과 결론을 쓰고 있는 내용을 염두에 두고 문제 제기를 하고 그 문제 제기를 끌어내기에 자연스러운 정도로 도입을 붙이면 좀 더 쉽게 논술을 쓸 수 있다.

서론의 '문제제기' 부분은 가장 핵심적인 부분으로 크게 세 가지로 나누어 볼 수 있다.

먼저 무엇에 관해 글을 쓰고자 하는가, 무엇을 쓸 것인가를 보여주는 게

서론의 가장 핵심이다.

두 번째는 그러면 왜 그걸 쓰는지, 도대체 그걸 써야 되는 이유는 뭔지, 그게 왜 중요한지, 혹은 그것이 어떤 문제를 갖고 있는가를 밝히는 부분이다.

세 번째는 그것을 쓰는데 어떤 방식으로 접근할 것인가 하는 방법이나 방향까지 보여주면 좋다.

물론 짧은 글에서는 서론에서 이렇게 세 가지를 다 얘기 못 할 수도 있다. 다 얘기 못할 경우에는 '어떻게 접근할까' 라는 것은 생략하더라도 '무엇을 쓸 것'이며, '그것이 왜 문제가 되고, 왜 중요하다' 라는 것만큼은 서론의 문제 제기에서 반드시 넣어야 한다.

입장을 표명할 때는 '내 입장이 뭐다'라고 강력하게 표명하는 것이 조금 어색할 수 있으므로 때로는 암시적으로, 분명히 입장 표명의 방향을 보여주는 것이 필요하다.

(4) 본론쓰기

본론은 글의 중심 부분으로 서론에서 제시한 의견(주장)을 서술하는 부분이다. 본론에서는 의견에 대한 타당성 있는 근거를 제시하여야 한다. 의견을 뒷받침해 주는 확실한 근거가 있어야 하는데 그것을 '논거'라고 한다. 논거에는 반드시 주제가 들어 있어야 하며, 구체적 사례를 많이 들수록 설득력이 강해진다.

논거의 용법은

1) 원인과 결과를 밝혀서 증명하기

우리 문화를 지키기 위해 스크린 쿼터제는 꼭 지켜져야 한다.

중2 이호형

'스크린 쿼터' 란 스크린을 할당한다는 말로 영화를 상영하는 극장에 대해 우리나라 영화를 의무적으로 상영해야 하는 기간을 의미한다. 이러한 스크린 쿼터제는 현재 영국, 프랑스, 이탈리아 등을 포함해 우리나라까지 11개국에서 시행되고 있고, 우리나라에선 1년 중 146일을 상영해야 한다.

스크린 쿼터가 없다면 우리나라 영화보다는 흥행유지를 위해 외국영화를 많이 상영할 것이다. 그렇게 되면 우리나라 영화사는 문을 닫을 것이고, 그렇게 되면 우리나라 영화는 점점 사라질 것이다. 우리 영화가 사라지는 것은 문화가 사라지는 것이므로 우리나라 문화를 지키기 위해서 스크린 쿼터제는 지켜져야 한다.

그리고 스크린 쿼터제가 지켜지면 많은 이점이 생긴다. 스크린 쿼터제가 유지되면서 많은 우리나라 영화들이 방영될 것이다. 그러면 흥행영화를 통해 많은 수입이 생기며 그 돈으로 우리 영화에 많은 돈을 투자하면 영화는 더욱 발전할 것이다. 그렇게 되면 우리나라는 세계로 나아갈 것이고, 스크린 쿼터 없이도 우리나라에서 방영되는 시간이 늘어날 것이다.

하지만 스크린 쿼터가 유지되면 우리나라 영화의 질이 떨어질 수 있다고 걱정하는 사람들이 있다. 그런 문제는 흥행한 작품에 따라 우리나라 영화제에서 특별한 상을 주는 등의 방법으로 해결할 수 있을 것이다. 이러한 면에서 볼 때 스크린 쿼터는 유지되어야 한다.

✓ 논제나 화제에 대한 의미가 명확하지 않을 때 용어에 대한 정의로 서론을 시작한다. 호형이는 서론을 '스크린 쿼터제'를 설명하며 시작하였다. 본론은 스크린 쿼터제가 지켜져야 하는 이유와 그에 따른 결과를 들어 논증하고 있다.

2) 실제의 예 들기

동물실험에 반대한다

용문중학교 3학년 박성원

1887년 설파닐 아미드라는 특효약을 복용했는데 107명의 사람들이 죽었고, 이 약물을 동물들에게 실험했는데 동물들도 죽었다. 이로 인해서 동물실험을 하게 되었다. 2005년 4월 24일 유럽재판소가 EU국가들의 동물실험금지안을 단기적으로 시행하도록 확정 판결을 내렸다. 이처럼 최근에 동물실험을 반대하는 입장이 되면서 찬반논란이 일어나고 있다. 나는 동물실험을 반대하는 입장에서 쓰려고 한다.

실제로 있었던 동물실험 사례들 중에는 50마리의 햄스터 새끼들의 왼쪽 눈을 도려낸 후 어미들에게 돌려보낸 실험이 있었다. 이처럼 동물실험은 너무나 잔인하다. 동물도 고통을 느낄 수 있으며 동물의 생명도 소중하다. 인간의 이익만을 위해 동물에게 고통을 주는 것은 학대이다.

1957년 탈리드마이드도 동물실험을 거치고 아무 이상이 없다고 하여 시판되었고 임산부들에게 큰 인기를 끌었다. 하지만 결과는 참담했다. 약을 먹은 많은 임산부들이 기형아를 출산했던 것이다. 또한 매년 동물실험을 거친 합법적 의약품이 실험을 거치지 않은 의약품보다 더 많은 사람을 죽게 한다. 사람과 동물은 다르다. 사람끼리도 서로 체질이 같지 않아서 약을 다르게 쓰는데 동물에게 안전하다고해서 사람에게 안전하다는 보장은 없는 것이다. 별로 효과도 없는 동물실험은 동물들을 죽이기만

할 뿐 아무 소용없는 것이다.

인간을 위해 한다는 동물실험이 효과가 별로 없다. 그렇다면 동물실험은 단지 동물을 학대하고 귀중한 생명을 없애는 일이다. 효과없는 동물실험에 매달려 생명을 죽이는 것보다 기술을 개발하여 컴퓨터 모델이나 배양세포 또는 사람의 신체와 비슷한 모형을 만들어 실험하는 것이 더 효과적인 방법이다. 이렇게 안전한 약품을 만드는데 다른 방법을 사용할 수 있는데도 동물실험을 하는 것은 옳지 않다. 이제는 더 이상 동물실험이 없기를 바란다.

✓ 제목은 더 구체적으로 쓰는 것이 좋겠다. '효과가 없는 동물실험에 반대한다'등으로 쓰면 근거를 넣어 표현하면 읽는 사람이 이해하기 쉽다. 이 논술은 '문제-원인-해결'의 형식으로 썼다. 본론에서는 주장에 대한 근거로 실제로 있었던 사례를 중심으로 사실을 근거를 들었다. 명확한 사실근거는 읽는 이의 신뢰를 얻을 수 있다. 결론은 본론을 요약하며 제언을 하는 것으로 끝을 맺고 있다.

논제3. 일반적으로 의견을 달리하는 두 진영 사이에 공격과 방어를 통한 상대방의 설득을 지향한다. 그리고 토론장소에는 대체로 청중이 있고 심판도 있다. 그래서 토론의 승패를 청중이나 심판자가 내린다. 그러나 이런 토론상황은 실제생활에서는 존재하지 않는다. 왜냐하면 실제 생활에서는 심판자가 없기 때문이다. 이런 점을 참고하여 실생활에서의 토론의 목적은 무엇이며 그것에 다가가려면 어떻게 해야 하는지 논술하라.

박 미 애

최근 우리 사회에서는 토론문화가 중요한 분야로 자리매김을 하고 있다. 각종 사회문제에 대하여 토론하는 TV 프로그램이 있고, 지방자치 단체가 공개토론 형식을 취하여 지역 주민의 의견을 수렴해서 정책수립에 반영하는 모습도 볼 수 있다. 토론이란 서로 다른 의견이나 제안에 대하여 사리의 본질을 따져가며 의사결정을 하는 대화법이다. TV토론에서 보기 추할 정도로 상대 진영에 대한 인신공격을 하는 출연자를 보게 되면 자기주장에 대한 논거가 부족해 보이고, 토론의 자세가 아닌 것 같아서 참 안타깝다. 토론과정을 지켜보는 청중들이야말로 토론자의 주장에 대하여 지지를 보내면서 자기의견을 확실히 깨닫게 되므로 토론자가 실제로 설득시켜야 할 대상이 될 것이다. 그런데 청중이나 심판자가 없이 토론이 이루어지는 실생활에서 토론의 목적을 이루려면 어떻게 해야 할까?

우리는 유교관의 영향으로 수직적 인간관계 유지와 가족간의 대화보다 복종을 먼저 배우면서 살아왔다. 민주주의도 우리 땅에서 우리가 필요에 의해 발전시킨 형태가 아니라 외국에서 도입하였다. 우리는 민주시민 의식도 약하고 자신의 의견을 조리 있게 전달하기도 쉽지 않다. 토론문화는 학교에서 수업을 통하여 학습하는 것이 아니라 생활속에서 익혀야 하므로 가정에서의 교육이 꼭 필요하다. 가정에서 자유로운 의사표현 능력, 상대방의 의사존중 및 자기주장을 밝힐 줄 아는 태도 함양, 올바른 가치관의 정립을 위해서 일상적인 문제를 논제삼아 토론을 생활화하여야 한다.

우리 가정에서 있었던 토론의 과정을 통해 남편과 아이가 어떻게 의사결정에 접근했는지 살펴본다. 얼마 전 큰 아이가 mp3를 사달라고 했다. 나는 학생에게 그게 무슨 소용이 있냐면서 야단부터 쳤다. 그 다음날 저녁 남편은 아이와 이야기를 나누었다. 물론 나는 아이의 의견을 받아들일 준비가 안 된 상태라서 신문을 읽고 있었다. 우선 남편은 아이에게 mp3가 왜 필요한지를 물었다. 아이는 3가지 이유를 댔다. 듣고 싶은 노래와 음악이 많고, 영어듣기 공부에 필요하다는 것, 자기 반 친구들도 30%이상이 갖고 있다는 이유였다. 남편은 집에 있는 휴대용 카세트를 사용할 것을 제안했지만, 아이는 덩치가 크고 파일저장이 불가능한 점과 디자인도 10대 취향이 아니라며 반대했다. 남편은 아이에게 엄마가 왜 반대하는지 아느냐고 물었다. 아들이 엄마는 무조건 안 사 주려고 한다고 말하는 바람에 나는 기가 막혔다. 요즘 아이들은 참 이기적이라는 생각도 들었다. 남편은 아이에게 엄마가 반대하는 이유를 합리적 소비생활을 하기 위해서라고 말해 주었다. 아이도 자신이 과소비를 하는 것은 아니라고 했다. 어떤 제품을 살 것인지 묻자, 아이는 컴퓨터에서 미리 찜해둔 물건을 보여 주었다. 다른 회사제품과도 비교해 본 후 남편은 아이가 고른 제품에 동의했다. 쇼핑몰간의 가격비교를 한 후에 구입비용에 대하여 이야기 했다. 아들은 자기가 10만원을 부담하고 나머지 비용은 부모님이 부담하기를 원했다. 그 다음은 구매방법을 결정했다. 인터넷 쇼핑몰 중 가격도 저렴하면서 무이자 할부가 가능한 곳에서 구매하기로 했다. 이렇게 차근차근 이야기하다보니 아들은 자기의 뜻을 잘 밝혀서 아빠가 mp3구입에 찬성하도록 만들었다. 남편도 어긋나기 쉬운 사춘기 아들의 심리를 잘 보듬어 주었다. 매일 있는 일은 아니지만 아이와 끝까지 인내하면서 이 일을 해결해 준 남편이 고맙다.

토론은 합리적인 의사결정을 하고 나의 마음을 상대에게 제대로 전달하기 위해서 꼭 필요하다. 절충과 타협으로 가장 적절한 의견을 찾기 위해서 남의 뜻도 받아 줄 열린 마음이 전제 되어야 하고, 상대의 뜻이 옳을 때는 과감하게 내 뜻을 굽힐 줄 아는 유연함도 필요하다. 자기와 다름을 존중하고 서로가 다양함을 인정해 주는 조화속에서 서로의 의견을 평화롭게 조율해 나가는 지혜가 필요하다.

3) 유사한 사실을 증거로 제시하기

논제2. 인간의 지적 욕구는 순수한 지적 욕구와 실용적인 지적 욕구가 있다. 인간이 만든 모든 문명은 모두 실용적인 지적 욕구의 소산처럼 보인다. 그렇다면 순수한 지적 욕구는 인간 역사 발전에 어떠한 기여를 한 것인가 논술하라.

백 은 미

인간은 세상에 태어나서 생존에 필요한 육체적 본능에 충실한 감각들을 가지고 열심히 살아간다. 점점 성장과 성숙을 거듭하면서 자신을 둘러싸고 있는 세상으로부터 생존을 위한 실용적인 지적 욕구뿐 아니라 침팬지에게는 없는 순수한 지적 욕구를 가지고 있다는 것이다. 인간은 자신이 모른다는 것을 느끼며 이러한 갈증을 해소하기를 갈망한다. 감각만으로 알게 되는 생존을 위한 '앎'으로부터 좀 더 발전하여 생활을 편리하게 하는 영역으로 나아가고 있다.

당장 이익을 내는 일도 아니고 생활을 편리하게 하는 일도 아니요, 어떠한 유익도 눈에 보이는 것도 아닌 일에 일생을 바쳐서 연구하는 이 땅의 수많은 사람들을 어떻게 설명할 수 있을까? 그 것의 해답은 순수한 지적 욕구들을 해소하기 위한 것이라고 밖에는 설명할 길이 없다. 인간의 지적 욕구는 당장 이익을 얻을 수 없는 영역에서도 걷잡을 수 없을 정도로 확대되고 있다.

순수한 지적 욕구가 인간 역사 발전에 기여한 구체적인 예를 들면, 제임스 와트의 증기 기관을 들 수 있다. 1736년 스코틀랜드에서 태어나 대학에서 기계를 정비하던 와트는 우연히 뉴커먼이 만든 증기 기관을 정비하게 됐다. 와트는 기계에 중대한 결함이 있음을 간파하고 이 점을 개선하기 위해 연구를 시작했다. 마침내 와트는 증기 기관의 효율을 크게 높인 개량종을 선보이게 되었다. 새로 개발된 방적기나 방직기에 증기 기관을 부착하면서 기술 혁신이 더욱 빨라졌다.

현대에는 국가적인 차원에서 수십조의 예산을 지원하여 나사의 우주선개발과 우주개발에 매진한다. 이러한 순수한 지적 욕구에서 출발하여 마침내는 우주선을 개발하고 인공위성을 발사하게 되었다, 그러한 연구 과정을 통하여 생각하지도 못한 우주복개발, 우주식량개발, 특수금속개발처럼 여러 방향으로 연구가 이루어졌고 실생활에 활용하게 되었다.

은의 살균작용이 나노라는 단위에서 가장 활성화된다는 물리와 화학에 대한 각각의 연구결과들이 실생활과 관련되어져 세탁기사용 때 오염된 빨래의 살균에 은 나노기술을 응용하며 냉장고안의 세균발생을 억제하는 데 이용한다. 앞으로도 가전제품에만 국한된 것이 아니라 사람이 살아가면서 세균과 만나게 되는 모든 영역들에 응용되어질 전망이다.

이와 같이, 인간에게는 순수한 지적 욕구에서 출발하지만 연구가 성숙되면 실용화시켜 인간생활에 활용하여 진화된 문명을 이룩하는 놀라운 일을 이룩한다. 오늘날에는 급격하게 발전한 과학기술을 발판으로 신의 영역인 생명에 대한 '앎', 삶을 살아가는 데 직접적인 연관이 없는 우주를 향하여, 점점 더 영역을 넓혀나가며 '앎'에 대한 갈망을 끝없이 추구하게 된다. 그 시기는 알 수 없지만 이것은 개인에게만 국한 된 '앎'에 대한 욕구가 아니라 점점 영역을 넓혀서 개인에서 사회로, 국가에서 세계를 향하여 빠른 속도로 뻗어져 나간다.

4) 남의 말을 이용하여 증명하기

논제1. '학습'과 '자득'은 지식을 습득하는 중요한 방법으로 알려져 있다.
'자득(自得)은 과연 가능한 일인지 논술하시오

논술교사자격시험 박 순 애

지식을 얻는 방법으로 '학습' 과 '자득' 이 있다. 소설을 쓰는 사람이 기존의유명한소설가와 작품에 대해 공부하고, 문장을 배우고 익히는 것을 '학습' 이라고 한다면 충분한 학습을 거친 후 자기만의 소설을 쓸 수 있는 경지가 '자득' 이다. 시성 두보의 '책 만권을 독파하니, 붓을 잡으매 신이 붙은 듯 하더라' 는 말을 살펴보더라도 책 만권을 독파하는 학습을 거친 후에야 신이 붙은 듯한 자득의 경지를 이룰 수 있음을 말해준다. 그러므로 '학습' 은 '자득' 을 위한 기초단계이다. 학습이 전제되지 않은 자득은 기초공사가 부실한 건물을 지은 것처럼 불안하다. '학습' 은 참다운 '자득' 이 되어야 가치를 가진다. 자득은 어렵지만 가능한 일이며 '학습' 이 궁극에 통했을 때 '자득' 으로 드러나게 된다.

기존의 교육에서 강조된 것은 학습이었다. 입시위주와 암기식 교육은 많은 문제점을 발생시켰고, 7차 교육과정으로 개편되면서 문제해결능력과 창의성을 중요시하게 되었다. 학습이 위주가 되는 공부는 지식을 전수하고 기존사회의 문화를 전수하는 것에는 유용하다. 그러나 창조가 없기에 한계가 있다. 세상은 진보한다. 익히기만 하고 새로운 창조가 없다면 문제다. 익히지 않고 무조건 창조만 하겠다는 태도도 문제가 된다.

일찍이 박지원은 '법고와 창신' 에 대해 말하였다. 박지원이 살았던 당시의 학풍도 학습을 중요시하던 사회였다. 그는 '법고' 란 옛 것을 본받는 데만 지나쳐 옛 자취에서 헤어나지 못하는 문제점이 있고, '창신' 이란 옛 것은 버리고 새롭게 창조하는 것은 좋으나 평상의 도를 벗어나기 쉬운 문제점이 있다고 했다. 그러나 옛 자취를 본받으면서 변화시킬 줄 알고, 새롭게 창조하면서도 법을 지킬 줄 안다면 오늘날에도 고문과 같은 훌륭한 글을 지을 수 있다고 보았다. 학습과 자득도 마찬가지이다. 배우고 익히면서 스스로 통하여 자득하게 되었을 때, 문제를 해결할 수 있는 능력이 생기며 창의성이 살아난 자기만의 작품이 만들어 진다.

주역의 계사전에도 비슷한 문구가 나오는데 '통변(通變)' 에 대한 글이다. 통변은 기존의 것을 배우고 익혀 통했을 때 변화하게 되는 이치를 말한다. 이를 글에 적용시킨다면 지금까지 있었던 많은 글을 배우고 익혀 스스로 통하게 되면 자연히 새로운 글로 바뀌어서 자신만의 글이 되어 나타난다는 말이다.

한 마리의 원숭이가 살아가는 방법을 구체적인 예로 들어보자. 원숭이 부모는 아기원숭이에게 나무를 타는 방법과 나무에서 열매를 따는 법, 나무막대를 사용해서 개미를 잡아먹는 법, 위험한 것을 피해가는 법 등 자신이 알고 있는 모든 방법을 다 가르쳐 준다. 아기 원숭이가 배우고 익히는 것이 '학습' 이 된다. 그러나 원숭이부모에게서 익힌 것만으로 아기원숭이가 살아가는 것은 아니다. 아기원숭이는 그것을 되풀이 하다가 자신만의 방법들을 만들어 간다. 이것이 '자득' 이다. 스스로 만들어낸 방법으로

> 살아가면서 어른원숭이가 된다. 그러므로 학습은 자득의 기본이 된다.
> 자득은 가능한 일이다. 그러나 부단한 학습을 필요로 한다. 조동일 교수는 의양지학(依樣之學-학습)에 대립적인 개념으로 자득지학(自得之學)을 주장했다. 그러나 본인의 의견은 다르다. 학습과 자득은 대립적인 개념이 아니라 상호작용 해야 하는 관계이며 합을 이루어 내야한다. 학습해서 스스로 터득한 이후 진정한 창조가 이루어진다. 법고와 창신이 어우러져야 새로운 글이 되며, 통해서 변해야 자신만의 작품을 만들 수 있다. 그러므로 부단한 학습을 통해 자득의 경지에 이르게 되었을 때 우리는 '지혜' 라는 알맹이를 건져 올릴 수 있다.

(5) 결론쓰기

결론은 논술 내용을 요약하고 마무리하는 단계이다. 서론을 확인하며 본론에서 논술한 내용을 요약하거나 보충, 다시 한 번 강조하는 내용을 쓴다. 좋은 결론은 글 전체가 완성된 느낌을 주고 서론· 본론에서 말한 내용과 일치하여야 좋은 결론이다.

1) 서론을 확인하며 본론을 요약 보충한다.
2) 요약과 제언으로 한다.
3) 전망으로 대신한다.
4) 여운으로 한다.
5) 일반적인 결론을 내린다.
6) 소주제문을 모아 끝을 맺는다.
7) 논의확대로 끝을 맺는다.
8) 비유 · 인용으로 끝맺는다.

3. 논술의 기본 능력

(1) 논술을 위한 기본 능력1 (문제 지향적 사고)

논술이 어떤 상황이나 과제에 대한 필자의 견해나 판단, 찬반 여부, 주장 등을 객관적 근거를 들어 조리 있게 서술할 것을 요구하는 글이므로, 우선적으로 필요한 것은 주어진 과제에서 필자가 진술하려는 어떤 구체적인 문제를 발견하여야 할 것은 당연한 일이다. 또한, 구체적인 문제를 발견하여 그를 해결하는 과정을 논리적으로 진술하기 위해서는, 문제 해결에 필요한 구체적이고 객관성 있는 타당한 근거나 자료를 탐색하고, 그 해결의 방법도 구체적으로 발견해 내야 할 것이다.

이렇게 본다면, 논술의 성패 여부를 가늠할 수 있는 가장 기본적이며 기초적인 판단 자료가 문제의 발견과 해결 방법의 탐색 능력이라고 해도 과언이 아닐 것이다. 이처럼 문제 지향적 태도는 논술을 해결하기 위한 기본적이고 기초적인 필자의 자세라고 하겠다.

1) 문제의 발견

문제 발견 능력은 생활 주변의 사소한 문제에서부터 항상 자신의 견해를 확고하게 갖고 의문을 던지는 일에서부터 갖추어질 수 있다. 일상생활에서 부딪히는 일을 무관심하게 넘기지 말고 관심을 갖고 스스로에게 의문을 던지고 그에 대해 스스로 답해 보는 일이 바로 문제 발견의 태도이다.

① 그것은 무엇인가
② 그것은 어떤 의의가 있는가
③ 그것은 어떻게 성립 되었는가
④ 그것은 어떻게 조직 되었는가
⑤ 그것은 무엇을 위한 것인가
⑥ 그것은 어떻게 존재 하는가
⑦ 그것은 어떻게 변화 하는가
⑧ 그것은 왜 그렇게 되었는가
⑨ 그것이 끼치는 영향은 무엇인가
⑩ 그것은 다른 것과 어떤 관계에 있는가
⑪ 그것은 어떻게 해결할 수 있을까
⑫ 그것은 앞으로 어떻게 될까
⑬ 그것은 나와 어떤 관계가 있는가

등 등 실로 다양한 질문을 스스로 해 보고 답해 보는 과정에서 자신의 견해는 더욱 확고해지고 어떤 대상이나 현상에 대한 문제 발견 능력이 생겨

날 것이다.

2) 문제 지향적 태도의 육성 방법

① 바른 독서 태도 갖추기

글을 읽는 행위는 필자와의 간접적 대화이며, 의미의 재생산 과정이다. 독자는 글을 읽는 행위를 통하여 필자와 만나 대화 행위를 하게 된다. 이 과정에서 가장 효과적인 대화의 방법이 '예측하고 확인하기'와 '질문하고 답하는 방식'을 활용하여 활발한 의미 구성 활동을 하는 일이다. 독자는 먼저 글의 제목이나 목차, 소제목, 전체적인 훑어 읽기 등의 개괄적인 이해 활동을 통해 글의 전체 내용이나 흐름 등에 대하여 예측을 한 다음, 본격적인 읽기 행위를 통하여 자신의 예측을 확인한다. 확인 과정을 통하여 자신이 예측한 내용이나 글의 흐름과의 차이나 공통점을 발견하는 과정에서 내용이나 글의 체제 등에 대한 이해력과 비판력이 길러지게 되는 것이다.

또한 독자는 글을 읽으면서 끊임없이 필자에게 의문을 제기하고, 자신이 제기한 의문에 대한 답을 글 속에서 찾아야 한다. 이러한 필자와의 대화 행위를 통해 독자는 새로운 의미들을 글 속에서 발견해 내게 되는 것이다. 의미의 재구성 과정을 통하여 독자는 다양한 배경 지식을 갖춤과 동시에 글을 비판하고 분석하는 힘도 아울러 갖추게 될 것이다.

② 토의·토론하기

자신의 의견이나 주장을 다른 사람에게 발표하고, 다른 사람의 의견이나 주장을 비판적으로 듣는 과정을 통해 이해하고, 서로의 의견을 교환하는 토의, 토론 활동은 끊임없는 문제 지향적 태도를 바탕으로 한 언어활동이다. 자신의 의견을 제시하기 위하여 문제를 발견하고 해결의 방안을 모색하는 행위나 다른 사람의 의견을 비판하여 문제를 발견하고 더욱 높은 차원이나 새로운 문제 해결 방안을 탐색하는 사고 행위는 문제 지향적 태도 육성의 지름길이라 하겠다. 이런 점에서 교과 학습에서나 특별시간을 활용한 '발표와 토의' 학습은 문제 지향적 태도의 육성에 필수적인 학습이라고 하겠다.

3) 문제 해결의 방법

제시된 과제를 분석하고 문제를 발견하여 그를 해결하는 방법을 모색한 것으로 문제의 해결이 이루어진 것은 아니다. 문제 해결의 방안이 모색되면 그 방안을 언어를 통하여 구체화할 때 비로소 그 의의를 갖는다. 문제 해결의 방법 단계에서는 바로 언어적 구체화의 방법에 의한 논술의 완성까지를 관심의 대상으로 삼는다. 이에 따라 이 과정에서는 논리적인 방법에 의한 타당한 의견이나 주장을 제시하는 방법까지 모색되어야 한다.

(2) 논술을 위한 기본 능력2(종합적 사고력)

종합적 사고력은 사고 능력을 동원하여 문제 상황을 파악하고 그 문제 해결 방법을 탐색하여 문제를 해결할 수 있는 합리적이고 입체적인 사고 능력을 말한다. 합리적이라 함은 문제의 해결에 관계되는 내적 요인만이 아니라 그와 관계되는 외적 조건까지를 포함한 다양한 관계를 고려하여 내적 준거와 외적 준거에 배치함이 없는 종합적인 해결 과정을 제시함을 말한다.

이렇게 볼 때, 종합적 사고력을 갖추는 일은 단순히 논술문 쓰기 학습을 위해서만 필요한 것이 아니라, 인간의 삶 속에서 항상 갖추어야 할 사고 능력이라 할 수 있다.

종합적 사고력이 '문제 상황에 직면하여 문제를 해결하는 과정에서의 합리적인 사고력'이라고 한다면,

종합적 사고력은

① 문제에 직면 또는 문제를 발견하는 능력

② 직면(발견)한 문제를 이해(파악)하는 능력

③ 문제를 평가하여 수용하는 능력

④ 수용된 문제를 해결하는 능력이 필요함을 알 수 있다.

이러한 능력을 갖추기 위해서는 우선 대상에 대한 치밀한 관찰이 선행되어야 할 것이다. 문제의식을 가지고 대상에 대해 관찰하되 선입견이나 주관적 판단이나 기호(嗜好), 불확실한 이해 등을 배제하고 객관적인 태도를 유지하여야 합리적인 문제의 이해가 이루어질 수 있을 것이다.

둘째, 문제에 대한 이해를 위한 배경 지식이 풍부해야 할 것이다. 문제 상황을 파악하고 이해하기 위해서는 문제를 분석하고 각 요소 사이의 관계에 대해 이해하는 것이 전제되어야 하므로 풍부한 지식이 있어야 함은 당연하다. 이를 위해서는 평소 다방면에 걸친 독서 활동과 사색을 통하여 여러 분야에 걸쳐 다양한 배경 지식을 갖추도록 노력하여야 할 것이다.

셋째, 문제를 수용하기 위하여 문제의 핵심을 비판하는 능력이 있어야 할 것이다. 문제를 분석한 후 그에 대한 비판을 통해 문제 해결에 필요한 요소들을 수용하기 위해서는 각 요소들의 가치와 필요성 유무, 핵심과 지엽 등을 따져 보아야 하기 때문이다. 여기서는 객관적인 가치기준에 의해 요소들을 비판할 수 있는 개인적인 기준이 확고히 있어야 하며 냉철히 판단하는 이성적인 사고력도 아울러 필요하다.

넷째, 문제의 해결 방법을 창의적으로 제시하고 종합적으로 판단할 수 있는 능력이 필요하다. 고정 관념이나 편견에 젖어 있다면 문제 해결의 방법은 고식적이거나 일반적인 수준을 벗어나지 못하게 된다. 누구나 찾을 수 있고 제시할 수 있는 방법이 아니라 창의적이고 혁신적이거나 새로운 관점에서의 문제 해결 방법을 찾아내기 위해서는 발산적인 사고력과 함께 합리적인 방법을 제시할 수 있는 건전한 사고력이 동시에 요구된다.

(3) 논술을 위한 기본 능력3 (논리적 사고력)

논리적 사고란 논리적 규칙이나 이치 즉, 논리적 과정에 적합하면서 오류가 없도록 생각하는 것을 가리킨다. 논리적 규칙은 이치에 맞아야 하며, 따라서 그 나름의 틀이 필요하다. 이를 위하여서는 논리 규칙에 대한 지식을 가지고 있어야 한다.

논리적 사고력은 언어 자체의 논리와 형식 논리로 나눌 수 있다. 언어 자체의 논리 법칙을 지키기 위해서는 언어활동에 있어서 개념을 명확히 하고 그에 맞는 표현을 하도록 노력하여야 한다. 또한 형식 논리를 이해하기 위해서는 논리의 본질에 대한 지식도 필요하다. 언어 사용의 오류를 이해하고 오류를 범하지 않도록 노력함과 동시에 연역과 귀납의 기본 법칙을 알아야 한다.

1) 개념을 바르게 정의하는 연습

개념은 개개의 사물로부터 공통의 성질이나 일반적인 성질을 추출하여 이루어낸 표상이며 정의는 단어의 의미를 명확히 하여 개념의 내용을 한정하는 것을 말한다. 개념은 판단에 의하여 얻어지는 결과이지만, 이를 성립시키기 위한 사고는 다시 이 개념을 통하여 이루어진다. 따라서 개념이나 정의의 규칙에 따라 사고한다는 것은 언어활동에 있어 논리적으로 사고한다는 것을 의미하므로 개념을 정의하는 연습을 하는 일은 논리적 사고력의 증진에 기여하게 된다.

2) 논리적 오류 분석하기

오류에 대하여 명확한 이해를 바탕으로 하여 오류를 정확하고 신중하게 논리적으로 분석하는 일은 논리적인 사고력을 기르는 데 효과적인 방법이다. 오류에는 심리적 오류, 언어적 오류, 자료적 오류가 있다.

(1) **심리적 오류**는 상대방에게 이성적이고 객관적인 주장을 하는 대신에 자신의 주관적인 감정이나 의지 등의 작용을 통해 자기의 주장을 설득시키려 할 때 생기는 오류이다.

① 인신공격의 오류(논리적인 공박보다 인신공격을 하는 경우)
② 상대의 특수한 환경을 공격하는 오류(상대의 개인적 취향이나 직업 등을 근거로 논증하는 경우)
③ 힘에 호소하는 오류(상대에게 강압적 수단을 동원하여 주장에 동조하게 하는 경우)
④ 동정에 호소하는 오류(동정과 연민에 호소하는 경우)
⑤ 다수에 호소하는 오류(많은 숫자를 동원하여 주장하는 경우)
⑥ 권위에 호소하는 오류(그릇된 권위에 의존하여 주장하는 경우)
⑦ 거짓 원인의 오류(원인과 결과의 관계에 대한 오해로 필연적인 것으로 주장하는 경우)
⑧ 원천 봉쇄의 오류(반론의 원천을 비판하여 반론 제기 자체를 막는 경우) 등이다.

(2) **언어적 오류는** 언어를 잘못 사용하거나 이해하는 데서 생기는 오류이다.

① 애매어 사용에서 오는 오류

② 자의적으로 단어의 의미를 덧붙인 데서 생기는 은밀한 재정의의 오류

③ 애매한 문장에서 생기는 오류

④ 문장의 한 부분을 불필요하게 강조함으로써 생기는 오류

(3) **자료적 오류**는 논증 구성의 잘못 또는 전제가 제시하는 것 이상을 결론에서 주장하려는 데서 생기는 오류이다.

① 성급한 일반화의 오류

② 우연의 오류

③ 무지로부터의 오류

④ 부적절한 결론의 오류

⑤ 복합 질문의 오류

⑥ 순환 논증의 오류

⑦ 딜레마의 오류,

⑧ 결합과 분해의 오류

⑨ 논점의 일탈 등이 있다.

3) 추론의 과정 연습

논증은 두 개 이상의 명제가 일정한 논리에 따라 모여서 어떤 주장을 제시하는 것으로서, 결론을 뒷받침하는 명제인 전제로부터 필자가 궁극적으로 주장하는 명제인 결론을 도출하는 과정이다. 이러한 논증의 과정과 절차를 이해하고 일상적인 독서나 언어생활에서 활용하는 일은 논리적 사고력 증진에 많은 도움을 준다. 논설문이나 설명문과 같은 글을 읽을 때는 물론이고 다른 사람의 말을 들을 때에도 전제와 결론과의 관계가 논리적으로 타당한가에 관심을 갖고 검토하거나 논거가 객관적이고 결론의 도출에 타당 한가 등을 분석하는 활동은 논리적 사고력 증진의 첩경이 될 것이다.

(4) 논술을 위한 기본 능력4(바른 글쓰기의 생활화)

논술로서의 글쓰기는 일반적인 글쓰기(작문)의 방법과는 구별되는 특성을 갖는다. 일반적인 글쓰기가 대부분 표현의 방법적인 측면인 글의 형식이나 부분적인 표현 기교에 치우치고 있는데 대하여 논술로서의 글쓰기는 과제에 대한 사고와 내용의 전개 방법에 중점을 두고 있다. 자신의 생각이나 느낌을 주관적이며 정서적으로 표현하는 것을 작문이라 한다면, 논술은 자신의 논지를 분명하게 드러내며 타당한 객관적 논거를 들어 논리적으로 진술하는 것이다.

1) 문장의 명료성

대체로 명료한 문장을 쓰지 못하는 이유는 독자를 염두에 두지 않고 글을 쓰기 때문이다. 자신이 무엇을 말하려 하는가를 뚜렷이 자각하고 독자가 어떻게 이해할 것인가를 생각하며 글을 쓴다면 표현은 명료해질 것이다. 그리고 국어의 일반적인 체계, 특히 문장의 구조를 제대로 이해하고 있다면 이 문제는 해결될 것이다.

2) 문장의 일관성

모든 문장은 문법의 관례에 따라 써야 하며 문장의 유형에 맞게 써야 한다. 일반적으로 문장의 일관성이 유지되지 못하는 경우는 이어진 문장에서 나타나기 쉽다. 이어진 문장은 대등적으로 이어진 경우와 종속적으로 이어진 경우가 있는데, 이어짐에서 지켜야 할 원칙을 지키지 않는 경우 일관성이 없는 문장을 쓰게 된다. 즉, 대등적으로 이어진 문장의 경우 각 절들은 그 관계가 대등한 것이어야 하며, 종속적으로 이어진 문장의 경우 종속절은 주절에 대한 원인이나 이유, 조건 등을 제시하는 형태가 되어야 한다.

제12강

바른 우리말 쓰기

우리가 매일 보는 신문이나 방송, 잡지, 인터넷에 나오는 글을 보면 자신도 모르게 쓰는 글쓰기 습관들이 있다. 글을 쓸 때 자신도 모르게 나쁜 습관들이 되풀이된다. 한자말, 일본말의 영향과 요즘에는 서양말과 인터넷에서 쓰는 채팅언어와 신조어 등에 의해 우리말이 이상해지고 있다.

또한 쉽게 쓴 글보다 어렵게 쓴 글을 마치 잘 쓴 글처럼 본다.'글은 어려워야 한다'는 생각을 갖고 글을 쓰다보니 읽는 사람이 이해할 수 없고, 심지어는 본인도 무슨 말을 썼는지 모르는 경우가 있다.

글을 잘 쓰고 싶은 사람에게 볼테르는 "말하듯 글을 쓰라"고 한다. 일반적으로 '글쓰기는 어렵다','글은 어렵게 써야 한다', '글이란 어려워야 한다'는 생각들을 가지고 있다. 그런 생각들은 아이들에게도 글쓰기에 대한 중압감을 준다. 그러나 '글이 어려워야 한다'는 것은 잘못된 생각이다. 글은 쉬워야 한다. 이해하기 쉽게 써야 한다.

글쓰기를 배우는 아이들에게 우리의 이런 국어현실을 알려 주고 순수한 우리말을 올바로 쓰는 습관을 기르도록 해야 한다.

1. 피동법 오용

우리말은 원래 능동형이다. 우리말에도 영어 수동태와 같은 문장이 있다. 그러나 우리말 피동문은 영어 수동태 문장과 근본적으로 다르다. 바로 문장 안에서 사람에 비중을 두고 사람을 행동의 주체로 세운다는 것이다. 영어와 달리 우리말에서는 사물이 한 문장 안에서 행동의 주체로 거의 쓰이지 않는다. 따라서 문장에서 행동의 주체를 사람으로 내세우기만 하면 피동이나 능동이나 상관없이 우리말다운 문장이라고 할 수 있다.

많은 사람들이 아무데나 피동접사를 붙이거나 '-어지다, 되다, 당하다, 받다' 등을 붙이는 데 그것은 고쳐야 한다.

다음 예를 보자.

(1) 그것이 당연한 일로 받아들여졌다 → 그것을 당연한 일로 받아들였다
(2) 서울 경기 지방에 호우주의보가 내려졌습니다
→ 서울 경기 지방에 호우주의보를 내렸습니다.
(3) 잘못된 관행이 하루빨리 고쳐져야 한다
→ 잘못된 관행을 하루빨리 고쳐야 한다.
(4) 입상자에게는 대학 입학 등록금이 주어지겠습니다.
→ 입상자에게는 대학 입학 등록금을 주겠습니다.
(5) 기회가 주어진다면 → 기회가 생긴다면/있다면
(6) 6자 회담에 전 세계의 관심이 모아지고 있습니다.
→ 관심이 모이고 있습니다. / 관심이 쏠리고 있습니다.
(7) 1920년대 우리 문학은 민족주의 문학과 계급주의 문학의 대립으로 특징지어진다
→ 계급주의 문학이 대립한 것이 특징이다
(8) 당뇨병은 식이요법으로 고쳐질 수 있는 병이다 → 고칠 수 있는 병이다
(9) 농촌정책은 변화되어져야 한다 → 변해야 한다

아래 예는 '되다' 피동형이다. '되다' 피동은 영어의 become이나 일본어의 번역투에서 생겨난 것으로 보인다. 특히 It is thought that...., It is reported that.., It is believed that 등의 번역투로 '생각된다, 알려졌다, 믿어진다'류의 피동법으로 잘못 쓰이는 예이다.

(1) 자제되어야 한다 〉 자제해야 한다
(2) 다음은 과학관이 되겠습니다 → 다음은 과학관입니다.
(3) 유엔 총회가 오늘 개막됩니다. → 개막합니다 / 열립니다
(4) 1 시간 가량이 소요됩니다 → 걸립니다.
(5) 조선 후기에 실학 사상이 대두되었다 → 대두하였다
(6) 국내에서 생산되는 물건 → 생산하는 물건
(7) 남북한 협상의 여건이 성숙되었다 → 성숙하였다
(8) 시민의 각성이 우선되어야 한다 → 우선해야/앞서야
(9) 대통령으로 선거될 수 있는 자는 → 대통령이 될 수 있는 사람은
(10) 외국인은 국제법과 조약이 정하는 바에 의하여 그 지위가 보장된다
→ 바에 따라 그 지위를 보장한다
(11) 우리 대한국민은 3.1운동으로 건립된 대한민국 임시정부의 ... 1948년 7월 12일에 제정되고 8차에 걸쳐 개정된 헌법을 〉건립한, 제정하고, 개정한
(12) 동상이 건립된다 → 동상을 건립한다
(13) 119 구조대에 의해 구조되었습니다 → 119 구조대가 구조하였습니다.
(14) 수입된다 〉 수입한다, 수출된다 → 수출한다
(15) 극우가 극복되지 않고서는 → 극우를 극복하지 않고서는

다음은 '하다'로 해야 할 말을 '받다', '입다', '당하다', '~화되다'와 같이 잘못 쓴 예이다.

(1) 을밀대는 모란봉 공원 관리소의 관리를 받고 있다
→ 모란봉 공원 관리소에서 관리하고 있다.
(2) 대통령이 의장대의 사열을 받고 있다. → 의장대를 사열하고 있다.
(3) 부상을 입은 환자 → 부상한 환자 / 다친 환자
(4) 수표를 분실당하면 → 분실하면
(5) 우리말화된 외래어 → 우리말화 한 외래어
(6) 가시화된다 → 드러난다

2. 사동법 오용

다음은 사동법의 오용에 대한 것이다. 시키다는 자기가 직접 행동하는 것

이 아니라 남을 통해 행동을 하게 하는 간접 사동법이다. 말할 때 직접 사동에서도 시키다를 쓰는 것은 잘못된 표현이다.

(1) 거짓말시키지 마 → 거짓말하지 마
(2) 외화를 유출시킨 혐의이다 → 외화를 유출한 혐의이다.
(3) 환경을 개선시켜야 한다 → 개선해야 한다.
(4) 아이를 교육시키다 → 아이를 교육하다
(5) 검찰이 피의자를 불구속 입건시켰습니다. → 입건했습니다.

다음은 '시키다'를 올바르게 쓰는 예이다.

말을 시키다. 시키는 대로 해라. 결혼시키다.

3. 외국어 번역 표현의 남용

개화기나 일제 시대를 거치면서 지식인이나 유학 세대들이 외국의 문학작품을 번역하였다. 이 과정에서 일본어나 영어를 직역한 말들이 우리 말 속에 자리 잡았고, 그런 말을 사용해야만 지식인인 것처럼 생각했다. 가령 '여러분들의 많은 참여 있으시기 바랍니다'처럼 '있으시기 바랍니다'는 일본어를 그대로 직역한 것이다. 이것은 '여러분들이 많이 참여하시기 바랍니다'로 바꾸어 써야 합니다. 다음 우리가 흔히 사용하는 인사말 '잘 부탁드립니다'는 일본어를 잘못 번역해서 쓰는 말이다. 일본어에서는 부탁하는 사람이 자신의 일이 잘 되도록, 자신에게 이롭도록 하다라는 속뜻이 있습니다. 그래서 일본어에서는 자연스럽지만, 우리말에서는 '부탁을 잘 한다'는 말이 된다. 이것은 '잘 돌봐 주세요, 많이 도와주세요' 등으로 바꾸어야 한다. 또 '-에 다름 아니다'라는 표현도 일본어를 직역한 것이다. 일본어에서 이 말은 '다른 것이 아니다, 바로 이것이다, 틀림없다'는 뜻인데, 이것을 '-에 다름 아니다'라고 직역한 것이다. '-에 틀림없다'도 일본어를 그대로 직역한 것이다. 이것들은 그냥 '-이다'로 쓰면 의미가 더 확실하다. '애교가 넘치다, 원한을 사다, 운이 나쁘다, 기억이 새롭다, 궤도에 오르다, 빈축을 사다'와 같은 관용구도 일본어를 그대로 번역한 것이라고 한다.

(1) 있으시기 바랍니다 → 하시기 바랍니다
(2) 잘 부탁드립니다 → 잘 돌봐 주세요/많이 도와주세요
(3) -에 다름 아니다 → 다른 것이 아니다/바로 이것이다/틀림없다
(4) -에 틀림없다 → -이다

다음은 영어표현을 자주 하다보니 우리말을 잘 못 쓰게 된 경우이다.

'one of the most'는 '가장 중요한 것 중의 하나'가 아니라 '그 중의 하나'로 해석해야 한다. 영어의 숙어를 많이 암기한 것이 오히려 해가 된 경우들이다.

또 It is not too much to~의 번역 아무리 ~해도 지나치지 않다는 ~하는 것이 당연하다로 바꾸어야 한다. 그리고 take account of를 번역한'~을 고려에 넣는다면'도 '이것을 고려한다면'으로 고쳐야 한다. '~할 필요가 있다'는 It is neccessary to~ 를 번역한 것이므로 ~이 필요하다로 바꾸어야 한다. (5)'회의를 가지다'에서처럼 영어의 have를 번역한 '가지다'가 많이 쓰이고 있다. '정상회담을 가지다, 모임을 가지다, 입학식을 가지다, 면담을 갖다, 회동을 갖다, 관계를 갖다' 등 '갖다 중독증세'가 심각하다. 모두 '하다'로 바꾸어야 한다.

또 'from', 'through', 'according to' 등 단어나 숙어를 공부할 때 의미를 적절하게 해석해야 함에도 불구하고 '~로 부터', '~을 통하여', '~에 의하여' 등으로만 이해하다 보니 생긴 오류들이다.

(1) 가장 중요한 것 중의 하나는 → 가장 중요한 것은
(2) 아무리 ~해도 지나치지 않다 → ~하는 것이 당연하다
(3) 이것을 고려에 넣는다면 → 이것을 고려한다면
(4) ~할 필요가 있다 → 가 필요하다
(5) 회의를 가지다 → 회의를 하다

(1) 그 사람으로부터 잘잘못을 들은 다음,
→ 그 사람에게(서) 잘잘못을 들은 다음,
(2) 누나와 나는 할머니로부터 무섭게 지청구를 먹어 가며 ..
→ 누나와 나는 할머니에게(서) 무섭게 지청구를 먹어 가며 ..
(3) 웃음의 유일한 기능은 '긴장으로부터의 해방'이다.
→ 웃음의 유일한 기능은 '긴장에서 벗어나는 해방'이다.
(4) '우리 꽃 산책' 을 통하여 글의 의도를 파악하며 ...
→ '우리 꽃 산책' 을 읽고 글의 의도를 파악하며 ...
(5) 이번 기회를 통해 ...... 새로운 변형의 멋도 선보이고, ...
→ 이번 기회에 ...... 새로운 변형의 멋도 선보이고,
(6) 작가가 이 소설을 통해 말하고자 한 것 ..
→ 작가가 이 소설 속에서 말하고자 한 것 ......
(7) 심화 학습을 통하여 이 단원의 학습을 마무리해 보자.
→ 심화 학습을 하여 이 단원의 학습을 마무리해 보자.
(8) 문자 언어는 필요에 의해서 오랜 기간을
→ 문자 언어는 필요에 따라 오랜 기간을 ......
(9) 그 조사에 의하면 학생들의 하루 동안의 ...
→ 그 조사에 따르면 학생들의 하루 동안의 ...
(10) 주로 선에 의하여 단색으로 그린 그림.
→ 주로 선을 이용하여 단색으로 그린 그림.
(11) 제일 긴 그 다리가 폭격에 의해 아깝게 끊어진 뒤로는
→ 제일 긴 그 다리가 폭격으로 아깝게 끊어진 뒤로는 ......

4. 가짜영어

파이팅 / 멘트 / 개그맨 / 핸드폰 / 매니아 / 스킨십 / 신드롬 / 스태미나 / 액션 / '원 샷' / '애프터 서비스' / '인터체인지'

영어사전에서 없고 국제사회에서 전혀 통하지 않는 가짜영어이다. 우리들의 귀에 익고 입에 붙어버린 이상한 영어는 일본에서 훼손해서 쓴 단어나 표현을 가져다가 사용하는 것이 대부분이다.

5. 시제 오용

시제는 말하는 사람이 '말하는 때'를 기준으로 '사건이 일어난 때'가 언제냐에 따라 '과거, 현재, 미래시제'로 나눌 수 있다. 그러나 현재가 미래를 대신하는 경우도 많다. 이 경우 시간을 나타내는 부사가 시제를 결정한다. 이렇게 우리말 시제는 앞뒤가 따로 없다. 그래서 어떤 학자는 우리말에 시제를 나타내는 형태가 있는지 의심스럽다고 말하기도 한다. 그러나 이것은 우리말 시제가 영어식 시제처럼 직선에 앞뒤를 재어 딱딱 떨어져야 한다는 선입관 때문에 생겨난 것이다. 이런 생각 때문에 우리말의 시제를 영어처럼 맞추려고 하는데, 그러다보니 어색한 문장이 되는 것이다.

시제 오용 중 가장 많은 것은 역시 '았었'의 남용이다. 흔히 대과거라고 하는 '았었'은 과거의 사건을 현재와 비교하여 다르다든가 단절되었다고 생각할 때의 상황에 쓰인다. 가령, '그는 공부를 못했었다'는 전에는 못했지만 지금은 잘한다는 뜻이다.

그런데 '많은 이야기가 오갔었다'와 같이 단순과거의 의미에도 '았었'을 사용한다. 이것은 고쳐야 한다. 또 다음과 같은 예들에서는 우리말을 영어 시제에 억지로 끼워 맞추려는 모습이 역력하다.

(1) 우리는 그 집에 갔었었고, 거기서 음식을 많이 먹었다.
→ 우리는 그 집에 가서 음식을 많이 먹었다.
(2) 그가 방에서 나왔었을 때 나를 만났다.
→ 그가 방에서 나올 때 나를 만났다.

그리고 '감사했습니다. 고마웠습니다'를 사용할 때가 있다. 물론 과거의 일로 감사의 뜻을 전할 때는 맞는 표현이지만, 지금 한 일로 감사의 뜻을 전할 때는 '감사합니다. 고맙습니다'를 써야 한다. 따라서 학기를 마치며 하는 인사 중 '선생님, 한 학기동안 감사했습니다.'는 잘못된 표현이다.

미래시제를 잘못 사용하는 경우도 많다. (1)(2)에 있는 '바라다' '예상되다'는 단어 자체가 미래 의미를 내포하고 있기 때문에 -겠-이 필요없다.

그리고 '~에 다름아니다', '~에 가름한다'는 잘못된 표현이다.

(1) 앞으로 나와주시기 바라겠습니다 → 바랍니다
(2) 내일은 30도 가량으로 예상되겠습니다 → 예상됩니다
(3) ~에 다름아니다 → ~와 다름없다
(4) ~에 가름한다 → ~에 대신한다

다음은 '~을 요한다'는 표현을 '~해야 한다'로 바꾼 예이다.

(1) ~을 요한다 → ~해야 한다
(2) 화급을 요하는 문제 → 화급히 해결해야 할 일
(3) 정확을 요하는 일 → 정확하게 해야 할 일
(4) 막대한 비용을 요하는 토목공사 → 막대한 비용이 드는 토목공사

6. 관형형 '의' 남용

관형격 조사 '의'는 개화기 때 일본어 'の'의 영향으로 많이 쓰이게 되었다. 이것은 현재 '활동의 여건', '시민의 권리' '시청률의 확대'와 같이 관형어구실을 하는 체언에 모두 나타난다. 그러나 '의'가 없는 것이 오히려 간결하다. 우리말에서는 '의'가 흔히 생략되기 때문이다. "우리 집에 가자."라고 하지 "우리의 집에 가자."라고는 하지 않는다.

우리말에서 '의'는 사실 발음하기가 쉽지 않다. 그래서 '회의'와 같은 단어는 [회이]라고 읽는다. '희망'도 마찬가지이다. [히망]이라고 읽는다. 그런데 일본어의 'の'는 발음하기도 좋고, 오히려 문장을 매끄럽게 해 준다. 우리말과 일본말이 이렇게 다른데 일본어를 그대로 번역한 듯한 '의'를 사용하는 것은 남의 것을 무조건 따라가려는 심리밖에 되지 않는다.

きのう私は私の家のうらの私の家の畑の私の家の桃をとってたぺました

→ 어제 나는 나의 집의 뒤의 나의 집의 밭의 나의 집의 복숭아를 따먹었습니다.
→ 나는 어제 우리 집 뒤에 있는 우리 밭 복숭아를 먹었습니다

짧은 문장 안에 '노'가 8개나 나오지만, 이 문장은 아주 좋은 문장이다. 이 문장을 그대로 번역하면 '어제 나는 나의 집의 뒤의 나의 집의 밭의 나의 집의 복숭아를 따먹었습니다.' 이다. 장난이 아니고서는 이런 말을 쓰지 않는다. 이것을 자연스럽게 바꾸려면 '의'만 빼면 된다. '나는 어제 우리 집 뒤에 있는 우리 밭 복숭아를 먹었습니다.' 그리고 중요한 개념을 몇 단어로 압축하려고 '의'를 많이 쓰고 있다. 그렇지만 문장을 경제적으로 쓰려고 하다가 너무 압축이 심해 자기가 전달하고 싶은 내용을 제대로 전달하지 못하는 경우가 많다. 그런 문장은 듣는 이나 읽는 이가 여러 번 곱씹어야 겨우 내용을 짐작할 수 있어 오히려 '비경제적인 문장'이 된다.

다음 예들을 한번 보기로 하자.

(1) 서로의 안부를 묻다 → 서로 안부를 묻다
(2) 국민은 누구나 납세의 의무를 지니고 있다. → 납세 의무
(3) 그의 글의 최대의 장점은 → 그의 글 최대의 장점은
(4) 김소월의 작품에는 → 김소월 작품
(5) 우리 모두의 이름을 쓸 수 있다 → 우리 모두 이름
(6) 정치권이 압력을 행사했는지의 여부를 조사하고 있다.
→ 행사했는지 안했는지를 조사하고 있다.
(7) 서울시장과의 면담 → 서울 시장과 면담
(8) 이슬람 문화권과의 교류가 활발해져야 한다
→ 이슬람 문화권과 활발한 교류를 해야 한다.
(9) 전통 문화와의 만남 → 전통문화와 만남
(10) 앞으로의 귀추가 주목됩니다 → 앞으로 귀추가
(11) 새로운 체제로의 이행 → 새로운 체제로
(12) 과거로의 여행 → 과거로 여행
(13) 자유에의 교육 → 자유의 교육, 자유를 위한 교육
(14) 남한에서의 삶 → 남한에서 (사는 것이)
(15) 삼청교육대에서의 악몽 → 삼청교육대에서 (당한)

7. '-적' 남용

-적은 한자어 뒤에 붙어서 그 성질을 띠거나 그 상태로 되거나 그에 관계되거나 하는 뜻을 나타낸다. 즉 '문학적'이라는 말은 '문학에 관계되는'의 뜻을 가진다. 그런데 이 '-적'이 한자어가 아닌 몸, 마음 같은 고유어와 어울려 '마음적', '몸적'과 같이 사용하는 경우가 있다. 중국어에서는 '-적'이 체언을 관형어, 형용사, 부사로 만들기 위해 필요한 형태이고 많이 사용되지만 우리말에는 관형격 조사 '의'가 있고 용언의 관형사형, 부사형 어미 등이 풍부해서 모두 표현할 수 있다. 꼭 '-적'을 쓰지 않으면 안 되는 개념어 말고는 풀어 쓰는 것이 좋다.

8. 꾸며주는 말과 꾸밈을 받는 말 가까이 놓기

우리말에는 관형어와 부사어가 다른 말을 꾸며 주면서 문장을 확장한다. 관형어는 체언을 꾸며주고 부사어는 주로 동사나 형용사를 꾸며준다. 관형어가 체언을 꾸며 줄 때는 꾸며주는 말이 꾸밈을 받는 말 바로 앞에 놓여서 관형어가 어떤 말을 꾸미고 있는지를 쉽게 알 수 있다. 즉, '새 책, 헌 책'을 보면 '새'와 '헌'이 그 다음에 오는 말을 꾸미고 있다. 부사어는 어느 특정한 말을 꾸며 주면서도 놓이는 위치가 자유롭다. 예를 들어 '학생들이 학교로 다시 돌아갔다'라는 문장에서 '다시'는 '돌아갔다'를 꾸며주고 있지만 아무 곳에나 놓을 수 있다.

하지만 글에서 꾸며주는 말과 꾸밈을 받는 말이 멀리 떨어져 있으면 수식-피수식 관계가 모호해지면서 그 수식어가 다른 말을 꾸며주는 것처럼 보인다. 또 수식어 뒤에 피수식어가 두 개 이상 오거나 여러 수식어가 한 단어를 꾸며 줄 때도 수식-피수식의 관계가 모호해진다.

(1) 자동 커피 판매기 → 커피 자동 판매기
(2) 최근 법원의 보수적 분위기와 관련이 깊다
→ 법원의 보수적인 최근 분위기와 관련이 깊다
(3) 이런 경찰의 주장은 전혀 설득력이 없다
→ 경찰의 이런 주장은 전혀

9. 주어, 목적어를 서술어 가까이 붙여 놓기

전체 문장 주어부가 서술어와 멀리 떨어지면 어느 주어가 어느 서술어와 호응하는지 판단하기 힘들다. 그래서 잘못하면 한 문장을 여러 뜻으로 해석하기 쉽다. 그런 문장은 여러 번 읽고 뜻을 새기거나 글쓴이가 설명을 해주어야 이해할 수 있다. 목적어가 서술어와 멀리 떨어져도 마찬가지다. 그러므로 홑문장에서 주어와 서술어 사이에 수식어를 많이 넣지 말아야 한다. 그러나 대개는 홑문장일 때보다는 겹문장일 때 이런 문제가 생긴다. 즉, 주어가 나오고 '짧은 문장'을 안고 맨 끝에 서술어를 붙이니까, 전체 주어부와 서술어가 멀어진다. 다음 예들을 보자.

(1) 우리는 여성들이 더 적극적으로 사회활동에 참여할 수 있도록 여성들의 능력을 인정해야 한다. → 여성들이 더 적극적으로 사회활동에 참여할 수 있도록 우리는
(2) 공원은 시민들이 아직도 자기가 버린 쓰레기를 되가져 갈 줄 몰라서, 쓰레기로 몸살을 앓고 있다.
→ 시민들이 아직도 자기가 버린 쓰레기를 되가져 갈 줄 몰라서, 공원은
(3) 우리는 회사의 명예를 마지막까지 최선을 다해 지키겠습니다.
→ 우리는 최선을 다해 회사의 명예를 지키겠습니다.

10. 부정확한 어휘 사용

언어생활에서는 정확한 단어가 쓰이지 않고 비슷한 단어가 잘못 쓰이는 경우가 많다. 가령 '맨발 벗고 뛴다'는 '양말 벗고'나 '맨발로'가 맞으며 '발자국 소리가 난다'는 발자국이 소리가 날 수 없기 때문에 '발걸음 소리'가 맞다.
이에 해당하는 예들을 살펴보자.

(1) 열쇠가 안 열린다 → 문이 안 알린다
(2) 넓이뛰기 → 멀리뛰기
(3) 활 쏘다 → 화살 쏘다
(4) 극장구경가다 → 영화구경가다
(5) 한국 최대의 실학자 → 한국 최고의
(6) 영향을 미치다 → 영향을 끼치다
(7) 모금액이 너무 작아 → 적어
(8) 체중을 빼다 → 체중을 줄이다, 살을 빼다
(9) 통행에 불편을 드려 → 끼쳐
(10) 사람을 실은 버스가 → 태운

11. 한글 맞춤법

한글 맞춤법이 어렵다고 말하는 사람들이 많다. 한글 맞춤법은 한국인이 한국어로 문자 생활을 하는 데 필수적인 지식임에도 대부분의 한국인들은 초등학교에서 대학교에 이르는 동안 이를 체계적으로 교육받은 경험이 별로 없기 때문이다. 게다가 우리에게는 한글 맞춤법의 내용이 구체화되어 있는, 그리하여 문자 생활에 표준을 제공해 줄 수 있는 좋은 사전도 드물다.

한글 맞춤법이란 우리말을 우리 문자인 한글로 적는 방식을 규정한 법이다. 우리말을 적는 통일된 방식이 없어 사람마다 적는 방식이 제각각이라면 우리의 문자 생활은 큰 혼란에 빠질 것이다. 따라서 한글 맞춤법은 불필요한 규제가 아니요 효율적인 문자 생활을 위해 없어서는 안 될 규범인 것이다.

그렇다면 어떤 맞춤법이 좋은 맞춤법일까? 독자가 읽을 때 이해하기 쉽도록 적어 주는 방식일 것이다. 맞춤법은 필자와 독자 간의 효율적이고 정확한 의사 전달을 위해 존재하기 때문이다.

한글 맞춤법의 원리는 「한글 맞춤법」 총칙 제1항에 나타나 있다.

"한글 맞춤법은 표준어를 소리대로 적되, 어법에 맞도록 함을 원칙으로 한다"

위 조항은 한글 맞춤법의 표기 대상이 표준어임을 분명히 하고 있다. 즉 우리 국민의 공통적인 표준어를 맞춤법 규정의 대상으로 삼는다는 말이다. 따라서 맞춤법은 표준어가 정해지면 이를 어떻게 적을지 결정하는 구실을 한다.

"소리대로 적되, 어법에 맞도록"이라는 구절은 바로 이 두 방식의 조화를 의미하는 것이다. 위 구절에서 어미 '-되'는 앞 절의 내용을 인정하면서 뒷절의 내용을 단서로 덧붙인다는 뜻을 가지므로 제1항은 소리대로 적는 것이 원칙이지만 그것은 어법에 맞게 적는다는 단서 조항에 어긋나지 않아야 한다는 내용을 담고 있는 것으로 해석된다.

12. 자주 틀리는 맞춤법 표현

▸ 밑줄 친 부분이 맞음

1. '깨끗이'인가 '깨끗히'인가 : '깨끗이'가 맞음
   ◦ 깨끗이, 느긋이, 따뜻이, 번듯이, 빠듯이
   ◦ 간간이, 겹겹이, 곳곳이, 일일이, 줄줄이
   ◦ 곰곰이, 더욱이, 히죽이

2. '나는'인가 '날으는'인가 : '나는'이 맞음
   ◦ 하늘을 (나는, 날으는) 원더우먼
   ◦ 길가에서 (노는, 놀으는) 아이들

3. '되다'인가 '돼다'인가
   ◦ 그러면 안 돼요 / 되요. 공부가 잘 됐다 / 됬다
   ◦ 선생님께서는 장차 훌륭한 사람이 되라 / 돼라고 말씀하셨다.
   ◦ 비교: "장차 훌륭한 사람이 돼라 / 되라."

4. '안'과 '않'의 구분 : '안'은 부사이고 '않-'은 용언의 어간임
   ◦ 안 / 않 하다, 안 / 않 가다, 안 / 않 먹는다, 안 / 않 놀았다.
   ◦ 집에 가지 않고(아니하고), 철수가 먹지 않았다(아니하였다).

5. '세 살배기'인가 '세 살바기'인가 : '세 살배기'가 맞음
   ◦ 세 살배기 아이
   ◦ 나이배기 : 보기보다 나이가 많아 보이는 사람을 얕잡아 이르는 말.

6. '-할게', '-할걸'인가, '-할께', '할껄'인가
   ◦ 내가 도와 줄게 / 줄께
   ◦ 제가 할게요 / 할께요
   ◦ 지금쯤은 엄마가 집에 도착했을걸 / 도착했을껄!

7. '있다가'와 '이따가' : 의미에 따라 구분한다.

◦ 이따가 / 있다가 보자. / 이따가 / 있다가 주겠다. : '조금 뒤에'라는 의미
◦ 하루종일 집에 있다가 / 이따가 이제서야 어딜 가는 거니?

8. '잇달다'와 '잇따르다'의 구분

◦ 기관차에 객차들을 잇달았다. : "이어 달다"의 뜻일 때는 '잇달다' 만 가능함
◦ 사건이 신문에 발표되자 연예인에 대한 비난이 잇따랐다 / 잇달았다 / 연달았다. : "어떤 사건이나 행동 따위가 이어 발생하다"의 뜻일 때는 모두 허용된다.

9. '-던'과 '-든'의 구분 : '-던'은 과거의 뜻, '-든'은 선택의 뜻

◦ 어제 집에 왔던 여학생이 아들의 여자친구래.
◦ 얼마나 걸었던지 다리가 퉁퉁 부었다.
◦ 하든(지) 말든(지) 마음대로 하거라.

10. '-데'와 '-대'의 구분 : '-데'는 과거에 직접 경험한 내용임을 표시. '-대'는 남의 말을 전달

◦ 어제 보니까 그 아이 참 예쁘데.
◦ 사진을 보니 옛날에는 참 예뻤겠데.
◦ 그 아이가 밥을 잘 먹데. / 철수가 벌써 제대했데.
◦ 그 사람 잘 생겼데?
◦ 사람들이 그러는데 미연이가 예쁘대
◦ 미연이가 결혼한대
◦ 미연이는 추리소설만 읽는대
◦ 김씨가 회장이래

11. '하지 마라'인가, '하지 말아라'인가 : '하지마라'

◦ 떠들지 마라 / 떠들지 말아라.
◦ 떠들지 마 / 떠들지 말아.

12. '부치다'와 '붙이다'의 구분

- 힘이 부치다 / 편지를 부치다 / 논밭을 부치다 / 빈대떡을 부치다
- 식목일에 부치는 글 / 안건을 회의에 부치다
- 봉투에 우표를 붙이다 / 흥정을 붙이다 / 불을 붙이다 / 조건을 붙이다

13. '받치다, 받히다, 바치다'의 구분 : '-치-'는 강세접사, '-히-'는 피동접사

- 우산을 받치다 / 그릇을 받쳐 들다 / 두 손으로 머리를 받치고 누워 있다
- 기둥에 머리를 받히다 / 소에게 받히다
- 임금님께 예물을 바치다 / 나라를 위해 목숨을 바치다

14. '부딪치다'와 '부딪히다'의 구분 : '-치-'는 강세접사, '-히-'는 피동접사

- 마침내 두 사람의 눈길이 부딪게 되자
- 백구는 벽에 머리를 부딪고 죽은 것이다
- 파도가 바위에 부딪치다
- 무심코 고개를 돌리다 그와 눈길이 부딪쳤다
- 불량기 있는 남학생이 지은에게 몸을 부딪치며 시비를 걸어 왔다
- 만수는 골목에서 나오는 자전거에 부딪혀 팔이 부러졌다
- 그는 자동차에 머리를 부딪혀 병원에 실려갔다
- 냉혹한 현실에 부딪히다
- 그들의 결혼은 부모의 반대에 부딪혀 성사되지 못했다
- 자전거가 마주 오는 자동차에 부딪혔다 ⇔ 자전거가 빗길에 자동차와 부딪쳤다

15. '벌이다 / 벌리다', '늘이다 / 늘리다'

- 싸움을 벌이다 / 벌리다
- 사업을 벌이다 / 벌리다
- 머리를 길게 땋아 늘이다(늘어뜨리다) / 늘리다
- 인원을 늘리다 / 늘이다
- 재산을 늘리다 / 실력을 늘리다 / 바지나 옷소매를 늘리다

16. '썩이다'와 '썩히다'

◦ 왜 이렇게 속을 썩이니?
◦ 쌀을 썩히다 / 재주를 썩히다

17. '맞추다'와 '맞히다'의 구분 : "옳은 답을 대다"라는 뜻일 때에는 '맞히다'

◦ 프로야구 우승팀을 맞히다 /
◦ 정답을 맞히다 / 화살로 과녁을 맞히다
◦ 예방 주사를 맞히다
◦ 답안을 맞추어 보더니 아주 기뻐했다.
◦ 답을 알아맞혀 보세요
◦ 계산을 맞추어 보다 / 발을 맞추어 걷다 / 음식의 간을 맞추다
◦ 입을 맞추다 / 양복을 맞추다 / 짝을 맞추다

18. '띠다', '띄다', '떼다'의 구분

◦ 미소를 띠다
◦ 하늘이 노란빛을 띠다
◦ 눈에 띄는 행동을 하지 마라
◦ 알맞게 띄어 써야 글이 읽기가 쉽다
◦ 젖을 떼다 / 벽보를 떼다 / 영수증을 떼다 / 초급 영어를 다 떼다

19. '어떡해'와 '어떻게'의 구분

◦ 지금 나 어떡해. : '어떡해'는 "어떻게 해"가 줄어든 말.
◦ 너 어떻게 된 거냐?
◦ 이 일을 어떻게 처리하지? : '어떠하다'가 역사적으로 줄어 '어떻다'가 됨.

20. '제상'인가, '젯상'인가 : 모두 한자어일 때에는 사이시옷을 적지 않음

◦ 제상(祭床), 초점(焦點), 대가(代價), 개수(個數), 내과(內科), 화병(火病), 소수(素數) / 젯상, 촛점, 댓가, 갯수, 냇과, 홧병, 솟수
◦ 예외: 곳간, 셋방, 숫자, 찻간, 툇간, 횟수 (사이시옷을 적는다.)

21. 공사 중이니 돌아가 (주십시오 / 주십시요)

22. 아니요'와 '아니오' : '아니오'는 서술어, '아니요'는 감탄사

◦ "숙제 다 했니?" "아니요, 조금 남았어요." [참] 예 ↔ 아니요(아뇨).
◦ 그것은 내 잘못이 아니오.
◦ 어서 오시오.

23. '출석률'인가, '출석율'인가 : '출석률'이 맞음

◦ 법률, 능률, 출석률; 행렬, 결렬
◦ 운율, 비율, 백분율; 분열, 우열 ※ 모음이나 'ㄴ' 받침 뒤에서는 '열, 율'로 적음

24. '가정란'인가, '가정난'인가 : '가정란'이 맞음

◦ 가정란, 독자란, 투고란, 학습란, 답란
◦ 작업량, 인용례
◦ 어린이난, 어머니난, 가십난(gossip) :고유어, 외래어 뒤에서는 두음법칙이 적용됨

25. '회계 연도'인가, '회계 년도'인가 : '회계 연도'가 맞음

◦ 설립 연도, 회계 연도
◦ 신년-도, 구년-도
◦ 1998 년도 : 수를 나타내는 말 뒤에서 의존명사로 쓰이는 말은 '년도'

26. '머지않아'인가, '멀지 않아'인가 : '머지않아'가 맞음

◦ 머지않아(곧) 만날 수 있을 것입니다.
◦ 멀지 않은 장래 / 여기선 학교가 멀지 않다.

27. '있음 / 없음'인가, '있슴 / 없슴'인가? '있사오니 / 없사오니'인가, '있아오니 / 없아오니'인가? : 있음 / 없음이 맞음

◦ 있습니다, 없습니다, 먹습니다 -
◦ 있음, 없음, 먹음
◦ 있사오니, 없사오니, 먹사오니

28. '더우기, 일찌기, 오뚜기'인가, '더욱이, 일찍이, 오뚝이'인가

◦ 더욱이, 일찍이, 오뚝이

29. '설겆이, 반듯이, 아뭏든, 어떻든'인지 '설거지, 반드시, 아무튼, 어떠튼'인지?

◦ 설거지, 반드시, 아무튼, 어떻든
◦ 반듯이 앉아라
◦ 어떻든 무슨 관계가 있니?
◦ 아무튼 건강해라

30. '사이 시옷'을 넣을 것인가 말 것인가 혼동되는 말

◦ 존대말 / 존댓말, 인사말 / 인삿말, 예사말 / 예삿말, 혼자말 / 혼잣말,
◦ 노래말(교)/노랫말말말(한기대값 / 기댓값, 대표값 / 대푯값, 초기값 / 초깃값
◦ 극소값 / 극솟값, 최대값 / 최댓값, 두부국 / 두붓국, 만둣국 / 만둣국,
◦ 시래기국/시래깃국, 등교길/등굣길, 성묘길/성묫길, 휴가길 / 휴갓길
◦ 무지개빛 / 무지갯빛, 보라빛 / 보랏빛, 연두빛 / 연둣빛, 우유빛, 맥주집 / 맥줏집

31. '뱉었다, 가까워'인지 '뱉았다, 가까와'인지?

◦ 침을 뱉었다 / 뱉았다 김치를 담가 / 담거 먹다
◦ 집이 점점 가까워졌다/ 가까와졌다
◦ 아이의 모습이 점점 아름다워지다 / 아름다와지다

32. '생각건대'인가, '생각컨대'인가

- 생각하건대 / 생각건대, 넉넉하지 / 넉넉지, 섭섭하지 / 섭섭지, 깨끗하지 / 깨끗지
- 간편하지 / 간편치, 다정하지 / 다정치, 청하건대 / 청컨대, 무심하지 / 무심치, 실천하도록 / 실천토록, 사임하고자 / 사임코자

33. '-이에요 / -이어요, -예요 / -여요'의 구분

- 뭣이에요, 책이에요 / 책이어요 : 받침 있는 말 뒤
- 뭐예요, 저예요 / 저여요, 집에 갈 거예요. : 받침 없는 말 뒤
- 책이에요 / 책이어요 (받침 있는 체언 뒤)
- 그런 말이 아니에요 / 아니예요
- 아니에요 / 아니어요

34. '바람'인지 '바램'인지?

- 우리의 바람은 통일을 이루는 것입니다.
- 저고리의 색이 바램

35. 흡연을 (삼가 / 삼가해) 주시기 바랍니다. ※ '삼가하다'는 없는 말임.

36. '다르다'인가, '틀리다'인가

- 이론과 현실은 (틀려요 / 달라요). : '같지 않다'는 뜻
- 선생님, 제 생각은 (틀립니다 / 다릅니다). : 다르다'는 형용사
- 계산이 틀리다.

38. '빌다'와 '빌리다'

- 밥을 빌어먹다 / 잘못했다고 빌다 / 당신의 행복을 빕니다
  ※ "乞, 祝"의 뜻일 때만 '빌다'로 쓰고 "借, 貸"의 뜻일 때는 '빌리다'로 씀.
- 돈을 빌려 주다 / 술의 힘을 빌려 사랑을 고백하다 / 이 자리를 빌려 한 말씀 드리겠습니다 / 데카르트의 말을 빌리자면

39. '멋장이, 중매장이'인지 '멋쟁이, 중매쟁이'인지?

◦ 미장이, 유기장이, 땜장이 : 기술자라는 뜻일 때만 '-장이'
◦ 요술쟁이, 욕심쟁이, 중매쟁이, 점쟁이

40. '왠지'인가, '웬지'인가

◦ (왠지, 웬지) 가슴이 두근거린다.
◦ (웬 / 왠) 험상궂게 생긴 사람이 날 따라오더라.

41. '웃어른'인가, '윗어른'인가 : 위와 아래의 대립이 있을 때만 '윗-'

◦ 윗니, 윗눈썹, 윗도리, 윗목
◦ 위쪽, 위채, 위층 : 된소리나 거센소리 앞에서는 'ㅅ'을 적지 않음
◦ 웃돈, 웃어른, 웃옷("맨 겉에 입는 옷") : '윗옷'과 '웃옷'은 뜻이 다름.

42. '날씨가 개이다'인가, '날씨가 개다'인가 : '개다'가 맞음

◦ 날씨가 (개이다 / 개다)
◦ (설레이는 / 설레는) 마음

43. '결제'와 '결재', '개발'과 '계발'

◦ 어음으로 결제하다 : 결제(決濟): 증권 또는 대금을 주고받아 매매 당사자 간의 거래 관계를 끝맺는 것.
◦ 결재를 받다 / 결재가 나다 / 결재 서류를 올리다 : 결재(決裁) : 부하 직원이 제출한 안건을 허가하거나 승인하는 것.
◦ 경제 개발 / 광산을 개발하다 / 신제품을 개발하다 : 개발(開發) : ①개척하여 발전시킴. ②지능이나 정신 따위를 깨우쳐 열어 줌.
◦ 지능 계발 / 소질을 계발하다 : 계발(啓發): 지능이나 정신 따위를 깨우쳐 열어 줌.

44. '돐'인가 '돌'인가,

◦ 돌떡, 돌잔치, 두 돌을 넘긴 아이, 우리 회사는 창립한 지 열 돌을 맞았다

45. '홀몸'인가 '홑몸'인가

- 홑몸이 아니라 몸이 무겁다 : 홑몸 : ①딸린 사람이 없는 몸. ②임신하지 않은 몸
- 홀몸으로 자식을 키웠다. : 홀몸 : 배우자나 형제가 없는 사람.

46. '나무꾼'인가 '나뭇꾼'인가 : '나무꾼'이 맞음

- 낚시꾼, 나무꾼, 사기꾼, 소리꾼, 심부름꾼
- 때깔, 빛깔, 성깔, 맛깔
- 귀때기, 볼때기, 판자때기, 코빼기
- 자장면 곱빼기
- 뒤꿈치, 겸연쩍다

47. '끼어들기'인가 '끼여들기'인가 : 끼어들기가 맞음

- (끼어들기, 끼여들기)를 하지 맙시다.

48. '가여운'인가, '가엾은'인가 : 모두 맞음

- 부모 잃은 (가여운, 가엾은) 아이
- 다친 사슴을 보니 너무 (가엽다, 가엾다)

49. '서럽게'인가, '섧게'인가 : 모두 맞음

- 뻐꾸기가 (서럽게, 섧게) 운다
- (서럽다 / 섧다)

50. '간'인가, '칸'인가 : '칸'이 맞음

- 방 한 칸 / 중앙으로 한 칸 뛰어 악수 없다 / 다음 빈 칸을 메우시오.

51. '구절'인가, '귀절'인가 : 한자 '句'는 '글귀, 귀글'을 제외하고 모두 '구'로 읽음.

- 구절(句節), 문구(文句), 시구(詩句), 어구(語句)
- 글귀(-句), 귀글(句-)

52. '깨뜨리고'인가, '깨트리고'인가 : 모두 맞음

◦ 깨뜨리다/깨트리다, 넘어뜨리다/넘어트리다, 무너뜨리다/무너트리다

53. '소고기'인가 '쇠고기'인가, '예'인가 '네'인가 : 모두 맞음

◦ 소고기 / 쇠고기, 소기름 / 쇠기름, 예 / 네

54. '세째'인가, '셋째'인가 : '셋째'가 맞음

◦ 둘째, 셋째, 넷째

55. '깡총깡총'인가, '깡충깡충'인가 : '깡충깡충'이 맞음

56. '장고, 흥보가'인가, '장구, 흥부가'인가 : '장구, 흥부가'가 맞음

57. '-올시다'인가, '-올습니다'인가 : '-올시다'가 맞음

◦ 저는 (신가올시다, 신가올습니다).

58. '우레'인가, '우뢰'인가 : '우레'가 맞음. 고유어를 한자어로 잘못 알고 쓴 예.

59. '짜깁기'인가, '짜집기'인가 : '짜깁기'가 맞음

※ 문제 : 혼동하기 쉬운 말

▶ 다음 중 올바른 말을 찾아 밑줄 그으세요.

1. 있음 / 있슴, 어떻든 / 어떠튼, 맞춤 / 마춤, 오지랖 / 오지랍, 맞추다 / 마추다
2. 더욱이 / 더우기, 몇일 / 며칠, 설거지 / 설겆이, 짓궂다 / 짖궂다, 넋두리 / 넉두리
3. 깍두기 / 깍뚜기, 해님 / 햇님, 아귀찜 / 아구찜, 알맞은 / 알맞는, 숙맥 / 쑥맥
4. 돌 / 돐, 괴발개발 / 개발쇠발, 별의별 / 별에별, 방방곡곡 / 방방곳곳
5. 호두 / 호도, 궁둥이 / 궁뎅이, 짜장면 / 자장면, 안쓰럽다 / 안스럽다, 내과 / 냇과

6. 비비다 / 부비다, 나는 / 날으는, 만날 / 맨날, 소곤소곤 / 소근소근, 메밀 / 모밀
7. 우레 / 우뢰, 깨끗이 / 깨끗히, 출석률 / 출석율
8. 셋째 / 세째, 머리말 / 머릿말, 멋쩍다 / 멋적다, 스포츠난 / 스포츠란

(정답) 1. 있음, 어떻든, 맞춤, 오지랖, 맞추다
2. 더욱이, 며칠, 설거지, 짓궂다, 넋두리
3. 깍두기, 해님, 아귀찜, 알맞은, 숙맥
4. 돌, 괴발개발, 별의별, 방방곡곡
5. 호두, 궁둥이, 자장면, 안쓰럽다, 내과
6. 비비다, 나는, 만날, 소곤소곤, 메밀
7. 우레, 깨끗이, 끼어들기, 구절
8. 셋째, 머리말, 멋쩍다, 스포츠난

▶ 다음 중 올바른 말을 찾아 밑줄 그으세요.

1. 소문이 [금새, 금세] 퍼졌다.
2. 오늘은 [왠지, 웬지] 우울하다.
3. 힘으로 [밀어부쳤다, 밀어붙였다].
4. 답을 [알아맞춰, 알아맞혀] 보세요.
5. 값비싼 대가를 [치렀다, 치뤘다].
6. 상대 팀을 [꺽고, 꺾고] 우승했다.
7. 물건 값을 카드로 [결재, 결제]했다.
8. 산을 [넘어, 너머] 마을로 들어섰다
9. 깊은 시름에 [쌓여, 싸여] 있다.
10. 이 자리를 [빌어, 빌려] 인사드립니다.

(정답 : 금세, 왠지, 밀어붙였다, 알아맞혀, 치렀다, 꺾고, 결제, 넘어, 쌓여, 빌려)

13. 띄어쓰기의 용례

▸ 밑줄 친 부분이 맞음

1. '등(等)', '및'의 띄어쓰기 : '등(等)'은 항상 띄어 씀.

◦ 책상, 걸상 등이 있다.

◦ 이사장 및 이사들

2. '-어지다', '-어하다'의 띄어쓰기

◦ 이루어지다, 예뻐지다, 잘 만들어졌다, 행복해하다, 애통해하다

3. 숫자 표기의 띄어쓰기 : 만 단위로 띄어 씀

◦ 십이억 삼천사백오십육만 칠천팔백구십팔

4. 제 나이 이제 (서른여섯 / 서른 여섯)이에요

5. 십만 장, 십만여 장

6. '회의중'인가, '회의 중'인가 : 한 단어로 굳어진 경우가 아니면 '중(中)' 을 띄어 씀.

◦ 학생 중에, 꽃 중의 꽃
◦ 회의 중에는 사담을 하지 말 것 / 다리를 건설 중이다
◦ 은연중, 무의식중, 한밤중 : 한 단어로 굳어진 말은 붙여쓴다.

7. 다음은 붙여 쓴다

◦ 초등학교, 고등학교, 전라북도, 태백산맥, 의존명사, 그동안 : '그간, 그사이'와 동의어로 쓰이는 '그동안'은 붙여 쓴다.
◦ 솔선수범, 시행착오, 삼고초려, 금수강산, 낙화유수, 동가홍상 : 한문에서 온 고사성어, 문구
◦ 김치찌개, 제육볶음, 옥수수기름, 고춧가루 : 음식 이름, 재료명
◦ 사과나무, 강장동물, 조선호박 : 동식물의 분류학상의 단위, 품종명
◦ 석회질소, 염화나트륨 : 화학 물질의 이름
◦ 신약성서, 경국대전, 갑오경장, 임진왜란 : 한문식의 서명, 사건명

8. '안되다 / 안 되다', '못되다 / 못 되다', '못하다 / 못 하다'의 띄어쓰기: 부정문으로 쓰인 경우에 띄어쓴다.

◦ 마음이 안되다 / 시험에 실패했다니 참 안되었다. [형용사]

◦ 일이 안 되다/시간이 아직 안 되었다.
◦ 못된 친구/행동이 못되다/심보가 못되다 [형용사]
◦ 외교관이 못 된 것을 비관하다/떠난 지 채 1년이 못 되었다.
◦ 숙제를 못하다/노래를 못하다 (반대말은 잘하다)
◦ 형이 동생만 못하다

9. '만'의 띄어쓰기

◦ 이거 얼마 만인가?/집 떠난 지 3년 만에 돌아왔다.: "동안"의 뜻.
◦ 오랜만에, 오랫동안'의 구별에 주의

10. '만큼'과 '뿐'의 띄어쓰기: 체언 뒤에서는 조사로 쓰이므로 붙여 씀. '대로'로 마찬가지임.

◦ 저 도서관만큼 크게 지으시오./숙제를 해 온 학생은 철수뿐이었다./약속대로 되었다.: 명사 뒤는 붙여 쓴다.
◦ 애쓴 만큼 얻게 되어 있다./허공만 응시할 뿐 아무 말이 없었다./바른 대로 대라.: 관형사형어미 뒤는 띄어쓴다.

11. '씨'의 띄어쓰기: 호칭어, 관직명 등은 띄어 씀

◦ 김연옥 씨, 김 씨, 김 양, 김 선생, 김 교수, 김 장군, 김 사장
◦ 우리나라에는 김씨 성이 많다.: 성씨를 가리킬 때 붙여쓴다.

12. 성과 이름의 띄어쓰기: 성과 이름, 성과 호 등은 붙여 씀

◦ 김양수, 홍길동, 이퇴계, 서화담
◦ 황보관/황보 관, 남궁수, 남궁 수, 선우현/선 우현: 성과 이름을 구별할 필요가 있을 때에 한해 띄어 쓸 수 있음

13. '커녕', '라고', '부터', '마는'의 띄어쓰기: 조사이므로 붙여 씀

◦ 들어가기는커녕, "알았다"라고, 하고서부터/친구로부터, 좋습니다마는,

14. '제(第)'의 띄어쓰기: 접두사이므로 붙여 씀

◦ (제1 장, 제1장, 제 1장), (제3 과, 제3과, 제 3과)

◦ 제2 차 세계 대전, 제3 대 학생 회장

15. '짜리, 어치'의 띄어쓰기 : 접미사이므로 붙여 씀.

◦ 얼마짜리, 100원어치

16. '드리다', '시키다' 등의 띄어쓰기 : 접미사이므로 붙여 씀.

◦ 감사하다 / 감사드리다, 인사하다 / 인사드리다
◦ 오해받다, 봉변당하다, 훈련시키다
◦ 관련짓다, 결론짓다 / 문제삼다, 장난삼다 / 사고나다, 소문나다 / 정성들이다, 공들이다

17. '녘'의 띄어쓰기

◦ 동녘, 서녘, 남녘, 북녘, 들녘, 새벽녘, 아침녘, 황혼녘
◦ 해뜰 녘, 동틀 녘 : 관형사형 어미 뒤에서만 띄어 씀

18. '내(內), 외(外), 초(初), 말(末), 백(白)' 등의 띄어쓰기

◦ 범위 내, 이 구역 내
◦ 예상 외, 이 계획 외에도, 전공 외의 교양 과목
◦ 20세기 초, 내년 초, 개국 초, 학기 초
◦ 90년 말, 이 달 말, 이번 학기 말쯤에 보자, 고려 말, 금년 말
※ '학기말 시험, 학년말 고사'처럼 굳어진 경우는 붙여 씀
◦ 주인 백, 관리소장 백

19. 보조용언의 띄어쓰기

◦ 적어 놓다 / 적어놓다, 도와 주다 / 도와주다
◦ 비가 올 듯하다 / 올듯하다, 그 일은 할 만하다 / 할만하다, 학자인 양하다 / 학자인양하다, 아는 척하다 / 아는척하다, 일이 될 법하다 / 될법하다 : 의존명사에 '-하다', '-싶다'가 붙어서 된 보조용언도 앞말에 붙여 씀을 허용함

20. '본(本), 귀(貴), 제(諸), 각(各), 대(對), 간(間)' 등의 띄어쓰기

◦ 본 연맹, 본 조사 기관, 본 대학에서는 ; 본바탕, 본부인
◦ 귀 회사, 귀 기관; 귀부인, 귀공자, 귀금속
◦ 대북한 전략, 대보스니아 전쟁, 대미국 수출
◦ 2 대 3, 청군 대 백군
◦ 가족 간, 국가 간, 이웃 간, 서울 부산 간, 3개국 간, 두 문장 간에
◦ 부부간, 사제간, 동기간, 혈육간, 남녀간, 고부간, 부녀간, 천지간, 피차간
◦ 사흘 간, 며칠 간, 십여 년 간, 10년 간, 한 달 간, 3년 6개월 간의 유학생활

21. '이, 그, 저, 아무, 여러'와 의존명사가 결합한 말의 띄어쓰기 : 다음 말 외에는 띄어 씀.

◦ 이것, 그것, 저것 / 이분, 그분, 저분 / 이이, 그이, 저이 / 이놈, 그놈, 저놈
◦ 이쪽, 그쪽, 저쪽 / 이편, 그편, 저편 / 이곳, 그곳, 저곳 / 이때, 그때, 저때
◦ 이번, 저번 / 그동안, 그사이
◦ 아무것, 아무데 / 어느새

22. 단위를 나타내는 명사의 띄어쓰기 : 순서, 연월일, 시각을 나타낼 때나 아라비아숫자 뒤에서는 붙여 씀을 허용함

◦ 금 서 돈, 집 한 채, 버선 한 죽
◦ 이백만 원, 삼십억 원
◦ 제2 과/제2과, 이십칠 대/이십칠대 국회 의원, (제)삼 학년/삼학년
◦ 두 시 삼십 분/두시 삼십분, 여덟 시/여덟시, 칠십 년 오 월/칠십년 오월 : 월명(月名)을 나타내는 경우는 한 단어이다. : 아라비아숫자 뒤

23. 앞의 낱말은 원칙, 뒷 낱말은 허용함 : 붙여써도 되고 띄어써도 된다.

◦ 대한 중학교 / 대한중학교(0)

◦ 한국 상업 은행 재동 지점 대부계/한국상업은행 재동지점 대부계
◦ 대통령 직속 국가 안전 보장 회의/대통령 직속 국가안전보장회의
◦ 서울 대학교 사범 대학 부속 고등 학교/서울대학교 사범대학 부속고등학교

24. 전문용어의 띄어쓰기 : (앞) 원칙/(뒤) 허용

◦ 탄소 동화 작용 / 탄소동화작용, 급성 복막염/급성복막염(원칙), 두 팔 들어 가슴 벌리기 / 두팔들어가슴벌리기
◦ 간단한 도면 그리기, 바닷말과 물고기 기르기,
◦ 감자찌기와 달걀삶기, 가구만들기과 가구다루기
- 명사가 용언의 관형사형으로 된 관형어의 수식을 받거나 두 개 이상의 체언이 접속조사로 연결될 때에는 붙여 쓰지 않음
◦ 청소년 보호법 / 청소년보호법

14. 까다로운 발음

▶ 밑줄 친 부분이 맞음

1. '맑다, 맑고'와 '넓다, 넓고'의 발음

◦ 맑다[막따], 맑지[막찌], 맑고[말꼬], 맑게[말께]
◦ 넓다[널따], 넓지[널찌], 넓고[널꼬], 넓게[널께]
◦ 밟다[밥따], 밟지[밥찌], 밟고[밥꼬], 밟게[밥께] : '밟다'의 발음은 예외임.

2. '납량(納凉)', '담임(擔任)'의 발음

◦ 납량[남냥] / [나뱡], 답례[담녜] / [다볘]
◦ 담임[다밈] / 담임[다님]

3. 복수 발음이 허용됨.

◦ (가) 맛있다[마딛따/마싣따] ※ 헛웃음[허두슴], 맛없다[마덥따]
◦ (나) 멋있다[머딛따/머싣따]

15. 외래어 표기의 실제

▶ 밑줄 친 표기가 맞음

- file : 파일 / 화일
- encore : 앙코르 / 앵콜 / 앙콜
- diskette : 디스켓 / 디스켙
- service : 서비스 / 써비스
- cake : 케이크 / 케익 / 케잌
- juice : 주스 / 쥬스
- boat : 보트 / 보우트 .
- team : 팀 / 티임
- leadership : 리더십 / 리더쉽
- coffee shop : 커피숍 / 커피숖 / 커피샾
- trot : 트로트 / 트롯
- radio : 라디오 / 레디오 / 레이디오
- Cannes : 칸 / 칸느 / 깐느
- super market : 슈퍼마켓 / 슈퍼마켙 / 수퍼마켓 / 수퍼마켙
- Greece : 그리스 / 그리이스
- 鄧小平 : 덩샤오핑 / 등소평 : 중국 인명은 신해혁명(1911) 이전에 죽은 사람(과거인)과 그 이후의 사람(현대인)을 구분하여 과거인은 종전의 한자음대로 표기하고 현대인은 원칙적으로 중국어 표기법에 따라 표기하되 필요한 경우 한자를 병기한다.
- 東京 : 도쿄 / 토쿄 / 토오쿄오 / 동경 : 중국 및 일본의 지명 가운데 한국 한자음으로 읽는 관용이 있는 것은 두 가지 표기를 다 인정한다. 따라서 '도쿄'와 '동경'이 모두 맞다.

16. 원고지 사용법

(1) 글의 '종별' 쓰기

- 원고지 1행의 두 칸부터 글의 종별을 쓴다. 예를 들어 시면 <시>라고 쓰고, 그밖에는 <소설>, <희곡>, <수필>, <기행문>이라고 표시한다.

(2) 제목쓰기

1) 첫 줄은 비우고 둘째 줄에 제목을 쓴다.

- 제목은 2행 중심부에 쓰되, 만약 제목이 두서너 자일 때에는 두어 칸씩 벌려 써서 미적 조화를 이룬다.

2) 제목은 가운데 부분에 써서 좌우로 비슷하게 남긴다.

- 제목의 글자도 한 칸에 한 자씩 쓴다. 간혹 행과 행에 걸쳐서 적거나 두 행을 잡아 크게 적기도 하는데 그것은 인쇄되는 출판물에서 비롯되는 잘못이다.

3) 제목을 쓸 때에는 문장 부호에 유의한다.

① 마침표는 찍지 않는다.
② 물음표와 느낌표는 가급적 붙이지 않도록 한다.
③ 같은 계열의 단어가 열거될 때에는 쉼표 대신 가운뎃점을 쓴다.
④ 줄임표는 사용하지 않는다.

4) 제목이 길 때에는 두 행을 잡아 쓴다. 이때에도 두 행 중 첫 행은 좌측으로, 둘째 행은 우측으로 치우쳐 쓴다.

5) '부제'가 있으면 본 제목 아랫줄에 쓰되 양끝에 줄표(-)를 표시한다.

(3) 소속 쓰기

1) 셋째 줄에 쓴다.

- 소속과 성명은 원칙적으로 제목 아래의 1행을 비우고 난 뒤 4행부터 쓰는 것이나 소속은 3행에 성명은 4행에 오른쪽으로 치우쳐 쓰는 것이 보편화되어 있다.

2) 뒤에 남는 칸이 세 칸이 되도록 한다.

(4) 이름 쓰기

1) 넷째 줄에 쓴다.

2) 뒤에는 두 칸이 남도록 자리를 잡아 쓴다.

3) 성과 이름을 붙여 쓴다.

- 성과 이름을 분명히 구별할 필요가 있을 경우에는 띄어 쓸 수 있다. 성이 두자이거나 외자 이름일 경우에는 성과 이름을 구별하기 위해서 띄어 쓴다.
- 성명의 각 글자 사이는 시각적 효과를 고려하여 널찍이 한 두 칸씩 띄어 써도 무방하다.
- 소속 없이 성명만 적거나 소속, 성명을 한 줄에 적는 경우에는 제목 아래 한 줄을 비워 답답하지 않게 한다.

(5) 본문 쓰기

① 다섯 째 줄은 비운다.
② 여섯 째 줄 둘째 칸부터 쓴다.
③ 글을 처음 시작할 때, 단락이 바뀔 때마다 그 행의 첫 칸을 비우고 둘째 칸부터 쓴다.
④ 문단(또는 단락)이 시작되는 자리는 처음 한 칸을 비워 둔다. 이것은 새 문단의 시작을 의미한다.
⑤ 띄어 쓸 자리가 원고지의 왼편 첫 칸에 해당할 경우에는 그 칸은 비우지 않고 메워 쓴다. (그 첫 칸을 비우면 문단의 처음 시작 부분과 혼동되기 때문이다.
⑥ 문단이 지나치게 길면 답답한 느낌을 주기 때문에 3,4백자 길이에 하나의 문단이 이루어지도록 유의하는 것이 좋다.
⑦ 항목별로 나열할 때는 한 칸씩 비우고 쓴다.
⑧ 소항목 표제 또는 단락 표제를 표시할 때도 첫 칸을 비우고 쓴다.
⑨ 시나 시조 등 운문을 쓸 때나 인용할 때는 앞의 두 칸을 비운다.

(6) 숫자 및 기타

① 숫자는 한 칸에 두개씩 쓴다. 이때 부호가 있으면 하나의 숫자로 간주한다. 다만, 분수는 한 칸에 쓴다.

<참고> 분수는 사선을 그어 나란히 쓰는 방법도 있지만, 원고지에서는 다소 불편하더라도 일상의 습관처럼 위아래로 적는 것이 자연스럽고 혼동이 적다.

	2	:	4		1/2									

② 영어의 대문자는 한 칸에 하나를 쓰고, 소문자는 두 개를 쓴다.

	K	or	ea	!										
	K	O	R	E	A	!								

③ 대화는 행을 바꾸어 쓰되 전체 내용을 첫 칸은 비우고 둘째 칸부터 따옴표로 시작한다. 또한 대화가 아무리 짧아도 두 사람의 대화를 한 줄에 같이 쓰지 않는다.

④ 본문에 인용문을 사용할 때에, 줄을 따로 잡아 쓰는 경우에는 인용문 전체를 한 칸 씩 들여 쓴다

⑤ 인용문을 쓸 때는 줄을 바꾸어 쓴다. 인용하는 말이 끝나면 줄을 바꾼다. 또 인용하는 말을 쓸 때, 인용하는 말 안에서 문단이 바뀌면 두 칸 들여 쓴다.

	“	영	희	야	!		밥		먹	어	라	.”		
	라	고		말	씀	하	셨	다	.					

(7) 문장부호

① 문장 부호도 한 글자로 취급하여 한 칸에 하나씩 표시한다.
② 물음표, 느낌표, 등의 문장 부호 다음은 한 칸씩 띄어 쓴다.
③ 줄표(-)는 두 칸을 차지한다.
④ 줄임표(......)는 한 칸에 석 점씩 찍는다.
⑤ 문장 부호가 잇달아 오거나, 문장 부호의 숫자 알파베트 등이 연이어

쓰일 때는 각각 다른 칸에 쓴다.

⑥ 줄 끝에서의 부호 처리

- 따옴표나 묶음표와 같이 두 부호가 마주 한 짝을 이룰 때는 줄 끝에서 시작되는 것을 피하여 끝의 칸을 비우고 다음 줄 첫 칸부터 부호를 처리해도 무방하다.
- 부호가 찍혀야 할 자리에서 줄이 끝나고 다음 줄로 넘어갈 경우, 그 부호를 다음 줄 첫 칸으로 넘기지 말고, 마지막 칸 속에 함께 표시해 준다. 이것은 줄 첫머리가 (.), (,)로 시작되는 것을 피하기 위해서이다.

⑦ 반점(,)과 온점(.) 다음에는 관습상 한 칸을 비우지 않는다.

- 느낌표(!)나 물음표(?) 등은 칸의 한 가운데에 쓰나, 따옴표(“ ”), 온점(.), 반점(,) 등은 칸의 구석에 치우치도록 쓴다.

	왜	?		좋	았	어	!							

	40	~	50	년			60	%						

이때 주의할 점은 줄 끝에 오는 문장부호이다. 더 이상 칸이 없을 때는 다음 줄에 쓰지 않고, 원고지 칸 밖에 쓴다.

	“	오	늘	도		또		눈	이		오	는	구	나	."

	“	눈	이		오	니		기	분	이		좋	다	”

제3부

권장도서 및 필독도서목록

권장도서

1. 영·유아 권장도서 [40권]

책 이 름	지 은 이	출판사
두껍아 두껍아 옛날옛적에	김중철 엮음	웅진주니어
도대체 그 동안 무슨 일이 일어났을까?	이호백 글 · 그림	재미마주
우와 이만큼 컸어	케이트로언 글 · 케서린 맥원 그림	시공주니어
울보 떼쟁이 못난이	김향이글 · 정덕주그림	비룡소
잘 가, 토끼야	이상권글 · 이태수그림	창비
고양이는 나만 따라 해	권윤덕글 · 그림	창비
쏘피가 화나면 정말 정말 화나면	몰리뱅 글 · 그림	이은화옮김
개와 고양이	유승하, 최호철그림/김중철엮음	웅진주니어
행복한 의자나무	랑슈린글 · 그림	BB아이들
꼬마돼지	아놀드 로벨글 · 그림/엄혜숙 옮김	비룡소
우리엄마	앤서니브라운글 · 그림	웅진주니어
하나라도 백 개인 사과	이노우에마사지글 · 그림/정미영옮김	문학동네
얼마나 생길까?	고태순 글	한국 삐아제
좁쌀 한 톨로 장가 든 총각	이상교글/주경호 그림	보림
내 친구 개	햇쌀과 나무꾼글 · 이준섭그림	아이세움
엉뚱하고 재미있는 구름 이야기	토미 드 파올라 글 · 그림	아이세움
자장자장 엄마 품에	류재수 글 · 감수/임동권그림	한림출판사
한지돌이	이종철 글 · 이춘길그림	보림출판사
바람 부는 날	정순희 글 · 그림	비룡소
까막나라에서 온 삽사리	정승각 글 · 그림	통나무
태양으로 날아간 화살	제럴드 맥더멋 그림/김명숙 역	시공사
거인사냥꾼을 조심하세요	클린 맥노튼 글 · 그림	시공사
고인돌	이춘길 글 · 그림	보림
곰 사냥을 떠나자	마이클 로젠 글 · 헬린 옥슨버리 그림 /공경희옮김	시공사
까마귀 소년	아시마 타로 글 · 그림/윤규병 옮김	비룡소
괴물들이 사는 나라	모리스 샌닥 글 · 그림/강무홍 옮김	시공사
꼬까신	최운식 글 · 최영주 그림	보림
나무늘보야 헤엄쳐	앤 턴블 글 · 에마 지체스터 클락 그림/이명희 옮김	마루벌
나무 숲 속	메리 호올 엣츠 글 · 그림	한림

〈영 · 유아 권장도서〉

눈오는 날	에즈라 잭 키츠 글 · 그림	비룡소
달님이 본 것은	브라이언 와일드 스미스 글 · 그림/우순교 옮김	보림
떡잔치	강인희 글 · 정대영 그림	보림
마녀 위니	밸러리 토머스 글 · 코키 폴 그림/김중철 옮김	비룡소
무지개 물고기	마르쿠스 피스터 글 · 그림/공경희옮김	시공사
백두산 이야기	류재수 글 · 그림	통나무
사과가 쿵	다다 히로시 글 · 그림/정근 옮김	보림
숨쉬는 항아리	정병락 글 · 박인숙 그림	보림
엄마를 찾는 초코	게이코 기스자 글 · 그림	이성
연아 연아 올라라	김영자 글 · 김세온 그림	보림
흰 토끼와 검은 토끼	가스 윌리암스 글 · 그림/강성자 옮김	다산기획

필독도서

2. 초등학생 필독도서

7차 교육과정에 의한 교과, 단원별 필독도서 [1학년]

순	교과 및 단원	관련도서명	관련 사유	지은이 (엮은이)	출판사
1	우리들은 1학년 (학교를 돌아보아요) (학교는 재미있어요) (교실을 둘러 보아요)	재미있고 신나는 학교생활	단원연계	도리스 토마셀리	여명미디어
2	우리들은 1학년 (교과전단원) 바/생[1-1-2]가슴을 펴요 바/생[1-2-1]학교에서 지킬 일	해찬이의 학교 예절배우기	단원연계	몽당연필	대 교
3	수 학[1-가-1] 5까지의 수 수 학[1-가-2] 10까지의 수	하나 둘 셋 무얼 세니	단원연계	박선우	어린이중앙
4	수 학[1-가-6] 비교하기 슬/생[1-2-3] 가을마당 (3) 길이 재어보기	누구 꼬리가 더 길까	단원연계	박선우	어린이중앙
5	수 학[1-가-전단원] 수 학[1-나-전단원]	수학을 잘하게 도와주는 만화	단원연계	김남길	문공사
6	슬/생[1-1-2]나의 몸-우리몸의 생김새 즐/생[1-1-1]씩씩한어린이-내몸에대하여 알아보기	꼬불꼬불 인체여행	단원연계	최달수	문공사
7	즐/생[1-1-4]즐거운 우리집-종이꽃 즐/생[1-1-6]날아라 하늘로-비행기접기	아이랑 엄마랑 종이접기	단원연계	편집부	계림닷컴
8	말/듣[1-1-둘째마당]-재미있는 말-흉내 내는 말 읽 기[1-2-넷째마당]-하나씩차근차근-흉내내는말	말놀이 동시	단원연계	문삼석	글송이
9	즐/생[1-1-4]즐거운 우리집-놀잇감 즐/생[1-1-9]신나는 여름 방학이다-배만들기 슬/생[1-2-1]생각하여 만들기-나도 만들수있어요	폐품으로 신나게 만들자 (플라스틱·알루미늄·스티로폼)	단원연계	황금옥	청 솔
10	슬/생[1-1-1] 봄 나들이 (3) 들 놀이 산 놀이	산에서 놀아요	연계,보충	백명식	바른사
11	슬/생[1-1-1]봄 나들이-들 놀이 산 놀이 슬/생[1-1-4]슬기롭게 여름나기-여름의 식물?동물	들에서 놀아요	연계,보충	백명식	바른사
12	바/생[1-1-4] 잘 씻어요	친구야 목욕하자	보충,심화	크리스티나 가렐리	시공주니어
13	읽기[1-1-넷째마당]마음을주고받아요-다정한 친구 쓰기[1-1-넷째마당]마음을주고받아요 -간단한 편지쓰기	아기 호랑이에게 보낸 편지	심 화	야노쉬	여명미디어
14	읽 기[1-1-둘째마당] 2.이야기 보따리 ▸제재2-심심해서 그랬어요	심심해서 그랬어	단원원작 수록	윤구병	보 리
15	슬생[1-1-4] 슬기롭게 여름나기 1)여름철에 만나는 식물	머리가 좋아지는 자연탐구 (CD-ROM포함)	보충 심화	이양훈 외	문원미디어
16	바/생[1-1-4] 이닦기 놀이를 하여 봅시다	히히 내 이좀 봐	보충,심화	케이트 로언	시공주니어
17	읽기[1-1-셋째마당]한 걸음 더 -더 나아가기/박의 꿈	(1~2학년용) 아동문학상 수상동화집	단원원작 수록	어린이 문화진흥회	여명미디어
18	말/듣[1-1-첫째마당]새로운 마음으로-나의 꿈 읽기[1-1-첫째마당]새로운 마음으로-나의 꿈	내가 커서 이다음에[전10권] 삐뽀삐뽀 용감한 구조대원 外	보충,심화	김병규 외	두산동아
19	슬/생[1-1-3] 나의 하루 생활 (2) 학교 오는 길-여러가지 탈 것	윙윙 슝슝슝 탈것 동화	연계 보충	우리기획	계림닷컴
20	즐/생[1-1-8] 색의나라 ▸여러가지 색으로 표현하기	물총새의 색깔 나들이	연계 보충	미셸파크말	여명미디어

순	교과 및 단원	관련 도서명	관련 사유	지은이 (엮은이)	출판사
21	말/듣[1-1-넷째마당]마음을 담아서 바/생[1-1-교과 전 단원] 바/생[1-2-5]차례를 지켜요	좋은 습관을 길러주는 생활 과학 만화	보충,심화	오덕영 글·그림	문공사
22	읽 기[1-2-첫째마당]한 걸음 더-생활과 속담	뚝딱 속담	연계,보충	나이테	문공사
23	말/듣[1-2-첫째마당]한 걸음 더-인어공주	인어공주	연계	이창수	꿈동산
24	슬/생[1-1-3]나의 하루 생활 (하루동안 변하는 모습 관찰하기)	24시 자연의 세계	보충,심화	르네메틀레	문공사
25	말/듣[1-2-셋째마당]재미가 솔솔 -수수께끼를 풀어봅시다	그림 수수께끼	연계,보충	우리교육	계림닷컴
26	읽 기[1-2-다섯째마당] 1.손에 손잡고 ▸제재 1- 꼭 하고 말테야	꼭 하고 말테야	단원원작 수록	원유순	여명 미디어
27	읽 기[1-2-표지]세종대왕 영정 읽 기[1-2-셋째마당]즐거운 하루-세종대왕	세종대왕	연계,보충	최태호	꿈동산
28	말/듣[1-2-둘째마당]하나되는 우리 - '선녀와 나무꾼' 을 읽고	나무꾼과 선녀	연계,보충	김남일	국민서관
29	말/듣[1-2-넷째마당]하나씩 차근차근 -파리는 왜 앞다리를 비빌까요	새천년 과학 이야기 (동물, 새, 곤충 편)	보충,심화	나이테	꿈동산
30	읽 기[1-2-셋째마당]한 걸음 더-더 나아가기 -떡 시루잡기	참말로 참말, 참말로 거짓말	단원원작 수록	조호상	중앙M&B
31	읽 기[1-2-첫째마당] 2.내가 만드는 이야기 ▸제재 1-은혜 갚은 꿩	엄마, 은혜로운 사람이 될래요	보충,심화	이규희	여명 미디어
32	수 학[1-2-2] 여러 가지 모양 즐 생[1-1-8] 색의 나라	알록달록 동물원	연계,보충 심화	로이스 엘러트	시공 주니어
33	수 학[1-나-5]시계 보기	꼬끼오 꼬꼬	보충,심화	보 딘 글 황영숙옮김	여명 미디어
34	말/듣[1-2-둘째마당]되돌아보기 ▸어떤 동물을 기르고 싶은가요 말/듣[1-1-셋째마당]머리를 맞대고	코끼리 코는 왜 길어요 ①	연계,심화	김우영	글동산
35	쓰 기[1-2-첫째마당] 2. 내가 만드는 이야기 ▸그림의 주인공-바람	바람이 불었어	심 화	팻 허친즈	시공 주니어
36	말/듣[1-2-표지그림]	호랑이와 곶감	연계,보충	우리기획	계림닷컴
37	읽 기[1-2-첫째마당]한 걸음 더-더 나아가기 /강아지 똥	강아지 똥	단원원작 수록	권정생	길벗 어린이
38	슬/생[1-2-1]도구를 어떻게 쓸까요 *가위를 이용하여 여러 가지 모양 만들 즐/생[1-2-6]똑같아요-대칭모양 꾸미기	종이 오리기	심화	다카하마	글동산
39	읽 기[1-2-둘째마당] 2.하나 되는 우리 ▸(눈, 코, 귀, 입)자기자랑	코는 왜 얼굴 가운데 있을까	보충	정채봉	대 교
40	슬/생[1-2-3]가을 마당 ▸가을의 식물과 동물 ▸가을 동산 꾸미기	가을 이야기 토끼골의 미련퉁이 산돼지	심화	백명식	여 명

순	교과 및 단원	관련 도서명	관련 사유	지은이 (엮은이)	출판사
41	읽 기[1-2-둘째마당] 1.생각이 서로 다를 때 -본문 내용 3.약속	거짓말은 안돼안돼 약속은 꼭 지켜	연계 보충	김현애	두산동아
42	바/생[1-2-2] 사이좋은 친구	짝 꿍	보충,심화	이상현	여명미디어
43	즐/생[1-2-9] 즐거운 민속놀이 ▸팽이 만들기	팽글팽글 팽이 이야기	보충,심화	인병선	현암사
44	읽 기[1-2-넷째마당] 2. 살펴보고 정리하여 -물은 요술쟁이	똑똑! 물방울아 어디로 가니?	연 계	샘 고드윈	언어세상
45	읽 기[1-2-넷째마당] 되돌아 보기 -거북의 알 낳기	알들의 나라	심 화	버르지니 뒤몽	여 명
46	슬/생[1-2-1] 생각하여 만들기 (2) 나도 만들 수 있어요	장난감을 만들자	심 화	김충원	진 선
47	술/생 [1-1-전단원] 슬/생 [1-2-전단원]	1학년에 맞춘 눈높이 학습 화보	연계,보충	안선모	대 교
48	읽 기[1-2-둘째마당] 2. 하나되는 우리 -어떻게 하면 좋을까	욕심꾸러기 강아지	연계,보충	백지윤	글동산
49	읽 기[1-2-셋째마당] 1. 재미가 솔솔 -놀부의 제비집 찾기 즐/생[1-2-2] 옛날옛적에 '흥부와 놀부' 역할놀이 하기	흥부야놀부야	연계,보충	정채봉	동쪽나라
50	쓰 기[1-2-둘째마당] 1. 생각이 서로 다를 때 읽 기[1-2-둘째마당] 2. 하나되는 우리 -어떻게 하면 좋을까	너 이럴 때 어떻게 할래	심 화	조재룡	신인류

7차 교육과정에 의한 교과, 단원별 필독도서 [2학년]

순	교과 및 단원	관련 도서명	관련 사유	지은이 (엮은이)	출판사
1	슬/생[2-1-1] 자라나는 우리들 (1) 우리는 이만큼 자랐어요	우와! 이만큼 컸어	연계,보충	케이트로언	시공주니어
2	읽 기[2-1-첫째마당] 한 걸음 더-더 나아가기 ▸메아리	메 아 리	심화	이주홍	길벗어린이
3	읽 기[[2-1-둘째마당] 2. 찾아서 배우는 우리 ▸제재 2-동물병원	병원 소동	심화	한스 아우그스토	시공주니어
4	말/듣[2-1-둘째마당]소중한 말과 글 읽 기[2-1-셋째마당]말의 재미	뚝딱, 우리말	보충,심화	나이테	문공사
5	읽 기[2-1-다섯째마당] 1. 마음의 선물-하늘천 하렸다 말/듣[2-1-셋째마당]즐거운마음 말/듣[2-1-다섯째마당]더 나아가기- 해와 달이 된 오누이	저학년 교과서 한국전래동화	연계,보충	두그루	두산동아
6	읽 기[2-1-둘째마당] 더 나아가기 ▸제재2-종이 비행기 접기	알기쉬운 종이접기 완성	보충,심화	종이접기 편집실	글동산
7	바/생[2-1-5] 바른말 고운말 바/생[2-1-6] 즐거운 우리 집	인사 잘하고 웃기 잘하는 집	심화	윤수천	시공주니어
8	말/듣[2-1-넷째마당]한 걸음 더-더 나아가기 /물고기 떼죽음 사진 바/생[2-2-2]깨끗한 환경	환경,내가 지켜요(1,2학년용)	보충,심화	우리기획	계림닷컴
9	읽 기[2-1-셋째마당]말의 재미 쓰 기[2-1-셋째마당]즐거운 마음	저학년 좋은 동시	보충,심화	공재동 외	글동산
10	읽 기[2-1-넷째마당]서로 다른 생각 슬/생[2-1-2]화보-여러가지 집의 모양 슬/생[2-1-2]살기 좋은 우리 집-여러 가지 집	우리는 어떤 집에서 살았을까	보충,심화	출판기획 서가	청 솔
11	바/생/생?길[2-1-전단원]	상상보다 네가 더 좋아	심화	구민애	새 솔
12	읽 기[2-1-다섯째마당] 2.꿈을 가꾸는 동산 /매미 합창단	참매미 합창단	단원원작 수록	이준연	여명미디어
13	바/생[2-1-7]정다운 이웃 슬/생[2-1-3]더불어사는 이웃	샛별이랑 한별이의 사회 예절 배우기	보충,심화	박혜숙	대 교
14	말/듣[2-1-넷째마당]서로다른생각-여우와두루미 쓰 기[2-1-넷째마당]내 의견-개미가 베짱이에게 읽 기[2-1-다섯째마당]마음의 선물	이솝 이야기	보충	이 솝 (박양순)	계림닷컴
15	바/생[2-1-5] 바른말 고운말 ▸선택활동 2-전화놀이를 하여 봅시다	괴물 예절 배우기	보충,심화	조안나 코울	시공주니어
16	읽 기[2-1-셋째마당] 쉼터-십자말 풀이	2학년 낱말퍼즐	보충	최영재	한국어린이 교육연구원
17	즐/생[2-1-7]우리들 세상-여러가지 만들기 즐/생[2-1-2]즐거운 우리교실-교실 꾸미기	폐품으로 재미있게 만들자 (종이?나무?헝겊)	보충,심화	황금옥	청 솔
18	읽 기[2-1-넷째마당] 더 나아가기 *황소 개구리	날아라,독수리야	보충,심화	강숙인	푸른책들

순	교과 및 단원	관련 도서명	관련 사유	지은이 (엮은이)	출판사
19	슬/생[2-1-1]자라나는 우리들 -우리는 이만큼 자랐어요 즐/생[2-1-5]이만큼 자랐어요	저학년 성교육동화	심화	박정화	계 림
20	즐/생[1-1-7]우리들 세상 ▸민속춤추기-아프리카.중국.미국.	2학년에 맞춘 눈높이 학습화보	보충,심화	안선모	대 교
21	슬/생[2-1-1-(2)] 식물이 자라면서 달라지는~ 슬/생[2-1-2-(2)] 예슬이네 집 꽃밭 슬/생[2-2-3-(1)] 가을의 산과 들	식물 사진 화보 숙제 도우미	보충,심화	어연미디어	한국어린이 교육연구원
22	읽 기[2-1-둘째마당] 2.서로 다른 생각 ▸글-김치가 좋아요	김치는 영어로 해도 김치	심화	이금이	푸른책들
23	읽 기[2-1-넷째마당] 한 걸음 더-되돌아 보기 ▸고마운 나무	나무는 좋다	보충,심화	재미스 메이우드리	시공주니어
24	바/생[2-1-1] 단정한 옷차림 바/생[2-1-6] 즐거운 우리 집	넌 어떻게 생각하니? (2학년)	심화	박신식 차보금	채우리
25	즐/생[2-1-5] 이만큼 자랐어요	너는 아기때 대머리였대	보충,심화	배빗콜	여명미디어
26	바/생[2-1-4] 교과서 46~47쪽 *나무-책으로 되어가는 과정 그림	나무의 일생	보충,심화	위베르방 케무잉	여명미디어
27	바/생[2-1-6] 즐거운 우리 집	샛별이랑 한별이의 가정예절 배우기	보충,심화	박혜숙	대 교
28	즐/생[2-1-7]우리들 세상 - 민속의상과 장신구 만들기 - 여러 나라의 민속 놀이	마법사 아주머니의 가면	심화	아르노 알메라	여명미디어
29	슬/생[2-1-4] 빛과 그림자 (2) 낮과 밤	세상의 낮과 밤	연계,보충 심화	발레리기두	아이세움
30	읽 기[2-1-넷째마당] 2.서로 다른 생각 ▸제재-2.어떤 집을 만들면	우리 집은 커다란 조개 껍데기	보충,심화	김동광	아이세움
31	슬/생[2-1-2]살기좋은 우리 집 ▸동식물도 함께 사는 우리집	꽃이 들려주는 동화	심화	최은규	문공사
32	읽 기[2-2-첫째마당]되돌아 보기 ▸제재1-아이스크림의 발명'	아이스크림의 발명	보충,심화	편집부	교학사
33	읽 기[2-2-첫째마당]한 걸음 더 -최초의 비행기	라이트 형제	연계,보충 심화	조무근	바른사
34	말/듣[2-2-첫째마당]처음부터 하나씩 ▸공룡에 대하여 어떻게 알게 되었나	쥐라기로 간 트리케라톱스	심화	구로카와	베이비북스
35	읽 기[2-2-첫째마당]처음부터 하나씩-무지개 슬/생[2-1-4]빛과 그림자-그림자 놀이	엄마와 함께 동화나라로 -원리가 쏙쏙,과학동화 편	심화	노지영 윤 선	중앙M&B
36	수 학[2-가-8]곱하기 수 학[2-나-1]곱셈구구	어린왕자와 함께 떠나는 구구단 여행	보충,심화	김재인	동 인
37	읽 기[2-2-첫째마당]처음부터 하나씩 -우리나라의 명절	신나는 열두달 명절 이야기	심화	우리누리	중앙M&B
38	말/듣[2-2-첫째마당]처음부터 하나씩 ▸공룡에 대하여 어떻게 알게 되었나	쓰레기를 먹는 공룡	심화	김남길	꿈동산

순	교과 및 단원	관련 도서명	분류	지은이 (엮은이)	출판사
39	읽 기[2-2-첫째마당]본 대로 들은대로 말/듣[2-2-셋째마당]밝은세상-현민이의 일기	2학년 일기쓰기 강아지 소동	보충,심화	이부영 外 어린이들	청 솔
40	슬/생[2-2-4] 겨울을 따뜻하게 보내려면 ▶눈과 얼음	신비로운 눈의 세계	심화	홍은주 옮김	여명미디어
41	읽 기[2-2-첫째마당] 되돌아보기-최초의 비행기 즐/생[2-2-2] 열차 여행	열차는 왜 하늘을 날 수 없을까	심화	김동광	아이세움
42	술/생[2-2-3-(1)] 가을은 봄,여름과 어떻게 다른지~ 슬/생[2-2-4-(3)] 한 해를 보내며	지구의 봄 여름 가을 겨울	보충,심화	발레리 기두	아이세움
43	슬/생[2-2-4] (1) 겨울나기 (2) 눈과 얼음	꼬마 눈 뽀송아	심화	임영숙	나 래
44	슬/생[2-2-3-(1)] 가을의 산과 들 ▶여러가지 동물 찾아보기	곤충 사진 화보 숙제 도우미	보충,심화	어연미디어	한국어린이 교육연구원
45	쓰 기[2-2-셋째마당]밝은 세상 -우리 가족 신문을 만들어 봅시다	가족신문 만들기	심화	유지은 외 어린이들	청 솔
46	바/생[2-2-6] 우리는 한 겨레	토토야! 우리 백두산 가자	심화	이동렬	효 리
47	말/듣/읽기/쓰기 [2-2-표지인물]	주시경	연계,보충	김선태	바른사
48	말/듣[2-2-둘째마당] 1.주인공이 되어 읽 기[2-2-둘째마당] 되돌아 보기 ▶소금장수와 기름장수	호랑이 뱃속에서 고래잡기	단원 원작수록	김용택	푸른숲
49	말/듣[2-2-둘째마당]한 걸음 더 -더 나아가기/이상한 투명인간	100명의 선생님이 골라뽑은 대표 세계 명작	보충	우리누리	동화나라
50	슬/생[2-2-4]겨울을 따뜻하게 보내려면 -겨울나기/눈과얼음	호기심 많은 꼬마 들쥐	보충,심화	나탈리 짐머만	여명미디어

7차 교육과정에 의한 교과, 단원별 필독도서 [3학년]

순	교과 및 단원	관련 도서명	관련 사유	지은이 (엮은이)	출판사
1	수 학 [3-가-전단원] 수 학 [3-나-전단원]	수학귀신	보충		
2	말/듣 [3-1-둘째마당] 2.따뜻하고 너그럽게 ▸본문2 - '견우와 직녀' 들어보기	은비까비의 옛날 옛적에 ①	단원원작 수록	이정미	대 교
3	말/듣[3-1-둘째마당] 1.좋아하는 시 읽 기[3-2-둘째마당] 1.더불어 사는 삶	내 마음의 동시(3학년)	보충,심화	김양순	계림닷컴
4	읽 기[3-1-둘째마당] 더 나아가기 ▸도련님과 인절미(박문수의 일화)	어사 박문수	보충		
5	말/듣[3-1-둘째마당] 1.따뜻하고너그럽게 ▸본문1 - '미운 돌멩이' 들어보기	미운 돌멩이	단원원작 수록	어린이도서 연구회	오늘어린이
6	쓰 기[3-1-첫째마당] 쉼터-주워 담을 수 없는 말 읽 기[3-1-셋째마당] 쉼터-가는 말 오는 말 말/듣[3-2-다섯째마당] 쉼터-꿩대신 닭	재미있는 속담이야기	보충,심화	엄기원	
7	말/듣[3-1-셋째마당] 1.꼼꼼하게 살펴서 ▸제재2-원숭이 꽃신	원숭이 꽃신	단원원작 수록	어린이도서 연구회	오늘어린이
8	사 회[3-1-1-(2)] 그림 지도로 살펴본 ~ 사 회[3-1-2-(1)] 자연을 이용하는 모습	초등학생이 처음 만나는 한국지리	심화	편집부	두산동아
9	쓰 기[3-1-셋째마당] 쉼터-탈이름 알아보기 말/듣[3-1-다섯째마당] 2.알면 힘이 솟아요 - 사물놀이	아무도 모를거야 내가 누군지	보충,심화		보림
10	사 회[3-1-3] 고장생활의 중심지 ▸시장과 우리 생활	참소비왕소비	심화	장수하늘소	아이세움
11	읽 기[3-1-넷째마당] 1.이야기와의 만남 ▸본문1-강감찬 장군	강감찬	보충		
12	읽 기[3-1-넷째마당] 쉼터- '미주알 고주알' 읽 기[3-1-다섯째마당] 쉼터- '맞장구 치다'	뚱딴지 저학년 우리말 여행	심화	양태석	중앙M&B
13	읽 기[3-1-다섯째마당] 2.알면 힘이 솟아요 ▸제재2-개미에 대하여 체 육[3-셋째/표현활동] 2.우리가 만드는 춤 (필수) 곤충의 나라	곤충박물관	보충,심화		웅진
14	말/듣[3-1-다섯째마당] 되돌아보기 ▸바다에서 할 수 있는 일 ▸ '신비한 바다의 세계' 를 들어봅시다	출렁출렁 바다여행	심화	김일혁 外 감수	여명미디어
15	읽 기[3-1-다섯째마당] 더 나아가기-날씨와 생활 과 학[3-1-5] 날씨와 우리생활	왜 비가 내릴까요	보충,심화	베아트리트 루 에	여명미디어
16	읽 기[3-1-셋째마당] 2.앞 뒤 내용을 이어 ▸제재2- '원식이와 선생님'	말더듬이 원식이	단원원작 수록	김일광	우리교육
17	쓰 기[3-1-첫째마당] 대단원 목표 ▸알맞은 문장 부호와~	한글맞춤법교정집	심화		교육부
18	쓰 기[3-1-둘째마당] 1.좋아하는 시 쓰 기[3-1-둘째마당] 되돌아보기/더 나아가기	시집	심화		
19	읽 기[3-1-셋째마당] 더 나아가기 ▸지붕만 쳐다보네	재미있는 속담이야기	단원 원작수록		
20	읽 기[3-1-다섯째마당] 2.알면 힘이 솟아요 ▸본문-옛날에는 어떤 과자를 먹었을까요 사 회[3-1-1] 고장생활의 변화1.생활도구의 발달	옛날사람들은어떻게 살았을까/우리민족5000년이야기	보충,심화		

순	교과 및 단원	관련 도서명	관련 사유	지은이 (엮은이)	출판사
21	미 술[3-3단원] 여러 가지 색	교과서미술읽기-화가박수근	연계,보충		
22	미 술[3-6단원] 움직이는 놀잇감	"	보충,심화		
23	미 술[3-전단원]	"	보충,심화		
24	읽 기[3-1-둘째마당] 더 나아가기 ▶도련님과 인절미(박문수의 일화)	박 문 수	보충	송명호	바른사
25	읽 기[3-1-다섯째마당] 2.알면 힘이 솟아요 ▶제재1 - 개	나도 개한마리갖고싶어요	심화		
26	도 덕/생·길[3-1-3] 아껴쓰는 보람 *새 운동화 ▶할머니의 장롱/남을 돕는 구두쇠	경제이야기	심화		
27	쓰 기[3-1-넷째마당] 더 나아가기 ▶과학도시의 하루생활 상상하여 써보기	21C과학 이야기	보충,심화		
28	미 술[3-1-2] 생활속의 이야기 미 술[3-1-4] 표정과 느낌	당나귀는 괜히 힘이 셉니다	심화	사석원	문공사
29	읽 기[3-1-다섯째마당] 2.알면 힘이 솟아요 ▶본문2-개미	곤충박물관	보충,심화		웅진
30	도 덕[3-1-6단원] ▶깨끗한 생활 ▶내 일은 내가하기 ▶예절바른 우리	초등학생 생활예절	연계,보충		바른사
31	과 학[3-2-2] 빛의 나아감	빛의 신비	심화	학생과학문고 편찬회	한국독서 지도회
32	읽 기[3-2-둘째마당] 2.재미있는 이야기 ▶개구리 바위-금강산 전설)	전설따라 팔도명산	보충,심화		
33	읽 기[3-2-셋째마당] 1.하고 싶은말 - '우리 만화가 좋아' 읽 기[3-2-셋째마당] 쉼터-만화 완성하기	김충원의 그림교실	심화		
34	사 회[3-2-1] (2) 교통 통신의 발달 ② 봉수와 컴퓨터 통신	컴퓨터 기본서적을 읽힌다	보충,심화		
35	쓰 기[3-2-넷째마당] 2.소중한 만남 - '플랜더스의 개' 를 읽었는데~	플랜더스의 개/알프스소녀하이디/엄마찾아삼만리함께 읽기	연계,보충		
36	과 학[3-1-5] 날씨와 우리생활 ▶온도재기 과 학[3-2-7] 섞여있는 알갱이의 크기	3학년 과학	보충,심화	최유라	글수레
37	사회/자연 [3-1-전단원] 사회/자연 [3-2-전단원]	3학년에 맞춘 눈높이 학습 화보	연계,보충	안선모	대 교
38	읽 기[3-2-셋째마당] 2. 이렇게 해 봐요 ▶제재②-짧아진 바지	민족의 멋 전통예절	단원원작 수록	우리누리	어린이 중앙
39	사 회[3-2-2] 우리 고장의 전통문화 ▶할머니의 옛 이야기	우리고장 유래와 전설 (대전/충청)	심화	표성흠 강민숙	여명 미디어
40	사 회[3-2-1] 고장 생활의 변화 (1) 생활 도구의 발달	조상들은 어떤 도구를 썼을까	보충,심화	우리누리	어린이 중앙

순	교과 및 단원	관련 도서명	분류	지은이 (엮은이)	출판사
41	도 덕[3-2-2] 안전한 길 ▶영호의 자전거 ▶깜박이는 녹색 신호등	무지개 빛 신호등	보충,심화	안선모	두산동아
42	읽 기[3-2-넷째마당] 더 나아가기 ▶오성과 한음	오성과 한음	연계,보충		예림당
43	읽 기[3-2-셋째마당] 더 나아가기 ▶내가 재판장이라면	변호사와 함께하는 옛 이야기 명판결(3~4학년용)	심화	이재원	두산동아
44	읽 기[3-2-첫째마당] 1.탐구하는 자세 ▶나비박사 석주명	나비박사 석주명의 과학나라	단원 원작수록	석주명	현암사
45	읽 기[3-2-넷째마당] 1. 마음 속 풍경 ▶ '동생 때문에'	별볼일없는4학년이야기	보충,심화		
46	읽 기[3-2-다섯째마당] 1. 나누는 우정 ▶책과의 만남	나는 책이야	심화	김향이	푸른숲
47	읽 기[3-2-다섯째마당] 더 나아가기 ▶민철이의 방정환을 읽고	방 정 환	보충,심화	김원석	꿈동산
48	사 회[3-2-2] 우리 고장의 전통문화 (2)-① 가정의 여러 행사	관혼상제, 재미있는 옛날풍습	보충,심화	우리누리	어린이 중앙
49	음 악[3학년] 바흐-미뉴에트 차이코프스키-호두까기 인형 브람스-헝가리 춤곡	클래식 음악 동화 ① (CD-ROM 포함)	심화	이수진	어린이 중앙
50	읽 기[3-2-첫째마당] 1.탐구하는 자세 ▶본문1-고누놀이 체 육[3-둘째/게임활동] 4.우리것 우리놀이	어깨동무 즐거운 우리놀이	연계,보충	우리누리	중앙M&B

7차 교육과정에 의한 교과, 단원별 필독도서 [4학년]

순	교과 및 단원	관련 도서명	관련 사유	지은이 (엮은이)	출판사
1	말/듣/쓰기[4-1-첫째마당] 1.생각을 가지런히 ▶본문1-인호와 태수의 의견-일기쓰는습관	4학년 일기쓰기 공부하기 싫은 날	연계,보충	이부영 外 어린이들	청 솔
2	말/듣/쓰기[4-1-첫째마당] 더 나아가기 ▶우리의 질 그릇 ▶전통문화를 지키자	우리의 옛 시조 (3,4학년용)	심화	우리기획	계림 닷컴
3	말/듣/쓰기[4-1-둘째마당] 1.이야기 샘 ▶본문1- '다자구 할머니' 를 들어봅시다	다자구야 들자구야	단원원작 수록	김향이	중앙 M&B
4	읽 기[4-1-다섯째마당] 2.좋은 느낌 오래오래 ▶독후감을 쓰면 어떤 점이 좋을까 - 이빨투성이 괴물	이 고쳐 선생과 이빨 투성이 괴물	단원인용 동화	롭 루이스	시공 주니어
5	사 회[4-1-1] 우리 시?도의 모습 ▶지명의 유래	서울 600년 이야기	보충,심화	김재덕	글사랑
6	사 회[4-1-1-(3)] ② 알고 떠나자->강화	이야기로 풀어보는 문화유산 ① 〈강화편 수록〉	보충,심화	한정영	삼덕 미디어
7	도 덕[4-1-5] 우리는 정다운 친구 - 고마운 친구	화요일의 두꺼비	보충,심화		
8	읽 기[4-1-둘째마당] 1.이야기의 샘 ▶본문1- '요술 항아리'	은비까비의 옛날 옛적에 ②	단원원작 수록	이정미	대 교
9	읽 기[4-1-둘째마당] 2.나라면 이렇게 읽 기[4-1-다섯째마당] 1.마음의 창을 열고	거인들이 사는 나라	단원원작 수록	신형건	푸른 책들
10	말/듣/쓰기[4-1-셋째마당] 1.두 눈을 반짝이며 ▶본문1-방송을 듣고	극본을 읽힌다 (꿀강아지)	심화		
11	말/듣/쓰기[4-1-셋째마당] 1.두 눈을 반짝이며 ▶본문2- '우리 조상의 지혜'	세계가놀란발명이야기/ 우리민속오천년이야기	보충,심화	우리누리	중앙 M&B
12	말/듣/쓰기[4-1-셋째마당] 2.아하, 그렇군 ▶본문2- '구두 닦는 대통령' (링컨일화)	링 컨	보충,심화	엄기원	여명 미디어
13	말/듣/쓰기[4-1-셋째마당] 되돌아보기 ▶ '서포 김만중' 을 들어 봅시다	김만중 위인전	심화		
14	읽 기[4-1-셋째마당] 1.두 눈을 반짝이며 ▶본문1-아낌없이 주는 나무	아낌없이 주는 나무	단원원작 수록	쉘 실버스타인	작은 평화
15	읽 기[4-1-셋째마당] 2.아하,그렇군 ▶본문1-국어사전에 낱말 찾는 방법 알기	새국어사전/삼성출판1,2	연계,보충		
16	읽 기[4-1-넷째마당] 2.함께 하는 우리 ▶ '삼년고개' 읽어보기	재미있는 이야기	연계,보충	이신우	파란 나라
17	읽 기[4-1-넷째마당] 1.서로서로 도우며 ▶ '사랑하는 딸에게' 읽어보기	엄마가 딸에게 주는 사랑의 편지	심화	정선혜	문공사
18	읽 기[4-1-넷째마당] 되돌아보기 ▶아침에 셋 저녁에 넷(조삼모사)	숨은그림찾기 고사성어	보충,심화	김혜원	나 래
19	읽 기[4-1-다섯째마당] 1.마음의 창을 열고 ▶본문1-정약용을 읽어 봅시다	정약용 위인전	보충,심화		
20	읽 기[4-1-다섯째마당] 2.좋은 느낌 오래오래 ▶본문2-가끔씩 비오는 날	가끔씩 비오는 날	단원원작 수록	이가을	창작과 비평사

순	교과 및 단원	관련 도서명	관련 사유	지은이 (엮은이)	출판사
21	읽 기[4-1-넷째마당] 더 나아가기 -두루미 ▶천연기념물에 대하여	천연기념물 탐험대	보충,심화		산하
22	읽 기[4-1-셋째마당] 쉼터 ▶효자 이야기 읽어보기	효자 열전	보충,심화	김봉곤	글수레
23	미 술[4-1-2] 움직이는 선과 형	환상특급체험	심화	매직아이	두산동아
24	말/듣/쓰기[4-1-첫째마당] 쉼터 읽 기[4-2-셋째마당] 속담으로 제목 붙이기	속담풀이 한마당	보충,심화	편집부	한가람
25	말/듣/쓰기[4-1-넷째마당] 1.서로서로 도우며 ▶예절에 대하여 알아보기	붕어 결혼식	보충,심화	어린이도서 연구회	오늘어린이
26	과 학[4-1-7] 강과 바다 ▶강물을 따라~	씽쌩이의 강물여행	보충,심화	나명수	동 인
27	음악[4학년] 라데츠키 행진곡(요한스트라우스) 아를의 여인 (비제) 세레나데 (모짜르트)	클래식 음악동화 (2) (CD 포함)	심화	이수진	어린이중앙
28	과 학[4-1-7] 강과 바다 - 바다밑의 모양 알아보기	바다밑의 세계	보충,심화	학생과학 문고편찬회	한국독서 지도회
29	과 학[4-1-8] 별자리를 찾아서	아주 특별한 별자리 여행	보충,심화	두그루	꿈동산
30	사회탐구[4-2-2] 가정생활과 여가생활 ▶(예화) 가족이 소중한 까닭	티타늄 다리의 천사 애덤킹	강원원작 수록	정하섭	두산동아
31	사 회[4-2-1] 옛 도읍지의 문화재와 박물관 ▶연표와 역사지도	재미있는 만화 한국사	보충,심화	박화목	청 솔
32	읽 기[4-2-둘째마당] 2.이야기 세계 - 소쩍새를 사랑한 떡갈나무	춤추는 오리	단원원작 수록	박상재	여명미디어
33	사 회[4-2-1] 옛 도읍지의 문화재와 박물관 - 박물관 견학	별나박물관 별난이야기	보충,심화		
34	사 회[4-2-2] 가정과 여가 생활의 변화	어린이 시사마당 ③ (문화와 스포츠)	보충,심화	우리누리	중앙M&B
35	도 덕[4-2-5] 내 나라 내 조국 *안중근 의사	안 중 근	연계,보충	이영준	대 일
36	읽 기[4-2-셋째마당] 1. 하나씩 따져보며 - 연을 만드는 방법 알아보기	연 만들기 교실	보충,심화	유재혁	교학사
37	읽 기[4-2-첫째마당] 2. 함께 의논하기 ▶물을 아껴쓰는 방법 과 학[4-2-7] 모습을 바꾸는 물	재미있는 물 이야기	보충,심화	바버리 테일러	청 솔
38	말/듣/쓰[4-2-셋째마당] 2. 깨닫는 즐거움 ▶우리 반 신문에 실을 기삿거리~ 읽 기[4-2-셋째마당] 2.깨닫는 즐거움	신문읽고…	보충,심화		중앙M&B
39	말/듣/쓰[4-2-넷째마당] 2.넓은세상 많은 이야기 ▶내용1- '피리부는 사나이' 들어보기	하멜른의 피리부는 사나이	단원원작 수록	케이트 그린어웨이	시공주니어
40	과 학[4-2-4] 화석 -공룡에 대하여 조사해보기	얘들아 공룡 발굴하러 가자	보충,심화	임종덕	꿈동산

순	교과 및 단원	관련 도서명	분류	지은이 (엮은이)	출판사
41	체 육 [4-넷째/보건] 3. 안전 생활	나 홀로 119 (집밖에서 편)	보충,심화	윤준환	글수레
42	과 학 [4-2-1] 동물의 생김새 과 학 [4-2-2] 동물의 암수	재미있는 동물 이야기/창비, 원숭이 의사가왕진을 가요	보충,심화		
43	읽 기 [4-2-둘째마당] 2.이야기 세계 ▶본문2-꽃잎으로 쓴 글자	마사코의 질문	단원원작 수록	손연자	푸른책들
44	읽 기 [4-2-둘째마당] 쉼터-수수께끼	고학년 수수께끼	보충,심화	강주현	계림닷컴
45	읽 기 [4-2-셋째마당] 2. 깨닫는 즐거움 ▶본문2-낱말의 세계	교과서 낱말퍼즐(3,4학년)	보충,심화	박성배	한국어린이 교육연구원
46	읽 기 [4-2-셋째마당] 더 나아가기 -글의 내용에 알맞은 제목	접속! 미래 과학 속으로	보충,심화	윤희정	꿈동산
47	사 회 [4-2-1] 옛 도읍지의 문화재와 박물관 ▶옛 도읍지 여행	우리 강산 지리 여행	심화	고정아	대 교
48	읽 기 [4-2-셋째마당] 더 나아가기 -악어	클릭 사이언스 -파충류 (CD-ROM포함)	보충,심화	스티븐 셋포드	두산동아
49	읽 기 [4-2-첫째마당] 더 나아가기 -우리말 살리기	아름다운 우리말	보충,심화	이 정	계림닷컴
50	과 학 [4-2-3] 지층을 찾아서 - 암석 과 학 [4-2-3] 화석을 찾아서 - 화석	클릭 사이언스 암석?화석 (CD-ROM포함)	보충,심화	박정희	두산동아

7차 교육과정에 의한 교과, 단원별 필독도서 [5학년]

순	교과 및 단원	관련 도서명	관련 사유	지은이 (엮은이)	출판사
1	사 회[5-1-1]국토의 자연 환경과 생활 2) 자연환경을 이용한 의식주 생활 3) 여러가지 모양의 집들	의식주로본지구촌풍속기행	보충,심화		산하
2	사 회[5-1-2] 2.우리가 사는 지역 ▸도시 지역의 생활-2.도시로 몰려 들고 있어요	지구가만일백명의사람이사는 마을이라면	보충,심화		
3	사 회[5-1-3] 환경 보전과 국토 개발 계획 ▸자연 재해와 환경 문제-자연재해 과 학[5-2-4] 화산과 암석	도도새와카바리아나무	보충,심화		웅진
4	말/듣[5-1-셋째마당] 더 나아가기 ▸제재2-새너울 윤씨 아저씨	목마 할아버지 (※정말 바보일까요-임길택)	단원원작 수록	어린이도서 연구회	오늘 어린이
5	사 회[5-1-1] 우리나라의 자연환경과 생활 (2) 자연 환경을 이용한 생활	엄마도모르는재미있는우리문화이야기	보충,심화		
6	읽 기[5-1-첫째마당] 2. 경험 속으로 ▸제재1-우리들의 일그러진 영웅	우리들의 일그러진 영웅	단원원작 수록	이문열	다 림
7	말/듣[5-1-둘째마당] 1.천천히 살피며 - 태극기에 담긴 뜻	역사 속의 태극기	심화	송명 外	대 교
8	읽 기[5-1-둘째마당] 더 나아가기 ▸제재2-김정호의 집념	김 정 호	보충,심화		
9	읽 기[5-1-둘째마당] 쉼터-풀의 힘 ▸삼태기,짚신,도롱이~	풀코스 짚 문화 여행	심화	인병선	현암사
10	읽 기[5-1-셋째마당] 1. 감동의 울림 ▸제재1-로빈슨 크루소	로빈슨 크루소	단원원작 수록	다니엘 디포	대일
11	말/듣[5-1-셋째마당] 2.무지개를 찾아 ▸제재2-도깨비 가족	도깨비 삼시랑	단원원작 수록	이상배	국민서관
12	읽 기[5-1-셋째마당] 더 나아가기 ▸제재2-봄을 부르는 할미꽃	할미꽃은 봄을 세는 술래란다	단원원작 수록	이청준	파랑새 어린이
13	읽 기[5-1-넷째마당] 1. 분명하고 적절하게 ▸제재2-시조	우리 옛 시조	보충,심화	김용옥	청 솔
14	말/듣[5-1-넷째마당] 2.숨어있는 의미 ▸제재2- '톰과 벤' 들어보기	톰 소여의 모험	보충,심화	마크 트웨인	글동산
15	읽 기[5-1-다섯째마당] 2.따뜻한 눈길로 ▸제재2-도대체 누굴까	도대체 누굴까	단원원작 수록	최은섭	두산동아
16	사 회[5-1-1-(2)-②] - 우리 조상들이 즐긴 음식	신토불이 우리 음식	보충,심화	우리누리	어린이 중앙
17	사 회[5-1-3-(1)] 우리는 자연의 일부 사 회[5-1-3-(2)] 환경과 더불어 살아가는 길	지구사랑, 생명사랑 떠나버린 숲	연계,보충	어린이도서 연구회	오늘 어린이
18	사 회[5-1-3-(1)] 갯벌이 우리에게 주는 도움	갯벌 이야기	심 화		
19	생/길[5-1-5] 서로 존중하는 태도 ▸재미있는 낱말 맞히기 놀이	교과서 낱말퍼즐 (5·6학년)	보충,심화	유명순	한국어린이 교육연구원
20	생/길[5-1-3] 곤경하고 사랑하는 마음 *논어	공자와크는아이, 석가와크는아이	보충,심화		산하

순	교과 및 단원	관련 도서명	관련 사유	지은이 (엮은이)	출판사
21	생/길[5-1-3] 곤경하고 사랑하는 마음 ▶맹 자	어린이사기열전	보충,심화		산하
22	생/길[5-1-3] 존경하고 사랑하는 마음 ▶효 경	어린이사기열전	보충,심화		산하
23	과 학[5-1-4] 물체의 속력	21세기과학이야기,아빠도모르는과학이야기,전집류	보충,심화		
24	과 학[5-1-5] 꽃 과 학[5-1-7] 식물의 잎이 하는 일		보충,심화		
25	과 학[5-1-8] 물의 여행		보충,심화		
26	과 학[5-1-3] 기온과 바람		보충,심화		
27	도 덕[5-1-9] 한 마음으로 평화 통일을	통일을 꿈꾸는 아이들의 북한여행	보충,심화	정영애	한국어린이교육연구원
28	말/듣/쓰[5-1-셋째마당] 1.감동의 울림 읽 기[5-1-첫째마당] 시를 읽고 비유적 표현	김소월 시집 -엄마야 누나야	보충,심화	김소월	한국어린이교육연구원
29	읽 기[5-1-셋째마당] 1.감동의 울림 ▶제재(2)-우리 집 우렁이 각시	구슬이네아버지김덕팔,세상에서가장아름다운아빠,아빠가되기힘들어,우리아빠는진짜못말려	보충,심화		
30	읽 기[5-1-다섯째마당] 1.손을 맞잡고 ▶제재(2)-명탐정 필립	명탐정 홈스	보충,심화	코난도일	한국어린이교육연구원
31	읽 기[5-1-다섯째마당] 1.손을 맞잡고 ▶제재(1)-느티나무	겁 쟁 이	보충,심화	이상권	시공주니어
32	생/길[5-1-1] 정직한 행동 -화가와 호루라기	마음이 따뜻한 이야기	단원원작 수록	한국아동문학인협회	한국어린이교육연구원
33	실 과[5학년5] 우리의 식사 (1) 균형잡힌 식사하기	차라리아이를굶겨라,최열아저씨의환경이야기	보충,심화		
34	과 학[5-1-5] 꽃 실 과[5학년3] 꽃과 채소 가꾸기 (1)꽃 가꾸기	어진이의농장일기	보충,심화		
35	읽 기[5-1-넷째마당] 되돌아보기 ▶ '창과 방패 '	이야기 고사성어	보충,심화	우리누리	두산동아
36	도 덕[5학년 9] 한 마음으로 평화 통일을	오마니	보충,심화	강정규 외	대 교
37	미 술[5학년 10단원] 판본체,궁체로 쓰기 미 술[5,6단원] 수묵화와 채색화	난초를 닮은 서화가 김 정 희	보충,심화	안정희	나무숲
38	미 술[5-12단원] 우리나라와 다른나라 미술 ▶우리나라와 다른나라 건축물에 관한 자료 수집	한눈으로보는한국의궁궐	보충,심화		
39	도덕[5학년 전단원] 공 통	세상을 바꾸는 아이들의 33가지 이야기	보충,심화	잭캔필드 마크빅터	중앙M&B
40	사 회[5-1-3-(1)] 1.우리는 자연의 일부 - 숲이 주는 도움	숲의 도감	보충,심화	마쯔오카 다스히데	진 선

순	교과 및 단원	관련 도서명	관련 사유	지은이 (엮은이)	출판사
41	말/듣[5-2-둘째마당] 1 아는 것이 힘 ▸제재(1)-방아 찧는 방아깨비(관찰하고 쓴 글) ▸제재(3)-관찰한 내용을 바탕으로 하여 글쓰기	관찰기록문 쓰기(양식)	연계보충		
42	읽기[5-2-셋째마당] ▸한걸음 더-더 나아가기 ▸제재(1)-엄마는 파업중	엄마는 파업중	단원원작 수록	김희숙	푸른책들
43	읽기[5-2-셋째마당] ▸한 걸음 더-더 나아가기 ▸이상한 나라의 앨리스	이상한 나라의 앨리스	단원원작 수록	손영미	시공 주니어
44	말/듣[5-2-넷째마당] 1 우리의 의견 ▸제재(1)-의견을 만화와 글로 표현	만화교실① 캐릭터 표현기법	연계보충	조성계	글동산
45	말/듣[5-2-넷째마당] 2 곧은생각 좋은세상 ▸제재(1)-토론내용을 듣고 ▸제재(2)-토론의 주제를 정하고 ▸제재(3)-적절한 근거를 들어 가며 토론	신나는 토론 즐거운 논술(상)	연계보충	정선심	미래M&B
46	읽기[5-2-넷째마당] 1 우리의 의견 ▸제재(1)-사실과 의견에 주의하며 글 읽기	뚱딴지 독도 탐방대	보충,심화	송명호	대교
47	읽기[5-2-넷째마당] 한걸음 더-더 나아가기 ▸제재(1)-베니스의 상인	베니스의 상인	단원원작 수록	셰익스피어	글동산
48	읽기[5-1-셋째마당-1] ▸제재(2)-우리 집 우렁이각시 읽기[5-2-다섯째마당-1] ▸제재(2)-대화명 인기 최고	쓸만한 아이	단원원작 수록	이금이	푸른책들
49	읽기[5-2-다섯마당] 1 한 걸음 더-되돌아보기 ▸제재(1)-나무를 심는 사람	나무를 심은 사람	단원원작 수록	장지오노	새터
50	사회[5-2-2] 2 첨단 기술과 산업의 발달 ①-첨단 기술과 생활의 변화 ②-첨단 기술의 활용하는 산업 ③-우리가 만드는 미래의 산업	미래를 개척하는 과학	연계,보충	학생과학 문고 편찬회	한국독서 지도회
51	사회[5-2-3] 1.조상들의 멋과 슬기 ②-과학문화재 탐방	빛나는 우리 과학 문화재	연계,보충	박성재	대교
52	사회[5-2-3] 2.민속을 통해 본 조상들의 삶 ③-조상들의 종교생활	예수, 석가모니, 공자, 마호메트	연계,보충	김형호	계림
53	사회[5-2-3] 우리 겨레의 생활 문화 ① 조상들의 멋과 슬기	멋스러운 우리 옛 그림	탐구심화	우리누리	어린이 중앙
54	과학[5-2-7] 태양의 가족 ▸태양의 가족에는 어떤 것이 있는지~	태양계를 향해	연계,보충	자크린데 커	여명 미디어
55	과학[5-2-8] 에너지	에너지란 무엇인가	탐구,심화	아이작 아시모프	바른사

7차 교육과정에 의한 교과, 단원별 필독도서 [6학년]

순	교과 및 단원	관련 도서명	관련 사유	지은이 (엮은이)	출판사
1	사 회[6-1-전단원] 처음으로 세운나라 고조선 ~한강의 기적에서 통일로	돌도끼에서 우리별3호까지	심화	전상운	아이세움
2	말/듣[6-1-첫째마당] 1. 마음의 물결 ▸제재②-어린왕자 들어보기	어린왕자	단원원작 수록	생텍쥐 페리	슬 기
3	말/듣[6-1-첫째마당] 더 나아가기 ▸제재①- '연어의 꿈' 들어보기	연 어	단원원작 수록	안도현	문학동네
4	읽 기[6-1-첫째마당] 1.마음의 물결 ▸제재①-별나리 행성	제키의 지구여행	단원원작 수록	문 선	길벗어린이
5	읽 기[6-1-첫째마당] 2.아름다운 삶 ▸제재①-개똥이 이야기	할머니의 노래	단원원작 수록	어린이도서 연구회	오늘어린이
6	읽 기[6-1-첫째마당] 2.아름다운 삶 ▸제재②-방구 아저씨	방구 아저씨	단원원작 수록	김병규 외	한국어린이 교육연구원
7	도 덕[6-1-8] 평화 통일의 길 읽 기[6-1-첫째마당] 되돌아 보기 ▸제재①-통일 말하기 대회	평화,통일 한마당 살꽃 이야기	보충,심화	어린이도서 연구회	오늘어린이
8	읽 기[6-1-첫째마당] 더 나아가기 ▸제재①-달걀은 달걀로 갚으렴	자전거 도둑	단원원작 수록	박완서	다 림
9	체 육[6-여섯째/보건] 1.성장하는 우리 몸 ▸청소년기의 신체변화 ▸생식기관의 발달과~	고학년 성교육 동화	보충,심화	박정화	계 림
10	읽 기[6-1-둘째마당] 1.정보의 바다 ▸제재②-한눈에 본 미래	미래사열람	심화		21C북스
11	말/듣[6-1-셋째마당] 1.노래가 머무는 곳 ▸제재③- '만파식적의 유래' 들어보기	삼국유사	단원원작 심화		예림당
12	미 술[6-3단원] 다양한 표현 ▸흰소-이중섭	황소의 혼을 사로잡는 이 중 섭	단원원작 수록	최석태	아이세움
13	읽 기[6-1-셋째마당] 더 나아가기 ▸제재②-해맞이	까마귀 오서방	단원원작 수록	박재형	푸른책들
14	읽 기[6-1-넷째마당] 더 나아가기 ▸제재①-나폴레옹은 침략자인가~	나폴레옹	단원원작 수록	권오석	대 일
15	말/듣[6-1-다섯째마당] 1.소중한 우리말 말/듣[6-1-다섯째마당] 2.나눔과 어울림	뚱딴지 우리말 여행	심화	양태석	중앙M&B
16	읽 기[6-1-다섯째마당] 1.소중한 우리말 ▸제재①-소학언해	만화 사자소학	심화	편집부	글동산
17	사 회[6-1-1] 우리 민족과 국가의 성립 사회과탐구[6-1-1] 우리 민족과 국가의 성립	문화유산에 담긴 우리 역사 이야기	보충,심화	이희근	여 명
18	읽 기[6-1-다섯째마당] 1.소중한 우리말 ▸제재③-장끼전	금오신화	심화	김시습	혜원출판사
19	실 과[6학년 6. 동물 기르기] (1) 애완동물 기르기	애완동물 기르기	연계,심화	이병희	한국어린이 교육연구원
20	도 덕[6학년 7단원] 자연사랑 과 학[6-2-3] 쾌적한 환경	지구를 살리는 환경 지킴이	보충,심화	권태문	한국독서 지도회

순	교과 및 단원	관련 도서명	관련 사유	지은이 (엮은이)	출판사
21	읽 기[6-1-다섯째마당] 2.나눔과 어울림 ▸제재①-나의 라임 오렌지 나무	나의 라임오렌지나무	단원원작 수록	J.M. 바스콘셀로스	한국어린이 교육연구원
22	읽 기[6-1-다섯째마당] 2.나눔과 어울림 ▸제재②-소녀와 늑대	줄리와 늑대	심화	J.C 조지	대 교
23	읽 기[6-1-다섯째마당] 더 나아가기 ▸제재①-난중일기	난중일기	연계,보충	민병수	한국어린이 교육연구원
24	읽 기[6-1-다섯째마당] 더 나아가기 ▸제재②-수학귀신 이야기	수학귀신	단원원작 수록	H.M 엔첸스베르거	비룡소
25	읽 기[6-1-국어교실 함께 가꾸기] 우리함께 ▸장발장 / 낯선 사나이	장 발 장	단원원작 수록	빅토르 위고	글동산
26	사회[6-1-1-(1)] ② 힘을 겨루며 성장한 세나라 ▸고구려의 성장과 발전	이야기 고구려왕조사	보충,심화	김용옥	청 솔
27	사회[6-1-1-(1)] ② 힘을 겨루며 성장한 세나라 ▸신라의 성장과 발전	이야기 신라왕조사	보충,심화	여성구	청 솔
28	사회[6-1-1-(1)] ② 힘을 겨루며 성장한 세나라 ▸백제의 성장과 발전	이야기 백제왕조사	보충,심화	김종일	청 솔
29	사 회[6-1-1-(1)] ③ 고구려를 이어받은 발해 ▸발 해	바람의 아이	보충,심화	한석청	푸른책들
30	사 회[6-1-1] 민족을 다시 통일한 고려	이야기 고려왕조오백년사	보충,심화	안정희	청 솔
31	사 회[6-1-1] 민족을 다시 통일한 고려 (2) 역경을 이겨 내며 꽃피운 고려문화	광종대왕	보충,심화	장길수	채우리
32	사 회[6-1-1-(1)] 고려의 건국으로 달라진 정치 ▸고려의 후삼국 통일 과정	태조 왕건,궁예,견훤	보충,심화	김형호	계림닷컴
33	사 회[6-1-1] ▸유교의 정치를 근본으로 삼은 조선	이 성 계	보충,심화	유한준	대 일
34	사 회[6-1-1] ▸유교의 정치를 근본으로 삼은 조선	이야기 조선왕조오백년사	보충,심화	이혜경	청 솔
35	사 회[6-1-2-(2)] ①척화비를 세운 까닭 ▸흥선대원군은 어떤 인물이며~	명성황후와 흥선대원군	보충,심화	차정원	계 림
36	사 회[6-1-2-(1)] 새로운 사회로의 움직임	지난 100년간 우리 나라에선 어떤일이 일어났을까	보충,심화	한결	채우리
37	사 회[6-1-사회전단원] ▸사회과 전단원에 등장하는 인물	초등학생을 위한 인물사전	보충,심화	돋움자리	시공주니어
38	과 학[6-1-1] 기체의 성질 과 학[6-1-6] 여러 가지 기체	실험과 함께하는 과학놀이	보충,심화	강성기	바른사
39	과 학[6-1-3] 우리 몸의 생김새	뱃속마을꼭꼭이,우리몸	보충,심화		
40	읽기[6-2-첫째마당] 2.이야기 속으로 ▸제재(1)-소희의 일기장	너도 하늘말나리야	단원원작 수록	이금이	푸른책들

순	교과 및 단원	관련 도서명	관련 사유	지은이 (엮은이)	출판사
41	읽기[6-2-첫째마당] 한 걸음 더-되돌아보기 ▶제재(1)-엄마 신발 신고 뛰기	엄마 신발 신고 뛰기	단원원작 수록	한국어린이 문학협의회	우리교육
42	읽기[6-2-둘째마당] 1.여러 갈래의 길 ▶제재(1)-기와집의 구조	우리 나라 오천년 이야기 생활사(1)	단원원작 수록	원영주	계림
43	읽기[6-2-둘째마당] 1.주위를 둘러보면 ▶제재(1)-우리 나라 곤충의 사계	멀뚱이의 곤충일기	연계,보충	김지희	진선
44	읽기[6-2-둘째마당] 2.여러갈래의 길 ▶제재(2)-백범일지	백범일지	연계,보충	신충행	예림당
45	읽기[6-2-둘째마당] 2.여러갈래의 길 ▶제재(2)-백범일지	이봉창	보충,심화	최향숙	산하
46	읽기[6-2-둘째마당] 2.여러갈래의 길 ▶제재(2)-백범일지	윤봉길	탐구,심화	권오석	대일
47	읽기[6-2-둘째마당] 한 걸음 더-더 나아가기 ▶제재(1)=단군의 건국 이야기 사회[6-1-1] ▶단군의 건국이야기	삼국유사	보충,심화		예림당
48	읽기[6-2-셋째마당] 1.따뜻한 마음 ▶제재(1)-연 할아버지	통일을 기다리는 느티나무	단원원작 수록	박상재	오늘
49	읽기[6-2-셋째마당] 2.향기로운 이야기 ▶제재(2)-옥계천에서	압록강은 흐른다(상,하)	단원원작 수록	이미륵	다림
50	읽기[6-2-넷째마당] 한 걸음 더- 더 나아가기 ▶제재(1)-물 문제를 해결할 수 있는 방법 과학[6-2-3] 여러 가지 환경 오염에 대하여	최열아저씨의 지구촌 환경이야기(1)	단원원작 수록	최 열	청년사
51	읽기[6-2-넷째마당] 한 걸음 더-더 나아가기 ▶제재(2)-우리는 정말로 전쟁을 싫어하나요	전쟁은 왜 일어날까	단원원작 수록	질페로	다섯수레
52	사회[6-2-1-(2)] 2.나라 살림을 맡아 하는 행정부 ▶행정부의 대표인 대통령이 하늘 일-청와대	까불이랑 구경가자 청와대	보충,심화	몽당연필	대교
53	사회[6-2-2-(1)] 1.세계를 한눈에 ▶세계 여러 나라의 모습을 다양한 방법을 통해 알아보자	이원복 교수의 만화 세계기행	연계,보충	이원복	사랑의학교
54	사회[6-2-2-(1)] 2.우리와 관계 깊은 나라들 ▶지리적으로 가깝고 문화가 비슷한 중국,일본과 우리 나라의 관계 - 더욱 가까워진 이웃 나라 중국	이야기세계사	탐구,심화		
55	사회[6-2-2-(1)] 2.우리와 관계 깊은 나라들 ▶지리적으로 가깝고 문화가 비슷한 중국,일본과 우리 나라의 관계 - 더욱 가까워진 이웃 나라 일본		탐구,심화		
56	사회[6-2-2-(1)] 2.우리와 관계 깊은 나라들 ▶지리적으로 가깝고 문화가 비슷한 중국,일본과 우리 나라의 관계 - 미국의 이모 저모		탐구,심화		
57	사회[6-2-1-(3)] 2.보호해야 할 인권 읽기[6-2-둘째마당] 한 걸음 더-더 나아가기 ▶제재(2)-인권과 가치	불보다 생명보다 귀한 선물	탐구,심화	장수하늘소	아이세움
58	사회[6-2-3-(1)] 1.자랑스러운 우리 문화 ▶세계에 자랑할 만한 우리 문화 -문화관광부 선정 우리문화 10가지	세계가깜짝놀란발명 이야기	연계,보충		중앙M&B

순	교과 및 단원	관련 도서명	관련 사유	지은이 (엮은이)	출판사
59	사회[6-2-3-(2)] 2.세계 속에 한국을 심는 사람들 *세계의 한국을 빛낸 사람들-옥수수 박사 김순권	옥수수박사 김순권이야기	보충,심화	조호상	우리교육
60	과학[6-2-3] ▶생물이 살아가는 데에는~ ▶생물사이의 먹고 먹히는 관계 ▶먹이 피라미드에 대하여~	생물의 애옥살이	탐구,심화	권오길	지성사
61	과학[6-2-3] ▶생태계의 평형에 대하여 알아봅시다	어린이생태학	연계,보충		
62	과학[6-2-6] 편리한 도구 ▶수평잡기를 하면서 지레의 원리를 ▶도르레를 사용하여	어떻게 만들어 졌을까	연계,보충	르네 에스퀴디에	여명미디어

1학년 교과서 재미있게 공부하기!!!

*** 교과서에 나오는 책들을 모아봤습니다. 재미있는 그림책을 통해 미리 읽고, 교과서를 보는 아이들은 교과서가 재미있어 진답니다.

구분	국 어
1 학 기	1. 심심해서 그랬어 2. 팥죽 할머니와 호랑이 (1,2학기) 3. 우리 순이 어디 가니(1,2학기/슬기로운 생활 1학기) 4. 꽃 이파리가 된 나비 5. 셜리야, 목욕은 이제 그만! 6. 꿀꿀 돼지 7. 여우를 위한 불꽃 놀이 8. 종이 봉지 공주 9. 영이의 그림일기 10. 무지개 물고기 11. 장갑 12. 당나귀 실베스터와 요술 조약돌
2 학 기	13. 해와 달이 된 오누이 14. 방귀 만세 15. 강아지 똥 16. 똥 뿌직! 17. 오소리 네 집 꽃밭 18. 글자 죽이기 19. 여우의 전화박스 20. 까치와 소담이의 수수께끼 놀이 21. 우리할아버지가 꼭 나만 했을 때 22. 시리 동동 거미 동동 23. 개구리가 알을 낳았어 24. 바빠요 바빠 (슬기로운 생활 2학기) 25. 훨훨 간다 26. 아름다운 사계절 열두 달 우리 민속 27. 마고 할미

구 분	기타 과목
수학 1,2학기	28. 1학년 수학동화 29. 어린이가 처음 만나는 수학 그림책-놀이 수학 30. 어린이가 처음 만나는 수학 그림책-개념 수학
바른 생활 1학기	31. 나 학교 안 갈래! 32. 선생님은 모르는 게 너무 많아 (1,2학기) 33. 쓰레기 산에 핀 꽃 34. 충치 도깨비 달달이와 콤콤이 35. 난 착한 아이가 되기 싫어! (슬기로운 생활 1학기)
바른 생활 2학기	36. 친구 없이 못살아 (국어 2학기) 37. 반딧불이 똥구멍에서 빛이 나 38. 샛별이랑 한별이의 사회 예절 배우기 39. 윷놀이 이야기
슬기 로운 생활 1학기	40. 우리 몸 41. 세상의 낮과 밤 42. 땅속 생물 이야기 43. 맑을까 비 올까
슬기 로운 생활 2학기	44. 내 이름은 나답게 45. 솔이의 추석 이야기 46. 만희네 집 (바른 생활 2학기) 47. 아기 곰의 가을 나들이 48. 누가 누굴 먹는 거야
즐거운 생활 1,2학기	49. 느끼는 대로

2학년 교과서 재미있게 공부하기!!!

*** 교과서에 나오는 책들을 모아 봤습니다. 재미있는 그림책을 통해 미리 읽고, 교과서를 보는 아이들은 교과서가 재미있어 진답니다

구분	국 어
1학기	1. 책 먹는 여우 2. 책 읽기 좋아하는 할머니 3. 도서관이 정말 좋아요 4. 신비한 우주 5. 우리가 사는 지구 6. 물꼬 할머니의 물 사랑 7. 코끼리 코는 왜 길까? 8. 참새네 말 참새네 글 9. 단군신화 10. 하늘이 내린 시조 임금님들 11. 교과서 이솝우화 12. 갯벌이 좋아요 13. 가슴 뭉클한 옛날이야기 14. 내게는 소리를 듣지 못하는 여동생이 있습니다
2학기	15. 신기한 스쿨버스 키즈 15 : 무지개를 만들어라 16. 신나는 열두 달 명절 이야기 17. 손 큰 할머니의 만두 만들기 18. 날아라 풀씨야 19. 옛이야기 명판결 20. 호랑이 뱃속에서 고래잡기 21. 네 맘은 그래도 엄마는 이런 게 좋아 22. 엄마 맘은 그래도 난 이런 게 좋아 23. 풍년 고드름24. 아기 까치의 우산

구분	기타 과목
수학 1학기	25. 1.2학년 눈높이 수학 학습동화 26. 놀다 보면 수학을 발견해요 27. 개념수학
수학 2학기	28. 수학아 수학아 나 좀 도와줘
바른 생활 1학기	29. 엉뚱이 소피의 못 말리는 패션 30. 고맙습니다, 선생님 31. 나는 잡동사니 대장 32. 루이즈는 나쁜 말을 해요 33. 새 친구가 이사 왔어요 34. 작은 낙타 아저씨 35. 비나리 달이네 집
바른 생활 2학기	36. 혼자서도 할 수 있어요 37. 쓰레기를 먹는 공룡 38. 꼭 알아야 할 교통질서 39. 사고뭉치 북한박사 40. 의좋은 형제 41. 화요일의 두꺼비
슬기로운 생활 1학기	42. 나무는 좋다 43. 민들레 44. 동물들의 집짓기 45. 함께 살아가기(코끼리 이야기)
슬기로운 생활 2학기	46. 2학년 과학 동화 47. 지구의 봄여름가을겨울 48. 죽은 나무가 다시 살아났어요 49. 개구리 논으로 오세요

3학년 교과서 재미있게 공부하기!!!

*** 교과서에 나오는 책들을 모아봤습니다. 재미있는 그림책을 통해 미리 읽고, 교과서를 보는 아이들은 교과서가 재미있어 진답니다.

<table>
<tr><th>구분</th><th>국 어</th><th>구분</th><th>기타 과목</th></tr>
<tr><td rowspan="2">1
학
기</td><td rowspan="2">1. 당나귀 알
2. 나쁜 어린이표
3. 아빠 안 계신 밤에
4. 견우와 직녀
5. 시계 속으로 들어간 아이들
6. 꿈을 찍는 사진관
7. 아기 참새 찌꾸
8. 이야기 속의 속담 교실
9. 난중일기
10. 강감찬
11. 행복한 왕자
12. 조커-학교 가기 싫을 때 쓰는 카드-
13. 내 짝꿍 최영대</td><td>사회
1학기</td><td>34. 우리가 사는 도시 탐험
35. 신나는 열두 달 명절 이야기
36. 옛날엔 이런 직업이 있었대요
37. 재미있는 운동선수 세계
38. 시골 장터 이야기</td></tr>
<tr><td>사회
2학기</td><td>39. 신경림 민요 이야기 민요 기행
40. 옛날 사람들은 어떻게 살았을까
41. 관혼상제 재미있는 옛날 풍습</td></tr>
<tr><td rowspan="3">2
학
기</td><td rowspan="3">14. 신데렐라
15. 콩쥐 팥쥐
16. 너하고 안 놀아
17. 심청전
18. 별주부전
19. 새로 찾은 우리 신화
20. 바위나리와 아기별
21. 로빈슨 크루소
22. 아라비안 나이트
23. 보물섬
24. 쓸 만한 아이
25. 춤추는 눈사람</td><td>수학
1학기</td><td>42. 수학은 너무 어려워</td></tr>
<tr><td>수학
2학기</td><td>43. 3학년 수학이랑 악수해요</td></tr>
<tr><td>과학
1학기</td><td>44. 재미있는 물 이야기
45. 물방울의 추억</td></tr>
<tr><td>국
어

공
통</td><td>26. 터널
27. 행복한 청소부
28. 조각 이불
29. 이상한 청진기
30. 촌뜨기 선생님이 뭘 알아
31. 문자의 탄생
32. 하멜른의 피리 부는 사나이
33. 메아리</td><td>과학
2학기</td><td>46. 날씨 점쟁이
47. 숲은 누가 만들었나
48. 나무의사 큰손 할아버지
49. 소금아 고마워</td></tr>
</table>

4학년 교과서 재미있게 공부하기!!!

*** 교과서에 나오는 책들을 모아봤습니다. 재미있는 그림책을 통해 미리 읽고, 교과서를 보는 아이들은 교과서가 재미있어 진답니다.

구분	국 어
1학기	1. 생명이 들려준 이야기 2. 삽살개 이야기 3. 보리타작 하는 날 4. 새로 다듬고 엮은 전래동요 5. 열 평 아이들 6. 아낌없이 주는 나무 7. 아빠의 수첩 8. 물새가 된 조약돌 9. 사금파리 한 조각
2학기	10. 아주 특별한 우리 형 11. 조선의 여걸 박씨 부인 12. 방귀 뀌고 도둑 잡고 13. 우리대표 옛시조 14. 종이밥 15. 저학년을 위한 아주 소중한 사랑 이야기 16. 아빠가 내게 남긴 것
국어 공통	17. 보물찾기 18. e메일이 콩닥콩닥 19. 아버지의 눈물 20. 미오, 나의 미오 21. 난 이제부터 남자다 22. 잔소리 없는 날 23. 마법의 설탕 두 조각 24. 달려라, 막시 25. 고시랑거리는 개구리 26. 쇠똥 굴러가는 날

구분	기타 과목
사회 1학기	27. 초롱이와 함께 지도 만들기 28. 세상을 보는 눈, 지도 29. 삐리와 함께 떠나는 우리 강산 지리 여행 30. 주강현의 우리 문화 1, 2 31. 놀부는 어떻게 부자가 됐나요? 32. 부자 나라의 부자 아이, 가난한 나라의 가난한 아이 33. 10원으로 배우는 경제 이야기 34. 이만하면 나도 꼬마 사업가
사회 2학기	35. 우리 나라 오천 년 이야기 생활사1, 2 36. 우리 문화유산에는 어떤 비밀이 담겨 있을까? 37. 한눈에 보는 우리 문화재 38. 지하철로 떠나는365일 현장학습 기행 39. 이삐 언니
수학 1학기	40. 우등생을 위한 103가지 수학 이야기
수학 2학기	41. 수학이 순식간에
과학 1학기	42. 70일간의 별자리 여행 43. 별지기 아저씨가 들려주는 별 이야기
과학 2학기	44. 자연과 환경 이야기 45. 와우! 우리들의 동물 친구 1,2 46. 공룡이 세상을 지배하다 47. 망치를 든 지질학자
과학 공통	48. 고래는 왜 바다로 갔을까 49. 갯벌

5학년 교과서 재미있게 공부하기!!!

*** 교과서에 나오는 책들을 모아봤습니다. 재미있는 그림책을 통해 미리 읽고, 교과서를 보는 아이들은 교과서가 재미있어 진답니다.

구분	국 어
1학기	1. 별을 사랑하는 아이들아 2. 형이라고 부를 자신 있니? 3. 그 때 나는 열 한 살이었다 4. 성삼문 5. 몽당 고개 도깨비 6. 아빠를 닮고 싶은 날 7. 못나도 울 엄마 8. 원숭이 마카카 9. 세계를 빛낸 탐험가 10. 소년탐정 칼레 11. 쌀뱅이를 아시나요 12. 꼭 읽자! 우리 동화 20
2학기	13. 내가 채송화 꽃처럼 조그마했을 때 14. 너도 알 거야 15. 나무는 왜 겨울에 옷을 벗는가 16. 돌아온 진돗개 백구 17. 내일로 흐르는 강 18. 애기똥풀 꽃이 자꾸자꾸 피네 19. 참동무 깨동시 20. 100년 후에도 읽고 싶은 한국 명작 동화 21. 난 두렵지 않아요 22. 넌 나의 소중한 친구야 23. 별이 된 오쟁이
국어 공통	24. 춤추는 새 25. 다섯 시 반에 멈춘 시계 26. 마이 네임 이즈 민 캐빈 27. 살아난다, 살아난다 28. 트리갭의 샘물 29. 괭이부리말 아이들 30. 뢰제의 나라 31. 샬롯의 거미줄 32. 폭죽 소리 33. 전쟁은 왜 일어날까

구분	기타 과목
사회 1학기	34. 초등학생이 처음 만나는 한국지리 세계지리 35. 옷감 짜기 36. 산골 마을 아이들 37. 어린이 시사마당 2 38. 콩달이에게 집을 주세요
사회 2학기	39. 그림과 만화로 배우는 어린이 경제백과 40. 유전공학과 복제 41. 세상을 깜짝 놀라게 한 오천 년 우리 과학 42. 우리 민속 신앙 이야기 43. 아쉬이 봉산탈춤
수학 1학기	44. 수학 잘하는 초등학생의 77가지 비법
수학 2학기	45. 이야기 수학
과학 1학기	46. 물 한 방울 47. 물의 여행
과학 2학기	48. 지구는 살아 숨쉬고 있다 49. 우주가 우왕좌왕

6학년 교과서 재미있게 공부하기!!!

*** 교과서에 나오는 책들을 모아봤습니다. 재미있는 그림책을 통해 미리 읽고, 교과서를 보는 아이들은 교과서가 재미있어 진답니다.

구분	국 어	구분	기타 과목
1학기	1. 마지막 왕자 2. 개똥이 이야기 3. 자전거 도둑 4. 마사코의 질문 5. 오세암 6. 홍길동전 7. 나의 라임오렌지나무	사회 1학기	36. 사랑해요 삼국시대 37. 세종대왕 38. 고려 이야기 39. 얘들아, 역사로 가자
2학기	8. 너도 하늘말나리야 9. 백범일지 10. 까마귀 소년 11. 만년샤쓰	사회 2학기	40. 아빠, 법이 뭐예요? 41. 뚱딴지 일본 탐방 42. 돌도끼에서 우리별 3호까지 43. 세계의 대통령
국어 공통	12. 파란 눈의 내 동생 13. 태극구슬의 비밀을 찾아 달빛계로 가다 14. 플루타르크 영웅전 15. 소나기 16. 다시 지상 세계로 17. 사자왕 형제의 모험 18. 마당을 나온 암탉 19. 베니스의 상인 20. 늑대의 눈 21. 몽실 언니 22. 첨성대와 아기별똥 23. 한니발 24. 마지막 잎새 25. 탈무드 26. 해일 27. 바이 바이 28. 두 할머니의 비밀 29. 새야 새야 녹두새야 30. 핵 폭발 뒤 최후의 아이들 31. 청년 노동자 전태일 32. 바보 온달 33. 에이번리의 앤 34. 풀꽃과 친구가 되었어요 35. 천둥치는 밤	수학 1학기	44. 수학파티 2
		수학 2학기	45. 세상 밖으로 날아간 수학
		과학 1학기	46. 우리 몸 탐험 47. 와우! 우리들의 동물 친구 1, 2
		과학 2학기	48. 실험과 함께 읽는 어린이 생태학 1,2 49. 환경과학 세상

권장도서

3. 중학생 권장도서 [104권] (작품/저자)

광장	최인훈	변신	카프카
구운몽	김만중	삼국유사	일연
감자	김동인	세익스피어 4대비극	세익스피어
논어	공자	열하일기	박지원
노인과 바다	헤밍웨이	어린왕자	생텍쥐베리
데미안	헤르만 헤세	인현황후전	
장발장	빅토르 위고	춘향전	
갈매기의 꿈	리차드 바크	키다리아저씨	진 웹스터
나의 라임오렌지나무	바스콘셀소스	정지용 선집	정지용
돈키호테	세르반테스	종의 기원	다윈
맹자	맹자	적과 흑	스탕달
B사감과 러브레터	현진건	주홍글씨	호돈
벙어리 삼룡이	나도향	옹고집전	
메밀꽃 필무렵	김유정	삼대	염상섭
목민심서	정약용	토지	박경리
무정	이광수	그리스로마신화	
로미오와 줄리엣	세익스피어	이방인	알베르 까뮈
보물섬	로버트 L 스티븐슨	인형의 집	입센
제인에어	샤로트 브론테	전쟁과 평화	톨스토이
테스	토마스 하디	하늘과 바람과 별과 시	윤동주
파우스트	괴테	심청전	
폭풍의 언덕	에밀리 브론테	마사코의 질문	손언자
몽실언니	권정생	아Q정전	루쉰
우리 옛이야기 100가지	서정오	야생초 편지	황대권 지음
괭이부리말 아이들	김중미	아낌없이 주는 나무	쉘 실버스타인
안네의 일기	안네프랑크	우리 꽃 문화 답사기	이상희
지붕 낮은 집	임정진	섬진강	김용택
중학생이 보는 이솝 우화	이솝	국경의 밤	김동화
국어 시간에 수필읽기	유영선 엮음	문학시간에 시 읽기	전국국어교사모임 엮음
백범일지	김구	너도 하늘말나리야	이금이
책상은 책상이다	피터 빅셀 지	압록강은 흐른다	이미륵
나무를 심은 사람	장 지오노	사람은 무엇으로 사는가	톨스토이

파브르 곤충기	J.H. 파브르	연어	안도현
내 영혼이 따뜻했던 날들	포리스터 카터	수레바퀴 아래서	헤르만 헤세
소설 동의보감	이은성	해리포터 시리즈	조엔 롤링
자전거 도둑	박완서	중학생이 꼭 읽어야 할 수필	김혜니
하늘로 날아간 집오리	이상권	고전 문학의 향기를 찾아서	정병헌, 이지영
마당을 나온 암탉	황선미	아동과 청소년을 위한 희곡	엄인희 엮음
호밀밭의 파수꾼	제롬 데이비드 샐린저	마음의 샘	박제천
우리 글 바로쓰기	이오덕	중학생이 알아야 할 시	구인환
중고생이 꼭 읽어야 할 한국단편33	김동인외 21인 지음	장마	윤흥길
모옴 단편집	모옴지음, 이기석 옮김	민요기행	신경림
몽실언니	권정생 지음	표준 한국어 발음 사전	전영우
고사성어 백과사전	김원중	한비야의 중국견문록	한비야
이야기 한글 맞춤법	리의도	아홉 살 인생	위기철
곽재구의 예술기행	곽재구	문학작품 이렇게 읽는다	한국언어문화연구원
영혼의 편지	빈센트 반 고흐	상록수	심훈
무소유	법정	봄바람	박상률
모리와 함께한 화요일	미치 엘봄	공자가 죽어야 나라가 산다	김경일
우리가 정말 알아야 할 우리 신화	서정오	나무야 나무야	신영복
이윤기의 그리스 로마 신화	이윤기	한여름 밤의 고전산책	박서림
새의 선물	은희경	김정숙 선생님이 추천한 옛시조	김용옥 엮음

참고문헌

논술지도방법론, 김혜영, 2006, 경남대학교 출판부
논술교육과 토론, 정기철, 2007, 도서출판 역락
논술완성소프트200, 곽정례 외 4인, 1998, 문학 아카데미
독서지도방법론, 김혜영, 2006, 경남대학교 출판부
독서교육의 이론과 방법, 신헌재 외 3인, 1996, 박이정
독서교육의 이론과 실제, 조인스 독서교사학교, 2005
독서와 글쓰기 교육, 이재승, 2005, 박이정
바른 글 좋은 글, 황소웅, 2005, 랜덤하우스 중앙
삶을 가꾸는 글쓰기 교육, 이오덕, 2006, 보리
시들시들한 글이 싱싱하게 살아나는 글쓰기지도, 이가령, 2006, 샘터
어린이 독서지도의 이론과 실제, 양재한외 4인, 2004, 태일사
영유아 사회교육, 오채선 외 6인, 2008, 파란마음
유아문학교육, 김현희 외 2인, 2006, 학지사
초등 논술교사 양성 교재, 김용원, 2005, 조인스 독서교사학교
책 읽어주는 엄마가 자녀를 성공시킨다, 버니스 E 컬리넌, 2006, 대교출판
한승원의 글쓰기 교실, 한승원, 1999, 문학과지성사
독서감상문 쓰기, 조용명
바른우리말 쓰기, 오미나

❖ 저자 약력 ❖

- 신 경 희 -

서강대학교 대학원(석사)
동원대 미디어창작과 교수(외) 역임
내외문화 신문사 기자 역임
동원대 평생교육원 교수
지암독서논술연구소장
더존스쿨 객원교수

● 알기 쉬운 독서논술지도

초 판 1쇄 인쇄── 2007년 3월 10일
초 판 2쇄 발행── 2008년 3월 20일
초 판 3쇄 발행── 2013년 2월 15일
지은이── 신 경 희
펴낸이── 전 두 표
펴낸곳── 도서출판 **두남**
서울시 강동구 성내로6길 34-16 두남빌딩
신 고 : 제25100-1988-9호
TEL : 02) 478-2065, 2066, 2067, 2311
FAX : 02) 478-2068
E-mail : dunam1@unitel.co.kr
http://www.dunam.co.kr

● 정가 13,000원

ISBN 978-89-8404-839-3 13370